학교 비정규직 노동운동 10년,
나의 아름다운 노동조합 이야기

누가 우리를 멈추랴!

**학교 비정규직 노동운동 10년,
나의 아름다운 노동조합 이야기**

누가 우리를 멈추랴! (상)

1판 1쇄 발행. 2019년 12월 17일

지은이. 김유경

펴낸이. 이희선

펴낸곳. 미들하우스

주소. 서울특별시 종로구 경운동 89-4 sk허브오피스텔 102동 805호

전화. 02-333-6250

팩스. 02-333-6251

등록일. 2007. 7. 20

등록번호. 제313-2007-000149호

ISBN. 978-89-93391-23-7

ISBN. 978-89-93391-25-1 (전2권)

값. 15,000원

학교 비정규직 노동운동 10년,
나의 아름다운 노동조합 이야기

누가 우리를 멈추랴!

김유경 지음

상

미들하우스

추천사

> **"교사, 공무원과 함께 교직원으로,
> 교육 주체로 당당하게 자리 잡아 가고 있는
> 여러분이 자랑스럽습니다."**

김상곤 (전 경기도교육감 / 전 사회부총리 겸 교육부장관)

벌써 10년이 넘었네요.

2009년 3월 어느 날로 기억합니다.

전회련의 임원진들과 처음으로 만났던 날, 큰 충격을 받았던 기억이
있습니다. 학교현장의 보이지 않는 다양한 노동이 우리 교육을 뒷받침하
고 있다는 사실을 확실히 알았고, 그 노동의 현실이 너무도 열악한 것에
대한 충격으로 기억합니다.

제가 경기도교육감이 되고 나서 전회련 측의 강연 요청이 있었습니
다. 강연 주제가 "학교회계직도 교육의 주체"로 기억합니다. 학교 현장의
비정규직임에도 교육의 주체로 역할 하고자 하는 의지가 읽혀져 감사한

마음이었지요.

어느덧 10년이 흘러 전회련이라는 연합단체에서 공공운수노조의 전국교육공무직본부로 성장했고, 지난 10년을 돌아보면서 이렇게 책까지 출판하게 된 것을 진심으로 축하드립니다.

저에게는 교육공무직본부보다 전회련이라는 이름이 더 익숙합니다. 경기도 교육감 시절 경기도교육청 앞에서 전회련의 이름으로 피켓팅과 집회, 파업 등 다양한 요구를 줄기차게 했음에도 흔쾌히 들어줄 수 없는 현실에 안타까웠기 때문입니다.

하지만 지난 10년은 학교 비정규직 노동자들의 처우를 개선하고 위계적인 학교 문화를 바꾸기 위한 전회련을 비롯한 노조들의 노력이 있었기에 학교현장도 변화가 되고 있다고 생각합니다. 교육공무직 노동자분들의 입장에서는 더디고 답답하게 느껴질 것이라 생각되지만 변화의 방향은 분명합니다.

교사, 공무원과 함께 교직원으로, 교육 주체로 당당하게 자리 잡아가고 있는 여러분이 자랑스럽습니다. 이 책의 주요 키포인트의 하나인 노동존중 교육은 그 어느 교직원보다 교육공무직 여러분의 몫이라고 생각합니다. 노동이 존중받는 교육이야말로 참교육이라는 여러분의 주장에 공감합니다.

학교의 관리자를 비롯한 교직원들과 학부모 학생들도 이 책을 읽고 학교 현장의 다양한 노동에 대해서 이해하는 기회를 갖기를 소망합니다.

지난 10년을 돌아보면서 새로운 10년을 모색하는 여러분의 앞길에 평생교육의 길을 걸었던 선배의 한 사람으로 관심과 애정을 갖고 지켜보겠습니다.

　『누가 우리를 멈추랴』 - 학교 비정규직 노동운동 10년, 나의 아름다운 노동조합 이야기', 출간을 진심으로 축하드립니다.

　2019. 12.

"전국교육공무직본부는 학교현장에서 살아있는 노동교육을 보여주는 선생님들입니다"

민병휘 (강원도교육감)

전국교육공무직본부 창립 10주년을 축하드립니다.

사회의 진보는 한사람의 열 걸음이 아닌 열사람의 한걸음으로 이루어집니다. 연대와 투쟁으로 일구어 온 전국교육공무직본부 10년의 땀방울이 우리 사회를 사람 사는 세상으로 만들고 있다고 생각합니다.

민주국가일수록 노동 3권이 당연하게 보장되어야 합니다. 노동조합을 만들고, 단체교섭과 단체행동을 했을 때 얼마나 권리가 지켜지는가가 민주사회의 척도이지요. 유럽은 학교에서 모의 노사교섭 교육을 하고, 캐나다에서는 교사 파업을 학생들이 지지합니다.

우리나라 학생들에게 노동자에 대한 인식을 물으니 '외국인, 더럽다, 불쌍하다' 등의 답변이 나왔다는 일화가 있습니다. 영화 〈닫힌 교문을 열며〉에는 선생님이 학생들에게 L로 시작하는 인생에서 가장 아름다운 단어가 무엇인지 묻는 장면이 나옵니다. 학생들은 쭈뼛거리며 이런저런 대답을 하지요. Love, Liberty⋯⋯. 그러나 선생님이 생각한 단어는 끝내 나오지 않습니다. 그것은 노동을 뜻하는 Labor였지요.

그 영화가 나온 지 30년이 되어갑니다. 노동자에 대한 학생들의 인식은 과연 나아졌을까요? 아이들의 탓이 아닙니다. 전적으로 어른들의 잘못이지요.

아이들 대부분 사회에서 노동자로 살아갈 것입니다. 대부분의 사람들은 노동자입니다. 한국 사회는 2,500만명의 노동자와 그들이 부양하는 가족으로 구성되어 있다고 해도 지나친 말이 아니지요. 올바른 노동교육이 반드시 필요한 이유이지요. 전국교육공무직본부는 학교현장에서 살아있는 노동교육을 보여주는 선생님들입니다. 그리고 이 책은 노동자로 사는 우리 모두의 이야기입니다.

노동자에 대한 물음에 '미래의 나다'라고 적어낸 학생이 있음에 우리는 희망을 봅니다. 전국교육공무직본부의 10주년을 다시 한번 축하드리며 차별과 소외 없는 건강한 노동현장을 위해 애써주시기를 부탁드립니다. 고맙습니다.

2019. 12.

> "모두가 존중받고 평화로운 세상,
> 정의로운 새 길을 만들어 가는
> 나침반이 되길 바랍니다."

이재정 (경기도교육감)

반갑습니다. 경기도교육감 이재정입니다.

전국교육공무직본부는 2009년 전국교육기관회계직연합회로 창립해 10년간 '평등하고 민주적인 학교 만들기'를 위해 의연히 걸어왔습니다. 조합원이 함께 직종의 호칭을 바꾸고 관련 조례와 법안 제정을 위해 온 힘을 기울였습니다. 그 결과 조합원이 한목소리로 단체교섭 할 수 있는 힘을 만들어 오늘까지 의미 있는 걸음을 내딛고 있습니다.

이 책에는 전국교육공무직본부 4만 조합원이 걸어온 과정이 오롯이 담겼습니다. 10년의 기록은 '모두가 존중받고 평화로운 세상'으로 가는 길을 찾아 정의로운 새 길을 만들어 가는 나침반이 될 것입니다. 또, 서로에게 든든한 동력이 되어 교육공동체 모두가 행복한 학교 실현을 앞당길 수 있을 것입니다.

전국 교육공무직원 여러분의 열정과 헌신을 담아낸 이 책이 모든 학교와 사회 곳곳에서 새로운 울림을 만들고 정의롭고 공정한 세상을 만들어 가는 그 날을 그려 봅니다. 지금까지 모든 역경을 이겨내며 아름다운 희망을 만들어 오신 조합원 한 분 한 분을 응원합니다. 감사합니다.

2019. 12.

■ "모두가 행복한 교육"

박종훈 (경상남도교육감)

교육공무직의 노동기본권을 강화하고 권익을 지키고자 애써온 민주노총 공공운수노조 전국교육공무직본부 창립 10주년을 축하하고, 지난 10년 역사와 조합원들의 이야기를 담은 『누가 우리를 멈추랴』 기념책이 출판되는 것을 진심으로 축하합니다.

교육공무직원들은 똑같은 교육 가족의 일원입니다. 좋은 일 궂은 일을 가리지 않고 묵묵히 소임을 다하는 교육공무직원들이 계시기에 학교 교육과정이 운영된다는 점을 모르는 분은 없을 것입니다. 전국교육공무직본부와 우리 교육청은 지난 10년 동안 한 울타리 안에서 어울리며 살아가는 공동체라는 믿음 속에 상호존중과 배려의 자세로 함께 어려움을 극복해 왔습니다.

　교육공무직 노동운동 10년사는 조직, 조합원, 각종 기록 등 교육공무직본부의 탄생부터 지난 10년간의 활동과 발전사를 담고 있습니다. 교육공무직원이자 여성 노동자들의 노동운동 역사를 담은 교육공무직 노동운동 10년사 발간을 축하하며, 모두가 행복한 교육을 위해 상호존중과 협력의 문화를 발전시켜 나갈 수 있기를 소망합니다.

　2019. 12.

"새롭게 맞이할 10년은
학교 비정규직 노동자들이
살맛 나는 세상이 됐으면 합니다."

장휘국 (광주광역시교육감)

　　전국교육공무직본부의 지난 10년은 사람의 길을 만드는 시간이었습니다. 창립 10주년을 맞아 '누가 우리를 멈추랴'를 출간하게 된 것을 진심으로 축하드립니다.

　　지난 10년 동안 전국교육공무직본부는 온갖 차별에 맞서며 학교 비정규직 노동운동의 새 지평을 열어 왔습니다. 고용안정을 위해 투쟁을 전개하는 동안에도 학교현장에서 묵묵히 아이들의 교육 활동을 위해 애써주신 점, 감사드립니다.

　　항상 우리 아이들을 마음으로 돌봐주시는 전국교육공무직본부 조합원들이 있었기에 우리 교육이 변화와 발전의 길을 거듭할 수 있었습니다. 앞으로 새롭게 맞이할 10년은 학교 비정규직 노동자들이 살맛 나는 세상이 됐으면 합니다.

다시 한번 『누가 우리를 멈추랴』의 출간을 축하드리며, 우리 사회가 경쟁과 차별이 아닌 상생과 협력의 시대로 나아가기를 소망합니다. 무엇보다 모든 노동자가 주인 되는 세상을 함께 만들어 나갔으면 좋겠습니다.

감사합니다.

2019. 12.

"전국교육공무직본부는 교육발전의 동반자로 우리 아이들의 행복한 교육을 위해 헌신하여 왔습니다."

김석준 (부산광역시교육감)

'민주노총 공공운수노조 전국교육공무직본부 창립10주년'을 진심으로 축하드립니다.

오늘날 발전적인 공공운수노조 전국교육공무직본부를 이끌어 오신 안명자 본부장님을 비롯한 4만 노동조합원님들께 축하의 인사를 드립니다. 아울러 지난 10년의 역사와 조합원들의 다양한 이야기를 기록한 뜻깊은 기념책 발간 또한 기쁘게 생각합니다.

2009년 10여 명의 전국교육기관회계직연합회에서 시작하여 오늘날의 4만여 명의 조합원들이 함께하는 공공운수노조 전국교육공무직본부로 성장시킨 것은 조합원들의 땀과 노력의 결과라고 생각합니다.

지난 10년 동안 공공운수노조 전국교육공무직본부는 근로자의 고용 안정과 근로조건 향상을 위해 노력하였으며, 교육발전의 동반자로 우리 아이들의 행복한 교육을 위해 헌신하여 왔습니다.

우리 부산광역시교육청은 창의성과 감성을 키우는 미래교육, 안전하고 믿을 수 있는 책임교육, 소통과 협력의 창의교육을 위해 노동조합과 교육공무직원과 더불어 노력할 것입니다.

지난 10년간 공공운수노조 전국교육공무직본부는 교육공동체로서 중요한 역할을 다하여 왔습니다. 앞으로도 계속 부산 교육을 이끌어가는 동반자로서 더욱 발전하는 모습으로 교육 발전에 이바지하여 주시기 바랍니다.

감사합니다.

2019. 12.

**"경쟁보다는 협력과 성장을 중시하는
교육혁신에 항상 든든한 동반자로 함께 해 주신
교육공무직 선생님들께 감사드립니다."**

조희연 (서울특별시교육감)

안녕하세요. 서울시교육감 조희연입니다.

우리 교육의 든든한 동반자인 전국교육공무직본부의 창립 10주년을 진심으로 축하드리며, 아울러 교육공무직 조합원들의 10년 발자취가 생생하게 담긴 소중한 기념책이 함께 발간됨을 축하드립니다.

지난 10년의 시간은 혁신교육의 작은 씨앗이 든든한 나무로 성장한 시간이었으며, 우리 교육이 '경쟁'보다는 '협력'과 학생들의 '성장'을 중시하는 교육으로 변화되는 시간이었습니다. 그리고 이러한 교육혁신에 항상 든든한 동반자로 함께 해 주신 교육공무직 선생님들께 감사드립니다.

서울시교육청은 '배움이 설레는 수업, 가르침이 즐거운 교실, 모두가 성장하는 학교'의 밑바탕엔 교육공무직 여러분들의 땀과 노력 그리고 눈물이 있음을 잘 알고 있습니다. 이에 교육 동지인 여러분들이 차별받지 않고, 여러분들의 노동이 온전히 존중받을 수 있도록 부족하나마 최선의 노력을 해 오고 있습니다. 앞으로도 더 나은 근로조건 속에서 '더불어 숲 교육'을 함께 만들어 갈 수 있도록 전국교육공무직본부와 함께 부단히 노력하겠습니다.

다시 한 번, 전국교육공무직본부의 창립 10주년을 축하드리며, 앞으로 더욱 성장하고 발전하기를 기대하며. 차별 없는 학교, 모두가 주인인 세상을 만드는 데에 서울시교육청도 항상 함께 하겠습니다.

감사합니다.

2019. 12.

"10년 전 처음의 마음으로
앞으로 100년을 힘차게 전진하시길 기원합니다."

최교진 (세종특별자치시교육감)

민주노총 전국공공운수노동조합 전국교육공무직본부의 뜻깊은 10번째 생일을 축하합니다.

학교와 교육청의 모든 직원들은 우리 학생들을 가르치고 기르는 일을 위해 존재합니다. 그중 교육공무직원들의 역할은 그 누구보다 막중합니다. 학생들이 좋은 환경에서 편안하고 안전하게 공부할 수 있도록 애써주시는 교육공무직원의 노고에 늘 고마운 마음을 가지고 있습니다.

제가 30년 전 '우리 아이들의 초롱초롱한 눈망울'을 바라보면서 교원노동조합 활동을 시작했던 그 마음과 여러분이 오늘 교육공무직 노동조합 활동을 하고 있는 그 마음은 하나라고 생각합니다.

'민중이 주인이 되는 세상'이란 소외되는 이가 없는 세상, 모두가 참여하는 세상, 그리고 모두가 함께 꿈꾸는 세상일 것입니다. 이런 세상을 준비하는 것이 바로 혁신학교이고 학교혁신입니다.

학생이 주인임을 깨닫는 학교, 다른 이들과 더불어 살아가는 것을 배우는 학교를 함께 만들어갑시다. 이 철학은 노동조합의 지향점이자 한국 교육이 나아가야 할 방향입니다.

교육공무직노동조합과 교육감은 서로 맞서는 노사관계가 아닙니다. 우리는 같은 곳을 향해 함께 전진하는 '뜻을 같이하는 사람'(동지)의 관계입니다. 우리 학생들을 함께 섬기는 동역자입니다.

다시 한번 10살 생일을 축하드립니다.

10년 전 처음의 마음으로 앞으로 100년을 힘차게 전진하시길 기원합니다.

2019. 12.

"당신들의 눈물과 땀으로 꼭꼭 눌러 쓴 소중한 기록은 지난 시간의 추억이 아니라 희망찬 미래로 나아가는 뜨거운 동력이 될 것입니다."

노옥희 (울산광역시교육감)

전국교육공무직본부가 창립 10주년을 맞이했습니다.

지난 10년 동안 걸어온 길을 기록한 『누가 우리를 멈추랴』는 눈물 젖은 고난의 기록이기도 하지만 희망으로 가득한 아름다운 노래이기도 합니다.

교육공무직 노동자들에게 지난 10년은 학교 안의 유령같은 존재에서 인간으로 돌아온 시간이라고 했습니다.

차별과 소외에 굴복하지 않고 투쟁으로 한 걸음 한 걸음 전진하여 마침내 그림자가 아닌 인간으로, 교육의 주체로 우뚝 서게 되었습니다.

역설적이게도 "쓰다 버려지는 존재, 하소연도 하고 싶고 목청껏 소리라도 지르고 싶었지만 보호받을 수조차 없던 패배감"이 노동조합의 씨앗이 되었습니다.

집회신고조차 어떻게 하는지 몰랐던 사람들이 돈을 모아 조끼를 마련하고 생전 처음으로 머리띠를 두른 채 두렵고도 자랑스러웠던 첫 파업의 감동이 이제 4만의 조합원과 10년의 역사를 만들었습니다.

당신들의 눈물과 땀으로 꼭꼭 눌러 쓴 소중한 기록은 지난 시간의 추억이 아니라 희망찬 미래로 나아가는 뜨거운 동력이 될 것입니다.

평등하고 정의로운 교육현장, 노동이 존중받는 사회를 위해 두 손 굳게 잡고 언제나 함께 하겠습니다.

2019. 12.

"지난 10년의 눈물과 설움의 나날을 던져버리고 노동이 존중받는 사회, 노동이 아름다운 행복한 학교를 여러분과 함께 만들어 가겠습니다."

도성훈 (인천광역시교육감)

안녕하십니까?
인천광역시교육감 도성훈입니다.

전국교육공무직본부 지난 10년의 이야기 그리고 조합원들이 학교 현장에서 부대끼며 살아온 희망, 눈물이 오롯이 담겨있는 한 권의 책이 우리 앞에 놓였습니다.

모두가 다 함께 건강하고 제대로 잘 살 수 있는 세상, 자유롭고 평등하고 평화롭게 살아갈 수 있는 세상을 꿈꾸는 교육공무직 노동자의 이야기들은 그 자체가 감동적인 노동의 서사입니다.

이 책을 읽는 독자들께서 학교의 다양한 직종에서 우리 아이들을 위해 교육공무직 선생님이 흘린 땀과 눈물을 기억해주셨으면 합니다.

노동이 존중되고 아름다운 사회를 만들기 위해 지금까지 수많은 노동자들이 노동의 권리를 찾기 위해 싸워왔고 지금 이 순간도 싸우고 있습니다.

노동이 존중되고, 노동자가 행복한 세상은 반드시 올 것입니다.

함께 하겠습니다.

지난 10년의 눈물과 설움의 나날을 던져버리고 노동이 존중받는 사회, 노동이 아름다운 행복한 학교를 여러분과 함께 만들어 가겠습니다.

2019. 12.

> "소통과 공유를 통해서
> 노동을 존중하는 사회 문화가
> 튼튼히 뿌리내리기를 기원합니다."

장석웅 (전라남도교육감)

민주노총 공공운수노동조합 전국교육공무직본부의 창립 10주년과 이를 기념하기 위한 『누가 우리를 멈추랴』 발간을 진심으로 축하합니다. 10년의 역사와 생생한 이야기를 담고자 애써주신 안명자 본부장, 김신자 전남지부장 등 본부 관계자 여러분들의 노고에 존경과 감사의 인사를 드립니다.

노동과 노동자의 권리를 존중하고, 모든 구성원들이 차별받지 않고 존엄성을 지킬 수 있는 교육공동체가 되어야 한다는 것이 우리 전남도교육청의 기본 입장과 원칙입니다. 때문에 전남도교육청은 가치교육을 역점과제로 삼고 있습니다. 그 핵심 중의 하나가 노동 교육입니다. 노동 교육의 목표는 노동을 존중하는 사회 문화의 형성입니다. 민주시민교육센터와 정규 교육과정을 통해서 제대로 공부할 수 있게 하겠습니다.

학생뿐만 아니라 교직원, 학부모들에게도 노동 교육은 필요합니다. 민주적인 공동체 형성을 위해서 노동 교육에 정성을 다하겠습니다. 상호 신뢰와 존중을 바탕으로 혁신전남교육 발전의 든든한 지원자인 교육공무직원과 함께하는 직장문화가 이루어지도록 최선을 다하겠습니다.

그런 점에서 이 책은 소중한 학습 교재이며, 상호 신뢰와 존중의 직장문화를 이루는 밑거름이라 할 수 있습니다. 소통과 공유를 통해서 노동을 존중하는 사회 문화가 튼튼히 뿌리내리기를 기원합니다.

2019. 12.

"학교 비정규직 노동운동의 지난 10년의 이야기를 담은 소중한 결실을 진심으로 축하드립니다."

김승환 (전라북도교육감)

사랑하는 교육가족 여러분! 한 해가 끄트머리를 향해 달려가는 즈음입니다. 지나온 한 해의 발자취를 돌아보는 소중한 때에 전국교육공무직본부에서 10주년을 기념하는 『누가 우리를 멈추랴』 - 학교비정규직 노동운동 10년, 나의 아름다운 노동조합 이야기'책이 나오게 되었습니다. 학교 비정규직 노동운동의 지난 10년의 이야기를 담은 소중한 결실을 진심으로 축하드립니다.

교육은 그 주체의 행복을 바탕으로 성장합니다. 학생을 가르치는 교원뿐 아니라, 학교에서 일하는 모든 이의 자존감이 극대화되고 행복한 삶을 영위하기 위한 충분한 준비가 필요한 것입니다. 학생과 학부모, 교원과 마찬가지로 학교에서 근무하는 모든 이들의 행복은 당연한 것이어야 하며, 이를 실현하기 위해서는 법률과 제도로 그 기반을 마련해야만 합니다.

이번에 발간되는 『누가 우리를 멈추랴』는 교육공무직 조합원들이 직접 선정한 10대 사건을 담았습니다. 교육공무직법안 국회 발의 및 폐기부터 시작해서 2013년 단체협약, 2009년 전회련 준비위 결성, 2011년 임의단체연합회에서 노동조합이 된 일, 2012년 11월 교육공무직 전국 총파업 등 교육공무직 조합원들이 걸어온 모든 걸음이 오롯이 담겨 있습니다. 이 한 걸음 한 걸음이 모두 조합원들에게는 함께 연대하고 걷는 길이었으며, 교육공무직의 역사였습니다.

이 책이 많은 이들에게 따뜻한 위로이자 함께 하고 있음을 증명하는 기록이 되리라 믿습니다. 교육공무직 조합원 모두가 더 행복하고 즐거운 세상이 어서 빨리 오기를 바랍니다. 끝으로 책자를 펴내기까지 고생하신 많은 관계자 여러분의 노고에 깊이 감사드립니다. 고맙습니다.

2019. 12.

"전국교육공무직본부는 혁신교육 10년의 역사를 함께 걸어왔고, 교육의 본질을 꽃피우는 데 큰 희망이 되었습니다."

이석문 (제주특별자치도교육감)

전국교육공무직본부 창립 10주년을 맞아 지난 10년의 역사와 조합원들의 다양한 이야기를 담은 기념책 『누가 우리를 멈추랴』가 발간된 것을 진심으로 축하드립니다.

발간을 위해 정성을 다하신 민주노총 공공운수노조 전국교육공무직본부 조합원분들에게 깊이 감사드립니다.

혁신교육 10년의 역사와 함께 걸어왔습니다. 교육 본질을 꽃피우는 데 큰 희망이 되어주셨습니다.

지금 이 순간에도 학교 현장에서 아이 한 명, 한 명을 위해 노고와 헌신을 다하고 계십니다.

거듭 감사의 말씀을 드리며, 역할의 차이는 있지만 차별이 없는 학교 현장을 실현하는 데에 최선을 다하겠습니다. 감사합니다.

2019. 12.

"교육공무직 조합원이 걸어온 역사를 담은
이 기록이 더 희망찬 미래를 열어가는
창으로 활용되리라 확신합니다.**"**

김지철 (충청남도교육감)

힘차게 달려온 한 해를 마무리하며 지나온 시간을 뒤돌아보는 12월. 전국교육공무직본부가 만들어 온 지난 10년의 역사를 담은 '『누가 우리를 멈추랴』 - 학교비정규직 노동운동 10년, 나의 아름다운 노동조합 이야기' 발간을 축하합니다.

학교는 미래의 주인공으로 살아갈 아이들이 자율과 평등, 평화와 인권을 배우며 민주시민으로 성장하는 곳입니다. 이 소중한 배움의 터에서 학교 구성원의 주체인 교직원들도 민주적으로 화합하며, 존중과 배려의 행복한 직장문화를 만들어 아이들의 미래를 이끌어야 할 사람들입니다.

그 책무를 다하기 위해, 지난 10년 교육공무직 조합원 여러분들이 보여주신 학교 사랑, 학생 사랑에 진심으로 감사드립니다.

'걸어온 길을 잘 살피면 갈 길이 보인다'는 말이 있습니다. 지난 교육공무직 조합원이 걸어온 역사를 담은 이 기록이 그동안의 성과와 발자취를 보여주는 거울, 어제와 오늘을 이어주는 가교, 더 희망찬 미래를 열어가는 창으로 활용되리라 확신합니다.

앞으로 '전국교육공무직본부'와 '행복한 학교 학생중심 충남교육'이 힘을 모아 동행하길 바라며, 상생과 연대로 더욱 발전하길 기원합니다. 감사합니다.

2019. 12.

"새로운 시대의 교육을 위한 변화의
흐름 속에서 교육공무직 여러분의 역할은
행복한 교육 실천의 동력이었습니다."

김병우 (충청북도교육감)

아이들의 미래는 모두의 미래라는 신념으로 교육현장 각처에서 정
성을 다해주신 교육공무직 여러분의 노고가 늘 고맙습니다. 충북 교육가
족과 더불어 전국교육공무직본부 10주년 기념책 발간을 진심으로 축하
드립니다.

그동안 우리 교육은 새로운 시대를 열어가기 위해 노력을 거듭해 왔
고, 그 변화의 흐름 속에서 교육공무직 여러분의 역할은 행복한 교육 실
천의 동력이었습니다. 교육공무직 여러분의 이러한 책임과 역할에 따른
처우와 제도적 기반이 조금씩 개선되어왔으나, 여전히 갈 길이 남아 있는

것도 사실입니다. 교육의 상생발전을 위해, 아이들의 행복한 교육을 실천하기 위해서 우리 모두가 협력과 상생의 문화를 가꾸어가야 하겠습니다.

시간이 지나고 공간은 바뀌었어도 여러분들이 꿈꿔 온 정의와 희망은 변함이 없습니다. 여기 '전국교육공무직본부 10주년 기념책' 속에는 지나온 시간 동안 여러분들이 바쳐왔던 헌신과 열정이 담겨 있습니다. 여러분들의 열정으로 학교 비정규직 노동운동의 역사를 열어가고, 함께 하는 연대 속에 새로운 미래의 청사진도 그려져 있습니다. 오늘 펴내는 전국교육공무직본부 10년사가 교육공무직본부의 과거와 현재를 이어주는 사료이자 미래의 꿈을 향한 새로운 지도가 되길 기대합니다.

이 책이 세상에 펼쳐지기까지 여러 가지 어려운 여건 속에서도 애써 주신 관계자 여러분께 감사드리며, 끝으로 오늘도 여전히 우리 아이들을 따뜻한 배움터에서 안전하게 키우고자 애쓰시는 교육공무직 여러분을 언제나 응원합니다. 고맙습니다.

2019. 12.

I

전국교육공무직본부 10년,
조합원들이 선정한 10대 사건

○ 조합원이 뽑은 10대 사건

- ●선정 방식: 조합원 대상 온라인 카페 및 SNS 설문
- ●응답자수: 총 823명
- ●응답지역

  경기: 45.3%, 제주: 15%, 경남: 9.6%, 전북: 8.2%, 강원: 5.7%,

  서울: 4.7%, 대전: 4.6% (나머지 지역은 비슷한 규모로 적게 응답)
- ●응답자 노조 경력

  1~2년 미만: 19.4%, 2~5년 미만: 20.6%, 5~7년 미만: 28.2%,

  7~10년: 31.7%

1. 조직발전 영역

교육공무직법안 국회 발의 및 폐기: 65%

2013년 단체협약 시대를 열다: 62.4%

2009년 전회련 준비위 결성: 55.7%

임의단체 연합회에서 2011년 노동 3권을 가진 노동조합이 되다: 55.6%

2. 투쟁 및 쟁취 영역

2011~12년 장기근무가산금, 명절휴가비, 교통비, 가족수당, 직종수당 등 수당 쟁취: 70.5%

2009년 맞춤형 복지제도 서명운동 돌입: 50.5%

2017년 집단교섭과 추석 연휴 무기한 단식 농성으로 근속수당 3만 원 쟁취: 49.4%

2012년 11월 교육공무직 최초로 전국 총파업: 47.1%

2011년 교직원공제회법 개정, 교육공무직의 가입 자격 획득: 44.3%

3. 기타 영역

2012년 교육공무직 국회 토론회, 19대 대선 문재인 후보 참석: 41.9%

1_전회련의 시작
"2009년 2월, 세마대 고개에서 만난 사람들"

모든 것은 이시정이 급식실 조리실무사를 만나면서 시작되었다.

기능직공무원노조(당시 약칭 기공노) 전국 임원 연수에 강사로 갔던 이시정(현 전국교육공무직본부 부본부장)은 상담이 필요해 찾아온 비정규직 조리실무사를 통해 학교 비정규직의 참혹한 현실을 알게 되었다. 교육 노동자와의 관계는 전교조와 공무원 노조가 우선이었던 시기, 공공 분야에서 그것도 가장 건강해야 할 학교에, 그 존재조차 거의 드러나지 않은 비참한 노동자들의 삶은 노동운동을 오래 해온 이시정에게도 충격이었다. 이시정이 학교에 뛰어들 결심을 하는 데 오랜 시간이 걸리지 않았다. 그는 학교 비정규직 노동운동이 자신이 당장 해야 할 일이라 생각했다. 2008년 10월의 일이었다.

"당시 저는 79년 노동 야학에서 시작해 전노협과 민주노총 등에서 활동했던 25년여간의 노동운동을 잠시 접고, 집사람의 오랜 염원(웃음)이었던 돈벌이를 위해 화물 트럭 운전을 하면서 비정규직 노동운동에 대한 전망을 고민 중이었어요. 조리실무사님을 상담하던 그날, 학교의 차별 실태가 너무 심하기 때문에 오히려 문제 해결이 쉬울 거라고 말했던 게 기억나요. 그러면서 누가 대신해 줄 수가 없으니 함께 할 사람을 모아보자고 제안했죠. 이거다! 느낌이 왔고 어떤 확신이 들었어요. 그 날은 정말 저에게 역사적인 날이었어요."

그날 이후 이시정은 학교에서 시설 주무관으로 일하는 기능직공무원노조 이성기 경기 지부장에게 도움을 요청하고 학교 비정규직 첫 모임을 준비해 나갔다. 이성기 지부장은 기능직 공무원 노조 동료들에게 같이 근무하는 학교의 비정규직을 데려와 달라 부탁했고, 본인의 학교인 수원농생명과학고등학교 급식실 조리실무사 강경순에게 모임에 관해 알렸다. 이후 강경순은 전회련의 첫 번째 대표로 이름을 올리게 된다.

강경순은 당시를 이렇게 회고했다.

"2002년 학교에 처음 들어갔을 때부터 이성기 선생님이 계셨어요. 노조 지부 활동하러 전임 나가기 전까지 몇 년 같이 일했어요. 저희 환경이 많이 열악했어요. 선생님이 저희를 늘 챙겨주고 도와줬어요. 명절 수당 같은 건 꿈도 못 꾸던 시절, 양말 한 켤레라도 꼭 선물해주고 그랬죠. 그 분 성격이 모나서 윗 사람들한테는 딱딱하게 굴어도 저희나 청소하는 사람들처럼 열악한 환경에 있는 사람들에게 잘 하고, 행정실장 같은 사람들은 마음에 안 든다고 몽둥이를 휘두르기도 하시고요. 기능직 공무원 노조 활동할 때는 거의 밤낮을 가리지 않고 다녔어요. 그 분이 학교 비정규직 모임에 초대해서 저를 포함에 5명이 그 모임에 갔어요."

2009년 2월의 어느 날, 병점에서 오산으로 넘어가는 세마대 고개 중턱의 한 식당에 이시정과 수원·오산 지역의 급식실 조리사, 조리실무사

10여 명이 모였다. 이성기 지부장의 도움으로 참석한 강경순을 비롯한 수원의 급식실 노동자들, 그리고 김경순 조리사(기능직 공무원 노조 위생원 분과장)와 함께 온 오산의 노동자들, 또 화성에서 참석한 사람도 있었다. 이들에 의해 (전회련)준비위가 결성되었고, 이시정은 사무총장을 맡으며 학교 비정규직 노동운동의 역사적인 첫 발을 내디뎠다.

그리고 (전회련)준비위의 첫 지역 모임이 2009년 3월 양평 용문산 근처에서 이뤄졌다. 이 첫 지역 모임에 학교 동료였던 기능직공무원노조 간부의 권유로 참석한 이태의가 있었고, 유일한 남성 참석자였던 이태의는 모든 여성 참석자들의 시선을 한 몸에 받으며 반 강제로 연락 담당이 되었다. 그렇게 이시정과 이태의에 의해 경기지부가 출발한 것이다.

기능직공무원노조 사무실 구석에 책상 2개를 마련하고, 이성기 지부장과 이시정 사무총장의 카드로 팩스기를 구입해 본격적인 활동을 시작했다.

설립 초기부터 대규모 조직을 꿈꾸며 연합회의 형태로, 비정규직이라는 명칭에 대한 노동자들의 거부감을 반영하여 교육부가 명명한 회계직(학교 회계의 사업비 항목에서 임금이 지급되는 사람들)을 붙인 '전국교육기관회계직원연합회(준)'가 탄생한 것이다.

2009년 3월 16일 전회련의 탄생을 알리는 첫 소식지가 전국의 학교에 팩스로 배달됐다. 이들에게 닥친 첫 사업은 2009년 4월 29일에 전국 최초 직선제로 치러진 임기 1년의 경기교육감 선거였고, 교육감 후보에게 질문지를 보내면서 노조의 본격적인 첫 사업이 시작됐다.

잠깐 상식 1 기능직 공무원과 회계직에 대해

10급으로 채용되었던 기능직공무원이 일반직으로 통합되면서 지금은 기능직 직제가 없어졌지만 전회련이 출범했던 2009년에는 기능직제가 있었다. 당시 학교 회계직인 비정규직 노동자들은 임금 체계 등이 기능직제와 연동되어 있었다. 일당제로 시작됐다가 회계직이 되면서 기능직 10급 1호봉의 26배로 시작했다가 기능직 공무원의 임금 체계가 단순화되고 각종 수당이 기본급화 되면서 일방적으로 기능직 10급 1호봉의 21배로 낮아졌고, 공무원 급식수당이 기본급화 되면서 2011년부터 기능직 1급 호봉의 21배 연봉이 폐기되고 현재 회계직 기본급이 시작되었다.

추모의 글

전회련의 탄생에 큰 힘이 되어주었던 기능직공무원노조의 이성기 경기지부장은 2012년 2월 13일 지병으로 세상을 떠났다. 학교에서 시설 관리, 등사 일들을 했던 기능직 공무원 이성기는 80년대 후반 전교조가 생기기 전 민주화 운동을 하던 교사들의 홍보물을 비밀리에 등사해주기도 했다. 이시정이 학교 비정규직 조직화 사업을 추진하게 된 계기를 마련해 준 것도 고인이었다.

학교에서 근무할 때부터 학교 비정규직에 관한 문제의식을 갖고 있었던 고인은, 학교 사정을 전혀 모르는 이시정을 도와 전회련이 첫발을 뗄 수 있도록 물심양면으로 힘을 썼다. 힘든 투병 생활 중에도 사무실에 들러 격려를 아끼지 않았고 날로 성장하는 전회련을 보며 기뻐했던 고인은, 병상을 털고 일어나 전회련의 고문으로 다시 현장에 돌아오기를 바라던 모두의 염원을 뒤로 하고 끝내 눈을 감았다.

전국교육공무직본부 10주년을 기해 전회련의 영원한 고문 이성기 지부장을 추모하며, 그의 동지였던 이시정이 2012년 2월 13일 작고 소식을 접한 뒤 카페에 남긴 추모 글의 일부를 아래에 소개한다.

"이성기 동지!

전회련은 이성기 고문 동지의 학교 비정규직에 대한 애정과 관심을 결코 잊지 않을 것입니다. 이제 지독한 암투병의 고통을 벗어 던지셨으니 편안히 떠나시기 바랍니다.

이성기 동지가 뿌린 씨앗이 얼마나 거대하게 성장하는가를 하늘나라에서 지켜봐 주시기 바랍니다. 차별을 철폐하자고 외치던 이성기 동지께 2012년 투쟁을 승리로 보답하겠습니다.

이성기 동지, 편안히 가소서!"

2009년 7월 20일, 전국교육기관회계직연합회 경기지부
창립 총회에서 연대사 하는 이성기 지부장

2_ 교직원공제회법 개정
"우리도 당당한 학교 직원이다"

"제1조(목적) 이 법은 한국교직원공제회(이하 "공제회"라 한다)를 설치하여 교육기관 · 교육행정관 또는 교육연구기관의 교육공무원 · 교원 및 사무직원 **'등'**으로 재직중이거나 재직하였던 자에 대한 효율적인 공제제도를 확립함으로써 이들의 생활안정과 복리를 증진함을 목적으로 한다."

2011년 12월 28일 개정 시행 되기 전 한국교직원공제회법 1조에는 이 법이 존재하는 이유를 밝히면서 그 대상을 규정하고 있는데 여기에 학교 비정규직은 포함되지 않았다. 학교 현장의 급여 담당 비정규직들은 자신들이 공제회 업무를 보면서도 가입이 불가능한 아이러니한 상태에 놓여 있었다.

모 교육청에서 주관한 공제회 설명회장에서 공제회측은 호봉이 인정되는 구육성회 직원들에게 회원 자격을 주겠다고 제안한 적이 있으나, 이는 국회 의결을 통한 법 개정으로만 가능한 것이었기 때문에 공제회의 제안은 어디까지나 편법일 수밖에 없었다.

이에 전회련은 교직원공제회 가입이 불가능한 학교 현장의 수많은 '등'이 정당한 회원 자격을 획득하고 더 이상 '등'이 아닌 당당한 교직원으로서 권리를 찾기 위해 2009년 9월, 법 개정을 위한 체계적인 작업을 시작했다.

먼저 2009년 10월 국정감사 관련해서 안민석 교육과학기술위원회(이하 교과위) 의원에게 교육기관 회계직의 실태에 관한 설명과 함께 서면질의서를 제출, 교직원공제회의 회원 자격에 대한 문제를 공론화시켰고, 국정감사장에서 교육과학기술부(이하 교과부)를 상대로 이태의 당시 경기지부장이 질의를 했다.

이태의 경기지부장은 '학교회계직원이 교직원이냐'는 질문을 먼저 던졌다. '초중등교육법'의 '교직원은 교원과 행정직원 등으로 구성된다'는 내용을 들어 그 '등'에 학교 회계직이 속하냐고 따져 물었지만 교과부 담당자는 선뜻 대답을 하지 못했다. 이어 이태의 지부장은 다른 질문을 던졌다.

"교직원공제회의 수납업무를 전담하고 있는 행정실의 회계직원은 정부에서 정규직이라고 발표한 무기계약자인데 교직원공제회에 가입할 자격이 있는가?"

이 질문에 교과부의 담당자는 회계직이 처한 불합리한 상황에 대해 수긍할 수밖에 없었고, 이날 교과부는 결국 법 개정에 대한 약속을 했다. 그 후 교직원공제회법 개정은 교육과학기술위원회(이후 교과위) 전체 회의에 바로 상정되었으나 법안 처리가 계속 미뤄진 채 몇 개월을 계류 상태에 있었다.

이듬 해인 2010년 3월, 전회련 임원과 화성·오산지회 임원들이 교직원공제회법 개정안을 발의한 안민석 위원을 만나, 회계직 처우 개선을 위한 추경예산 요청과 함께 회계직의 가입 자격을 위한 법 개정을 당부했다.

그리고 8월 25일 교직원공제회법 개정안은 전체 회의에 다시 상정되었지만 교과위 내에서 법안 처리에 관해 여당과 야당의 의원들이 의견 차이를 보인 채 또 석 달 동안 교과위 소위에 계류되는 상태가 되고 말았다.

이에 전회련은 전 조합원을 상대로 교과위 소속 의원들에게 빠른 처리를 당부하는 메일 보내기 운동을 벌이며 교직원공제회법 개정을 위해 더욱 박차를 가했다.

국회 교육과학기술위원회 의원 명단과 연락처

의원명	소속정당	지역구	사무실전화	이메일	홈페이지
변재일 위원장	민주	충북 청원군	02-784-5704	bj@ open21.or.kr	http:// open21.or.kr
권영진	한나라	서울 노원구을	02-784-2656	kyj@ assembly.go.kr	http://www. youngjean.or.kr/
김선동	한나라	서울 도봉구을	02-788-2692	likecorea@ naver.com	http://www. sundong.org
김세연	한나라	부산 금정구	02-788-2839	kim.se.yeon@ na.go.kr	http://www. ksy.or.kr
박보환	한나라	경기 화성시을	02-788-2437	gorpak@ hanmail.net	http://www. bakbh.com/
박영아	한나라	서울 송파구갑	02-784-1528, 02-788-2031	ypark@ na.go.kr	http://www. parkyoungah.com
배은희	한나라	비례대표	02-788-2366	behappy@ behappy.or.kr	http:// behappy.or.kr
임해규	한나라	경기 부천시 원미구갑	02-784-5282	limhk@ na.go.kr	http:// www.limhk.com
정두언	한나라	서울 서대문구을	02-784-4195	dooun4u@ assembly.go.kr	http://www. doodoodoo. co.kr
조전혁	한나라	인천 남동구을	02-784-3858	jhcho100@ hanmail.net	http:// www.educho.com

주광덕	한나라	경기 구리시	031-552- 0827 02-784-2008	duk3377@ assembly.go.kr	http:// www.jkd21.or.kr/
황우여	한나라	인천 연수구	02-788-2017	hwangwygrace@ hotmail.com	http:// www.hwy.pe.kr
김상희	민주	비례대표	02-784-4173	shk@ assembly.go.kr	http:// cleankim.kr/
김영진	민주	광주 서구을	02-784-1734	yjkim1117@ naver.com	http:// www.yjkim21.or.kr
김유정	민주	비례대표	02-788-2944	kyj207@ assembly.go.kr	http:// www.u-jung.net
김춘진	민주	전북 고창군 부안군	02-788-2574	kimcj@ assembly.go.kr	http:// www.cjkorea.org
권영길	민주노동	경남 창원시을	02-784-5280	kwondlp@ hanmail.net	http:// ghil.net
유성엽	무소속	전북 정읍시	063-537- 1788, 02)784- 3276	yousuoy@ hanmail.net	http:// www.hopeu.or.kr
이상민	자유선진	대전 유성구	02-784-5278	smlee@ assembly.go.kr	http:// www.smlee.or.kr

2010년 당시 교육과학기술위원회 의원 명단과 연락처
(전국교육공무직본부 다음 카페 자유게시판)

그 결과 2011년 3월 11일, 교직원공제회 가입 대상에 학교 무기계약직을 포함하는 개정안이 국회 교육과학기술위원회를 통과했고 4월 29일 국회 본회의마저 통과해, 2011년 12월 28일부터 개정 법안의 적용을 받게 되었다. 대한민국 법률 상에 학교 비정규직의 존재를 최초로 알리는 역사적인 순간이었다.

2009년 국정감사에서 교과부의 약속을 받아낸 뒤 2년여 만에 만들어낸 교직원공제회법 개정은 공제회 가입으로 얻어지는 가시적인 혜택도 크지만 학교 회계직원도 교직원의 일원임을 최초로 법제화했다는 점에서 그 의미가 더욱 크다. 개정된 한국교직원공제회법의 내용은 다음과 같다.

"공제회는 필요하다고 인정하면 정관으로 정하는 바에 따라 다음 각 호의 어느 하나에 해당하는 사람을 일반회원으로 할 수 있다. 〈개정 2010. 12. 27., 2011. 5. 19., 2012. 1. 17., 2012. 12. 11., 2018. 6. 12.〉

「교육공무원법」 제2조 제3항부터 제5항까지에 규정된 **교육기관·교육행정기관 또는 교육연구기관에 근무하는 교육공무원 외의 공무원과 해당 기관이 채용한 공무원이 아닌 직원 중 기간의 정함이 없는 근로계약을 체결한 사람**(「기간제 및 단시간근로자 보호 등에 관한 법률」 제4조 제2항에 따라 기간의 정함이 없는 근로계약을 체결한 근로자로 간주되는 사람을 포함한다)" –한국교직원공제회법 제7조의 2, 2항

2011년 12월 28일부터 교직원공제회법 상에서 '등'은 사라졌고 무기계약 회계직이 교직원과 동등하게 가입 자격을 얻었다. 하지만 거기에서도 제외된, 무기계약직이 아니라는 이유로 혜택을 받지 못한 사람들이 있었고, 이들은 전회련의 다음 과제로 남았다.

3_처우개선 신호탄, 맞춤형 복지제도 서명운동
"1년을 일해도 10년을 일해도 같은 월급, 수당도 복지 혜택도 없었다"

전회련의 첫 번째 처우개선 사업은 학교 회계직원에 대한 맞춤형 복지제도 실시 요구 서명운동이었다.

맞춤형 복지제도는 정규직 공무원들을 대상으로 하는 후생복지, 보험가입, 자기개발, 여가, 체육활동비 등 당시에는 연간 최고 90만 원까지 지원하는 복지 혜택이었고, 2009년 당시 서울시교육청(남자 16만 4,730원, 여자 11만 1,230원), 경북도교육청(1인당 30만 원), 전북도교육청(1인당 10만 원) 등 전국 3개 지역 교육청만 학교 비정규직을 위한 최소한의 맞춤형 복지제도가 실시되고 있었다. 정규직 공무원이 받는 어떤 수당도 없고, 1년을 일해도 10년을 일해도 월급이 같은 비정규직에게는 복지 혜택조차 주어지지 않은 것이다.

2009년 경기도교육감 최초 직선제 선거 당시 전회련은 김상곤 경기교육감 후보에게 학교 비정규직 처우개선안으로 맞춤형 복지비를 요구했다. 이후 경기도교육청을 압박하고 전국의 학교 비정규직들에게 전회련을 알리는 방편으로, 경기도에서 서명운동을 시작해 전국으로 확대하게 된다. 수거된 서명지는 전국의 16개 교육청에 전달할 예정이었다.

『회계직 차별철폐 · 학교사회의 인간화』

호봉인정 교육청직계약 전직종365일 근무통일 기능직공채시 특별임용 정규직공무원화	전국교육기관회계직원연합회(준) 서명지 경기도 수원시 장안구 정자동 429-43 일성빌딩3층 TEL:031-242-4020 FAX:031-242-4021 ●다음카페:http://cafe.daum.net/anmkook 다음에서 '전국교육기관회계직연합회'를 검색하세요.	교육기관 회계직도 당당한 교육의 주체임을 선언한다!! 회계직 차별을 청산 하라!! 2009.6.22

경기도 교육청은 학교 회계직원에 대한
맞춤형 복지 제도를 시급히 실시하라

미래를 책임지는 학생들을 가르치는 학교현장에서 묵묵히 자신의 맡은 일을 하는 학교회계직원(무기계약, 기간제, 도급, 파견 등)들은 학교사회에서의 수많은 차별에 얼마나 한숨짓고 눈물 흘렸습니까? 보너스는 고사하고 회계직을 제외한 교직원 대부분이 성과급을 받을 때는 쥐구멍이라도 숨고 싶을 정도로 비참한 소외감에 몸을 떨어야 했습니다.

물가는 하늘 높은 줄 모르고 오르고 있습니다. 하지만 1년을 다니나 10년을 다니나 똑 같은 임금을 받는 우리 회계직 직원들은 물가가 오르는 만큼 해마다 임금이 줄어들고 있는 실정입니다. 그런데도 **정규직 공무원들에 대해서는 후생복지, 보험가입, 자기개발, 여가, 체육활동비 등 연간 최고 90만 원까지 지원하는 맞춤형 복지제도를 실시하면서 정작 복지혜택이 필요한 비정규직인 회계직원에 대하여는 단 1원의 지원도 없는 실정입니다.**

서울시 교육청(남자 16만 4730원, 여자 11만 1230원), 경북교육청(1인당 30만 원), 전북교육청(1인당 10만 원)에서는 비정규직을 위한 최소한의 맞춤형 복지제도가 실시되고 있는데 전국 예산 1위인 경기도교육청은 아직 실시되지 않고 있습니다. 이에 우리 경기지역의 회계직 선생님들은 **전국 예산규모 1위에 걸맞게 경북교육청보다는 높은 수준의 맞춤형 복지제도를 시급히 실시할 것을 경기도교육청에 강력히 요구합니다.**

서명란		
지역 및 학교명 예)수원 – 화홍고	성 명	서 명

전국교육기관회계직연합회 경기지부

*회계직선생님들께 회람하시고 서명 후 팩스로 보내주세요(031-242-4021)

2009년 6월 경기도를 시작으로 전회련(준) 이름의 맞춤형복지 실시를 위한 서명지가 전국 1만 2,000개 학교에 팩스로 전해졌다. 반응은 실로 뜨거웠다. 서명 시작 일주일여 만에 7,000명의 서명이 담긴 서명지가 팩스로 도착했다. 이시정(당시 전회련 사무총장)은 당시를 이렇게 회고한다.

"폭발적인 반응이었어요. 그때는 제가 화물차 운전 일을 하고 있을 때였는데 일이 끝나고 사무실에 오면 팩스로 들어온 서명지가 끝도 없이 쌓여 있었어요. 팩스기가 고장 날 지경이었죠. 서명운동을 계획하면서 두 가지 목표가 확실히 있었어요. 학교 내에서 팩스 업무를 담당하는 사람들이 바로 비정규직이니까 그들에게 전회련을 알리는 것이었고, 또 하나는 전국 학교 비정규직의 연락처를 확보하는 것이었어요. 하지만 그 중에서 이름과 학교와 전화번호가 정상적인 건 단 10% 밖에 안 되었어요. 직접 나서기를 꺼려하는 것을 알기에 팩스 서명운동을 계획한 것인데 학교 이름과 전화번호를 기입하는 것 조차도 두려워했던 거죠. 어느 학교에서는 교장 선생님을 뺀 전 교직원의 서명을 받아 보내기도 했는데, 교사들이 서명을 하면서 '이런 것도 보장받지 못했느냐?'면서 서명에 동참했다고 해요."

전회련(준)은 8월말까지 서명지를 취합에 9월에 각 교육청에 제출했고, 다음 해 예산 편성에 적극 개입하기 시작했다. 그리고 2009년 9월 14일 진행된 김상곤 교육감의 수원 특강에 약 6,000명의 서명이 담긴 1차 서명지가 전달됐다. 2009년 경기지부의 유일한 상근자였던 이준형 조직국장은 당시를 이렇게 회고한다.

"교육청마다 전화를 걸어 담당자와 통화를 했어요. 교육공무직만 안 주는 이유에 대해 항의를 하고, 이미 지급되는 지역도 있으니까 당신들도 줄 수 있는 것 아니냐고 질문을 했어요. 대부분 논의를 거쳐서 답을 주겠다고 했고, 그 뒤 도의회에 입안해 결정을 내렸어요. 교육청마다 꽤 수월하게 복지비를 지급하겠다고 나왔어요. 진보교육감 당선 운동 이후 첫 사업이었는데 반응도 결과도 좋았어요. 맞춤형 복지제도 사업은 민선 교육감의 등장과 맞닿아 있어요, 그들이 원하는 새로운 정책에 맞아 떨어진 거죠."

경기도교육청은 2010년 3월부터 학교 회계직원에게 맞춤형 복지비 15만 원을 지급하기 시작했고, 같은 해 11월 100% 인상된 30만 원 지급을 약속했다.

2009년 5월, 전국 최초로 비정규직에게 맞춤형 복지비 10만 원을 지급했던 전북은 2010년 100% 인상된 20만 원 지급을 약속했다. 2010년 10월, 1인당 20만 원을 시행했던 경남도교육청은 전국에서 최고 수준인 맞춤형 복지포인트 35만 원 지급을 약속했다. 비슷한 시기 충북도교육청도 1인당 최대 연 30만 원의 복지비 지급을 약속했다.

2009년 6월 경기도에서 쏘아 올린 학교 회계직 처우 개선의 신호탄은 전국으로 퍼져 나가 전국 교육청에서 맞춤형 복지비가 신설되는 성과를 거두었다. 맞춤형 복지비는 아주 작은 시작일 뿐이었다. 학교회계직의 처우개선은 그 때부터 급물살을 타기 시작했다. 한 달에 100만 원만 받는 게 소원이었던 학교회계직의 바람이 이뤄지는 데 오랜 시간이 필요하지 않았다.

4_ 연합회에서 노동조합으로
"노동조합이 낯선 노동자들, 민주노총에 가입하다"

2009년 2월 시작한 전회련(전국교육기관회계직원연합회)은 7월 18일 경기지부 창립대회와 함께 지부 결성 작업을 시작했고 이듬해인 2010년 10월, 임의 단체인 연합회에서 노동 3권이 보장되는 노동조합으로 거듭나기 위해 전회련 중앙위에서 노동조합 설립을 결의하기에 이르렀다.

그 후 전회련은 학교 비정규직을 가입 대상으로 두고 활동하는 각 지역의 여러 단체와 전국 단일 노동조합 건설을 목표로 논의구조가 만들어졌다. 전회련, 전남지역학비노조, 공공운수노조 소속의 전국학비지부 중 경기, 대전 학비지회가 단일 노조 추진위 대표자 회의를 구성했고, 마지막으로 광주지역 학비노조가 결합해 2010년 12월부터 2011년 2월까지 3개월 동안 6차에 걸친 대표자 회의를 통해 협의를 진행해 나갔다.

이 시기 전국학교비정규직노동조합추진위원회(이하 추진위)는 전국교직원노동조합, 전국공무원노동조합 교육청본부, 교수 노조와 함께 고용안정과 처우개선에 대한 교과부의 책임을 묻고 행동을 촉구하는 공동 기자회견을 연 뒤, 6일 후인 2011년 1월 18일 세종로 교육인적자원부 앞에서 전국여성노조와 추진위가 함께 하는 '전국 학교비정규직 노동자 결의대회'를 갖고 고용 안정과 차별 철폐, 명절상여금 쟁취를 한 목소리로 외쳤다.

그리고 한 달 뒤인 2011년 2월 19일, 전국 7개 지부 (서울,경기,전남,광주,대전,충북,충남) 조합원 대표 300여 명이 참석한 '민주노총 전국학교비정규직노동조합 창립 선포대회'에서 단일 노동조합의 탄생을 세상에 알렸다. 하지만 학교 비정규직의 단일 노조는 그리 오래가지 못했다.

단일 노조 선포 후 열린 3월의 첫 중앙집행위 회의에서 그동안 추진위에서 수차례 합의되었던 내용이 이행되지 않은 문제가 발생했다. 서로 다른 조직이 통합하는 과정에서 수많은 논란이 벌어졌다. 그 중 중요한 의사결정 구조 등에 대해 합의했지만, 해석 논란으로 인해 생긴 갈등이 결정적이었다. 이에 전회련은 3월 26일 중앙위원회를 소집하여 이 상태로 동참하는 것은 오히려 갈등만 증폭시키고, 당시 교육부가 임금 체계를 일방적으로 변경한 것에 대한 대응도 어렵다고 판단했다.

결국 전회련은 당시 지부가 결성되었던 서울, 경기, 충북, 전북, 경북, 울산 등 6개의 지부임원들이 참석한 중앙운영위원회를 통해 지나친 불협화음은 시급한 현안 대응을 방해하고 현장의 다양한 목소리를 담아내지 못하는 문제점이 있음을 공유하며 독자 노선을 걷는 것으로 결의했다.

그리고 2011년 9월 3일, 중앙위원회 회의에서 서울, 경기, 인천, 충북, 대전, 전북, 경북, 울산 등 참석한 대표자들과 회의에 참석하지 않았지만 찬성 의사를 밝힌 제주와 대구 지부를 포함해 전원 만장일치 찬성으로 '민주노총 공공운수노조 학교비정규직본부(약칭 전회련본부)'를 건설하는데 합의했고, 지부 별 총회를 거쳐 전회련 2기의 의미 있는 새 출발을 시작했다.

이후 2011년 4월 2일 창립한 전국학비노조가 대학 노조를 거쳐 현재 민주노총 서비스연맹에 가입하면서, 2개의 학교 비정규직 노조가 민주노총에서 활동하게 되었다. 당시 경기지부 지부장이었던 이태의는 노동조합 가입 당시의 상황을 아래와 같이 회고했다.

"민주노총이라면 과격하고 불순하다며 경기를 일으키는 사람들이 있었어요. 그래서 토론을 많이 했죠. 지긋지긋한 학교장 재량권을 넘어서기 위해서는 우리가 집단교섭권과 학교장을 넘어서는 조직체계를 가져야 하는데, 우리나라에서 가장 힘있고 교섭권을 행사할 수 있는 든든한 조직은 민주노총 밖에 없다며 설득했습니다. 그런데 설득이 되면서도 싫다고 하는 사람들이 여전히 있었어요. 결국 민주노총 가입한 뒤 탈퇴한 조합원도 몇 명이 있긴 했지만 나중에 다시 다 돌아왔어요."

2014년 10월 23일, 공공운수노조 전회련학교비정규직본부는 조합원 투표를 통해 조직의 명칭을 학교비정규직본부에서 '전국교육공무직본부'로 변경, 확정했다. '전국교육기관회계직연합회'라는 이름이 처음 탄생한 2009년 이후, 5년 여의 시간 동안 학교 회계직의 희망으로 달려왔던 전회련은 그렇게 역사속으로 사라졌고, 새롭게 탄생한 '전국교육공무직본부'는 현재 민주노총의 중심, 비정규직 노동운동의 중심으로 우뚝 섰다.

잠깐상식 2 전국교육공무직본부 조직 명칭 변천사

1. 전국교육기관회계직연합회

2. 민주노총 공공운수노조 전회련전국교육기관 비정규직본부(약칭 전회련본부)

3. 민주노총 공공운수노조 전회련 학교비정규직본부(약칭 전회련본부)

4. 민주노총 공공운수노조 전국교육공무직본부

잠깐 상식 3 학교 비정규직 노동자들의 노동조합 탄생에 대해

2002년 전국여성노조에서 학교 비정규직에 대한 조직화 사업을 최초로 시작했다. 민주노총 내 학교비정규직은 2004년 초 구육성회직의 호봉이 삭감되는 상황이 발생하면서 대전에 학교 회계직 노동조합이 5월 29일 처음 만들어졌다. 그리고 그 해 5월과 6월에 발표된 공공부문 비정규직 처우개선안(회계직원관리지침)에 대한 대응 방안으로 대전, 부산, 전북을 중심으로 학교 비정규직 노동자들을 하나로 모으기 위한 추진위원회를 구성, 4차례의 회의를 거쳐 8월 21일 공공연맹 전국학교비정규직노동조합으로 출범했다. 이후, 2006년 하반기에 산별 노조 전환 투표를 통해 공공서비스노조(현재의 공공운수노조)로 조직 전환했다. 이후 전회련이 공공운수노조에 가입하면서 전회련본부로 합류한 것이다. 따라서 전회련 출범으로 보면 10년이지만 공공연맹 시기까지 포함하면 15년의 역사를 가진다.

"무상교육을 위해 육성회비를 없애는 내용의 초중등교육법의 개정 발의가 발단이 됐어요. 대전, 서울, 부산을 주축으로 전국에서 1,000명 이상의 학교 비정규직 노동자들이 노동조합에 가입했고 조합원 대부분이 육성회직이었어요. 공공연맹의 학교 비정규직 지부로 편재되어 있었죠. 2007년 제가 들어가면서 다른 직종의 학교 비정규직을 조직하려고 노력했지만, 현장 출신의 간부들 대부분이 육성회직 호봉제 비정규직이었고, 노조 상근직이 아니기 때문에 본인의 직종을 넘어서 조직 활동을 하는 데 무리가 있었어요. 다른 비정규직 운동 단체들도 시도했지만 학교 비정규직의 규모가 너무 방대해 인적·물적 자원을 투입할 여력이 없어 조직확대에는 한계가 있었어요. 조합원 수는 점점 줄어갔죠. 그러던 중 학교 비정규직을 조직한 대규모 노조들이 등장했고, 지역별로 자연스럽게 통합, 재편되는 과정을 거치면서 지금에 이르렀죠.(최보회 전국교육공무직본부 부본부장)"

5_처우개선 2탄, 명절휴가비와 장기근무가산금 등 수당 신설

"정규직이 온갖 수당을 받을 때 비정규직은 언제나 0원"

2009년 맞춤형 복지비로 시작된 학교 회계직의 처우개선은 2010년 민선교육감 시대가 열리면서 각종 수당의 신설로 이어졌다. 그 시작은 명절휴가비와 장기근무가산금이었다.

전회련은 설립 초기부터 고용 보장, 경력 인정, 호봉 인정, 명절휴가비 지급을 강력하게 요구했다. 특히 기존의 포괄임금제(연봉제)가 아닌 근무경력 인정 임금 체계(호봉제)로의 전환은 학교 비정규직 차별 철폐를 위해서는 중요한 과제였다.

10년된 급식실의 조리사가 1년된 조리사와 같은 월급을 받아야 하고, 같은 공간에서 근무하는 정규직 동료가 명절휴가비에 근속 수당과 성과급을 받을 때 0원을 받으며 최저임금에 시달리던 학교 회계직에게 경력 인정과 호봉 인정은 더 이상 선택의 문제가 될 수 없었다.

하지만 2009년 10월 국정감사 질의에서 교과부는 호봉제 인정에 대해 학교별 인사관리 기준, 채용기준, 계약 내용에 따라 학교가 결정할 사안이며 자신들의 소관이 아니라며 빠져나갔다. 비슷한 시기 전회련 본부 사무실이 위치했던 경기도의 교육청이 발표한 학교 회계직 처우개선 종합대책은 맞춤형 복지비를 제외하고 예산과 직결된 부분에서 개선된 게 없었다. 하지만 2009년 투쟁의 결과로 정부와 지역 교육청이 학교 비정규직의 열악한 근무 환경과 저임금 문제를 인지하기 시작했고, 이는 2010

년 민선 교육감 시대의 교육청에 의해 하나씩 개선되기 시작했다.

2010년 9월 전남도교육청이 3년 이상 근속자에게 최고 8만 원의 근속가산금 신설을 약속한 뒤, 10월엔 서울시교육청이 가세했고, 경남도교육청도 5년 이상 경력을 인정하고 수당을 지급하는 경력인정제를 도입했다. 충청남도와 경기도 교육청이 10월에 근속가산금을 신설했고, 11월엔 경기도교육청이 전국 최초로 연 20만 원 명절휴가비 지급을 발표했다.

진보 교육감이 당선된 지역에서 시발된 장기근속수당 신설은 전국학교비정규직노동조합 추진위(전회련, 공공학비, 전남학비로 구성)의 100만 원 명절휴가비 지급을 위한 지속적인 투쟁이 동력이 되어, 이듬 해인 2011년 2월 교육과학기술부(이하 교과부)의 학교 회계직 처우개선안 발표로 이어졌다. 교과부는 이 처우개선안에서 3년 이상 근속의 경우 장기근무가산금 월 3만 원으로 시작해 근속에 따라 월 최고 8만 원의 가산금을 지급하도록 명시했고, 명절휴가비 20만 원 지급도 약속했다.

"맞춤형 복지비 15만 원이 먼저 생기고, 그 뒤에 교육감 간담회를 하는데 어느 안경 쓴 선생님이 고맙지만 그 돈으로 안경 한 알 밖에 할 수 없으니 조금만 더 올려 달라고 했던 게 기억나요. 이듬 해 30만 원으로 올랐죠. 명절휴가비 못 받는 건 정말 서러웠거든요. 저희는 교장이 활동비로 겨우 주는 김이나 식용유가 고작이었어요. 그것도 못 받는 학교가 많았고요. 사실은 이 지출도 교육청 감사에 걸리는 목적 외의 지출이었어요.

전회련이 생긴 뒤 명절휴가비 달라고 수원교육청 앞에서 최초로 피케팅도 했어요. '우리는 학교의 유령이 아닙니다. 명절 때 서러워서 못살겠습니다.' 문구를 쓴 피켓을 들었어요. 피케팅에 처음 나온 조합원들은 눈동자도 안 보이게 싸매고 나왔죠. 처음이었으니까요. 2011년부터 명절휴가비가 나왔어요. 우리가 싸워서 따낸 거예요."

이태의 당시 경기지부장의 말이다. 당시 부지부장이었던 김상윤은 처음 받은 명절휴가비 10만 원이 100만 원을 받은 것처럼 기뻤다며 당시를 회고했다.

교과부의 처우개선안은 학교 회계직이 비로소 경력을 인정받게 되었고 실질적인 처우개선을 위한 새로운 제도가 만들어졌다는 점에서 의미가 있지만 인상율과 기대에 미치지 못한 금액으로 비판이 쏟아지기도 했다.

3년간 동결되었던 공무원 임금을 5.1% 인상한다는 정부 발표와는 달리 교과부가 발표한 학교 회계직 처우개선안은 기본급 인상률이 4%에 머문 것이 문제였다. 학교 회계직은 공무원 신분이 아니었는데도 공무원과 동일하게 임금 동결을 당했지만 인상률은 공무원과 차별을 두었기 때문이다. 2010년 시도 교육청의 처우개선안이 약속한 기본급 5.1%인상을 몇 개월 만에 교과부가 다시 뒤집은 것이다.

2011년 2월의 교과부 처우개선안은 장기근속수당과 명절휴가비 신설이라는 성과와 함께 공무원과 동일한 임금 체계, 수당 체계 쟁취로 가기 위한 출발점이 되었고, 이는 이후 전회련의 처우개선 투쟁에서 조합원들이 처음으로 자신의 이름을 걸고 전면에 나서는 계기가 된 '물방울 소송'으로 이어진다.

학교 회계직 근속가산금 · 명절휴가비 현황

지역	장기근무가산금	명절휴가비
서울	7월 추경, 3월 소급	
부산	7월 시행	
대구	9월 시행	
인천	9월 시행	
광주	3월 소급 시행	
대전	9월 시행	9월 시행 10만
울산	6월 시행, 미소급	
경기	5월 시행, 3월 소급	
강원	3-21만 시행 중	
충북	6월 추경, 3월 소급	
충남	3월 소급 시행	
전북	7월 시행, 미소급	9월 시행 40만 원
전남	3월 소급 시행	9월 시행 10만
경북	9월 시행	
경남	9월 시행	
제주	9월 시행	

급식뉴스 '학교회계직, 9월의 작은 기쁨' 기사(2011년 8월 29일) 중 발췌

물방울 소송단의 집단 소송 접수

물방울 소송단의 집단 소송 접수

■ 홈 > 뉴스 > 뉴스 | 포토뉴스

학교회계직 시·도교육감 상대 '임금체불 소송'

전회련 '만인 만원 물방울 소송단' 출범 기자회견

2011년 05월 03일 (화) 01:55:27   급식뉴스 ☒ kkh@newsfs.com

전국교육기관회계직연합회(전회련)는 2일 서울 중구 민주노총에서 "오늘 우리는 교과부와 각 시.
도 교육청의 취업규칙 위반 지시와 일방적인 임금통보를 고발하며 '체불임금 쟁취! 만인 만원 물
방울 소송단'을 출범한다면서 기자회견문을 발표했다.

전회련은 기자회견문에서 "지난 2월 교과부가 발표한 '11학년도 학교회계직원 처우개선안-16개
시.도 교육청 합의안'이 학교 비정규직(회계직)에 대한 일방적인 임금 변경 시도이고, 명백하게
근로기준법과 취업규칙을 위반한 행위"라며 "학교 비정규직 노동자들이 전국 16개 시·도교육감
을 상대로 집단 소송을 내기로 했다"고 밝혔다.

물방울 소송단의 집단 소송 기사를 게재한 급식뉴스

6_2012년 교육감 직고용, 2013년 단체협약 시대를 열다
"학교 비정규직의 사용자는 교육감이다"

2012년 4월 4일 전국학교비정규직연대회의(전국공공운수사회서비스노조 소속 전회련학교비정규직본부, 전국여성노조, 전국학교비정규직노조)(이하 연대회의)는 전국 16곳 시도교육청에 학교 비정규직 임금 단체협약(이하 임단협) 체결 교섭 요구 공문을 일괄 발송했다.(지역별 연대회의 구성 상이)

학교 비정규직 노동자가 생긴 이래 시도 교육감과의 임단협은 최초이며, 전국의 학교 비정규직 관련 노동조합이 연대회의 아래서 동일한 노동 조건과 처우를 위해 하나로 뭉친 의미 있는 투쟁이었다. 이 공문 발송을 시작으로 학교 비정규직 노동 운동의 새 장이 펼쳐졌다. 그리고 그 시작엔 학교장 재량이라는 불합리하고 비정상적인 사용자 환경을 교육감 직고용으로 바꿔낸 역사적인 사용자 대전환 투쟁이 있었다. 그것은 바로 교육감 직고용 조례 제·개정 투쟁이다.

2009년 교직원공제회법 개정과 맞춤형 복지 서명운동을 진행하는 과정에서 국회 국정감사와 지방의회 행정감사에 나온 교육부와 교육청이 계약당사자가 학교장이라는 핑계를 대며 회피하는 일이 반복되자, 전회련은 사용자가 교육감임을 명시하는 조례 제정 사업의 필요성을 절감하게 된다.

그리하여 학교장 재량으로 학교마다 다른 복무, 인사, 급여 방식을 교육청별 조례안으로 통일시키는 것, 계약 주체를 교육감으로 변경하여 처우개선과 정규직 전환의 근거를 확보하는 것, 단체협약 교섭도 사용자성이 학교가 아닌 교육청에 있음을 확인하고 교섭권을 교육감이 행사할 수 있도록 하는 것, 등 세 가지를 주요 내용으로 한 전회련의 교육감 직고용 조례 제정 사업이 출발하게 된다. 그 시작은 2010년 6월의 조례 제정 청원 서명운동이었다.

한편 2010년과 2011년에 걸쳐 경기도교육청이 장애인 채용의무를 어긴 것에 대해 노동부가 과태료 판결을 내린 사건이 발생하는데 이는 사용자가 교육감이라는 것을 증명하는 하나의 사례가 되면서 조례 제정 사업은 탄력을 받게 된다.

이후 2011년 3월, 경기도에서만 3,000여 명의 서명을 받은 전회련은 서명지를 도의회 교육위원회에 제출했고, 조례를 만들기 위한 TF를 구성하라는 도의회의 권고가 이어졌다. 그리고 20011년 5월 9일 경기도 교육위원회에서 3시간에 걸친 청원심사 끝에 전회련, 교육청, 도의원으로 구성된 TF팀을 꾸리기로 합의하고, 5월 23일부터 3자협의회(학교회계직원 고용안정을 위한 3자협의회)가 1년간의 활동을 시작했다.

조례 제정에 대한 입장은 지역별로 다르게 나타났다. 서울시 시의회에서 적극적으로 나선 최보선 의원은 급식실에 일했던 모친의 영향으로 학교비정규직 문제에 우호적이었고, 충청남도의 김지철 의원과 제주도의 이석문 의원처럼 교육위원이 직접 사례 연구나 간담회를 동행한 지역도 있었다. 진보 교육감 당선 지역에서 빠르게 진행된 반면에 보수 교육감 지역에서는 더딘 행보를 보이기도 했다.

2010년 6월 조례 제정 청원 서명운동으로 활동을 시작한 교육감 직고용 조례 제정 사업은 2011년 5월 TF팀을 구성한 경기도를 시작으로 광주시와 경기도에서 결실을 맺었고, 2014년 12월 전라남도를 마지막으로 모든 지역에서 조례가 제정되는 성과를 거뒀다. 그리고 2012년 교육감 직고용 조례 제정의 성과를 바탕으로 전국에서 교육청을 상대로 한 교섭이 본 궤도에 오르기 시작한다.

2012년 2월 7일 고용노동부가 학교 비정규직의 단체교섭 대상자는 교육감이라고 명시한 사건이 생긴 뒤, 연대회의는 3월 17일 '임단협 투쟁 승리를 위한 결의대회'를 갖고 교육감에게 교섭에 나설 것을 촉구하며 정부와 국회, 교육청을 향해 공동 투쟁을 선포했다. 이후 4월과 5월에 걸쳐 전국에서 지역별 단체협약 설명회를 가지며 조합원들에게 사업의 정당성과 중요성을 알려 나갔고, 2012년 6월 20일부터 교섭에 성실히 응할 것을 요구하며 연대회의 대표단이 노숙농성에 돌입했다. 그리고 6월 23일에는 전국의 학교 비정규직 노동자들이 모여 서울 거리를 행진하며 호봉제 쟁취, 교육감 직고용, 정규직 전환을 함께 외쳤다.

2012년 6월 27일부터 7월 16일까지 연대회의가 전 조합원을 대상으로 실시한 쟁의행 찬반투표에서는 투표에 참가한 2만 5,519명(84.9%) 중 2만 2,628명인 92.6%의 조합원이 압도적인 찬성으로 답했고, 연대회의는 기자회견을 통해 총파업을 포함한 총력투쟁을 선포했다.

그로부터 4개월 여의 시간이 흐른 11월 9일, 전국의 학교 비정규직 노동자들이 그간의 집회와는 다른 단체행동에 나서게 되는데 그게 바로 학교 비정규직의 첫 대규모 파업이다.

2012년 4월 4일 연대회의 차원에서 전국의 교육청에 임단협 체결 교섭요구 공문을 발표한 이후 2013년 5월 1일 강원도교육청과 연대회의가 최초로 임금협상을 체결했다.

그리고 같은 해 12월 30일 경기도가 체결식을 가졌고, 2017년 7월 18일 경상북도가 마지막으로 교육청과 단체협약을 체결했다.

2008년 9월 11일, 학교 비정규직의 사용자가 교육감이라는 근거가 되는 대법원 판례가 있고 나서 전국의 모든 교육청이 노동조합의 단체교섭권을 인정하는데 9년 여의 시간이 걸렸다.

대법원 판례(대법원 2008. 9. 11. 선고 2006다40935 판결)

'국공립학교는 국가 또는 지방자치단체의 영조물(營造物) 또는 시설의 명칭에 불과하고, 법인격이 없는 행정관청이 자기 명의로 사법상 계약을 체결한 경우 그 계약에 따른 권리의무는 권리능력을 가진 국가 또는 지방자치단체에 귀속된다.'

7_2012년 11월 9일 학교 비정규직 119 총파업
"우리가 아니면 안돼!"

전국학교비정규직연대회의(이하 연대회의)가 교육과학기술부와 전국의 교육청을 상대로 단체교섭을 요구했지만 진보 교육감이 있는 6개 시·도 교육청을 제외한 10개 교육청이 교섭 자체를 거부하자, 고용노동부에 쟁의조정을 신청한 연대회의는 전국 동시 총파업을 준비해 나갔다.

총파업에 앞서 2012년 10월 6일, 전회련본부는 민주노총 대전본부 대강당에서 전국 각 지역 교섭위원과 조합원 170명이 모인 가운데 '총파업투쟁 승리를 위한 2012 파업학교'를 처음 개최했다.

10월 23일부터 연대회의는 전국의 각 노조 조합원들을 대상으로 총파업을 포함한 쟁의행위 찬반투표를 시작했다. 그리고 2012년 10월 24일 연대회의 대표단은 국회 앞에서 기자회견을 열고 '임단협 투쟁 승리와 호봉제 예산 확보'를 요구하며 단식에 돌입해 11월 3일까지 11일간의 단식 농성을 벌였다. 대표단은 단식 농성이 학교 현장의 파업 사태를 막기 위한 마지막 수단임을 강조하며 교과부와 교육청에 성실한 교섭과 국회에 호봉제 시행을 위한 예산안 마련을 요구했지만, 정부와 교육청은 전국의 조합원들이 11월 3일 서울광장에 모여 한 목소리로 외칠 때까지 묵묵부답이었다.

10월 23일부터 11월 6일까지 전국에서 진행된 파업 찬반투표에서 투표에 참가한 조합원 2만 5,175명 중 2만 2,967명(91.2%)이 찬성해 파업이 가결됐고, 파업 하루 전인 11월 8일엔 공중파를 비롯한 전국의 언론이 학교 비정규직의 파업을 중요 소식으로 앞 다투어 보도했다. 이주호 당시 교과부장관은 엄중처벌이라는 말로 학교 비정규직 노동자들을 협박했다.

　그리고 2012년 11월 9일, 전국의 학교 비정규직 노동자들은 총파업을 선언하고 학교 밖으로 뛰쳐나왔다. 차별이 만연한 잘못된 학교를 향해 세상을 향해, 학교 안의 유령 같은 존재였던 비정규직들은 자신들의 절망을 희망으로 바꿔 내기 위해 당당하게 외쳤다.

　호봉제 쟁취! 2012년 임단협 승리! 교육공무직 법제화!

　학교가 생긴 이래 최초의 파업이었고, 파업도 투쟁도 모든 것이 처음인 사람들이 만들어낸 그들 생애 첫 번째 파업이었다.

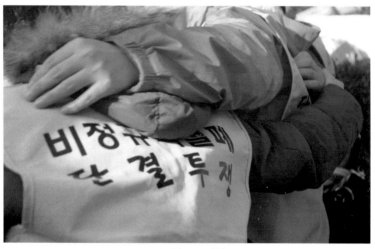

2012년 11.9 파업

2012년 11.9 파업

별공(다음 카페 아이디)

"꿈 같았던 일이라 여겼는데~~~ 해냈습니다. 우린 이제 시작입니다. 이런 힘들이 얼마나 소중한 삶을 약속해 주는지~~. 우리들의 모임과 함성은 미래로 가는 밝은 빛이었고 이건 환희였습니다.

이태의 본부장님, 이시정 사무처장님~~ 그리고 앞장서 가시는 모든 님들 감사합니다.

눈물을 머금으며 서로의 손을 꽉 쥔 체온은 서로를 감싸 안아 주었습니다."

행복한동행: 서울과학(다음 카페 아이디)

"생애 첫 경험을 해봤네요. TV에서만 보아왔던 시위를 막으려고 촘촘히 늘어서 있는 수많은 경찰들도 보았고, 차가운 바닥에 앉아 끼니를 해결해 보았고, 목이 터져라 큰 함성으로 외쳐도 보았지요. 분명 힘든 여건임에도 불구하고 조합원들의 밝은 얼굴은 감동을 받았지요.

우리는 할 수 있습니다. 본부장님을 비롯하여 앞장서서 수고하시는 모든 분들께 감사드립니다.

화이팅!!!"

썬플라워: 인천특수(다음 카페 아이디)

"아직도 그날의 감동이 남아있네요. 눈물이 나서 흑흑…… 아이들의 눈이 정확하겠지요. 부끄럽지 않은 엄마이고 아내인데. 세상이 그렇게 만들지 않네요. 열심히 투쟁합시다.

노동의 가치가 차별없이 인정받는 날까지."

이태의(당시 전회련 학교 비정규직본부 본부장)

"다 두려워했어요. 과연 우리가 파업할 수 있나! 지도부는 조합원을 못 믿고 지도부끼리도 서로 못 믿었어요. 국회 앞에서 단식하면서 조합원들에게 계속 소식지를 날렸어요. 지역마다 점점 파업 참여 숫자가 늘어갔고, 11월 3일 총파업 결의대회를 시청 광장에서 했는데 감동이었어요. 그 광장을 학교 비정규직 노동자들로만 다 채웠어요."

배동산(당시 공공운수노조 파견 지원팀)

"첫 파업이니까 지원팀을 공공운수노조 차원에서도 꾸렸고, 민주노총 차원에서도 꾸렸어요. 선전실과 정책실을 지원하는 상황이었죠. 당시 SNS 열풍으로 전회련본부 페북 계정을 만들었는데 본부에 상근 체계가 갖춰지지 않아서 그 계정을 제가 관리했어요.

서울지부 담당이 본부 조직 담당을 겸하던 상황이었어요. 본부엔 이태의 본부장과 이시정 사무처장, 유유국장만 있었죠. 깔판 나르는 것부터 해서 언론도 담당하고, 집회 기획도 하고. 상급 단체로서의 정책 지원뿐 아니라 기본 업무까지 닥치는 대로 했어요.

파업 전날 유인물이라도 있어야 하지 않을까 해서 급하게 만들기 시작했고 새벽에 겨우 완성했던 기억도 나요. 정신없는 건 지부도 본부도 마찬가지였어요. 본부가 지부를 점검하는 게 안 되던 시기니까 몇 명이 파업에 오는지는 당연히 모르고요.

얼마나 올지 예상이 안 되던 상황에 경기 북부 지역이 서울로 결합하면서 당시 정부청사 뒷길을 다 채웠어요. 1,000명 이상의 파업대오가 만들어졌는데 그 규모가 감동적이었어요. 집회 신고는 인도만 했는데 차도까지 꽉 차니까 경찰이 계속 경고 방송을 하고, 이태의 본부장은 방송으로 발언이 끊길 때마다 처음부터 다시 발언을 시작하고…… 경찰은 위협적인 존재였는데도 이태의 본부장이 적절히 대응했고 그게 대오의 사기를 높였어요."

안명자(당시 경기지부 지부장)

"교육청에 8시 30분쯤 미리 도착했어요. 경찰버스가 4대 와 있었고, 버스가 도착하기 전에 9시 30분부터 어디선가 사람들이 한 명씩 나타나기 시작해 인도를 가득 채웠어요.

광주하남에서 출발하기로 한 버스 2대는 이미 복도에 앉아도 넘칠 만큼 사람이 모여들어 버스 한 대를 더 부르는 비상사태가 벌어졌어요. 참가 명단 이상이 온 거예요. 버스가 도착하기 시작하면서 그냥 통제불능이었어요. 신고된 500명이 넘으니 경찰도 비상이 걸리고, 교육청 사무관도 놀라서 저를 찾아오고. 경기도교육청 생긴 이래로 가장 많은 인원이 참가한 집회였죠. 골목이 3,000여 명이면 꽉 차는데 그 골목을 넘어섰고, 준비한 조끼 2,000벌이 모자라고 김밥 2,000개가 모자랐어요. 저희 조직 사람들로는 다 감당할 수 없어서 도움을 요청했는데 2시간도 되지 않아 화물연대 경기지부 남자 10여 명이 나타나 조직을 엄호하고 경찰을 마크하면서 질서 유지를 책임져 주었어요. 정말 고마웠어요. 예상 인원 2배 이상이 모이니까, 공공운수노조 중앙에서도 출동했고 행진할 때는 공공운수노조 산하 조직으로서 위상을 당당하게 보여줄 수 있었어요.

당일 현장으로 가기 전까지 가장 고민했던 것은 참여 인원이었어요. 1,000대오는 되어야 하지 않을까 하는 마음이었지만 파업을 해 본적 없기 때문에 얼마나 참석할 지 걱정이었죠. 경기가 가장 많이 참가했어요. 학교 생긴 이래로 파업은 최초였지요. 그 당시엔 모두가 이 정도의 파업이면 뭔가 바뀔 것이라고 모두가 그렇게 생각했어요. 정말 꿈같은 하루였어요."

이준형(당시 경기지부 조직국장)

"파업 인원은 지금도 체크가 잘 안되지만 처음에는 더 했어요. 지도부에서 각 지역별로 지회를 통해 체크를 하지만 답을 안 주는 거예요. 당시에는 지회장도, 간부도 부족했던 시기였고, 지부에서 다 체크를 해야 하는 한계가 있었어요. 그냥 연락이 닿는 사람 정도만 체크하는 정도여서 파악이 안 되는 경우가 대부분이었어요. 막판에는 버스 추가하느라 정신없었죠. 뒤늦게 참가 의사를 밝힌 학교가 너무 많았거든요.

임금 인상을 위해 파업을 해야 한다고 할 때는 처음에는 쉽게 받아들이지 못했어요. 확신이 없어서 오래 망설였고 걱정도 많이 했지만 서서히 동참하는 분위기가 만들어졌어요. 몇 개 학교를 중심으로 작게 시작하다가 파업 당일에 임박해서 발동이 확 걸린 거죠. 당시 우리 조직의 주력부대 중 하나가 영양사들이었어요. 영양사 조합원들이 있는 학교는 전부 파업에 참가시키는 게 목표였어요. 교무행정 실무사 조합원들이 있는 학교는 그들이 주도하고. 두 개 직종에서 첫 파업에 많은 역할을 했어요.

원래 집회 신고는 한 차선만 했지만, 사람이 늘어나니까 제가 사회를 보면서 두 차선을 다 막으라고 했어요. 결국 저랑 안명자 본부장이 고발당해서 경찰 조사도 받았죠. 안명자 본부장은 무혐의 처리됐지만 저는 벌금 50만 원을 냈어요. 가끔 안명자 본부장이 농담 삼아 말해요. 나는 모른다고 했어요, 다 이준형이 시켰다고 했어요, 라고."

경기지부 가두 행진과 집회

채려목(당시 충북지부 조직국장)

"당시 충북에서는 다른 지부와 달리 파업 찬반투표를 중요하게 기획

했어요. 간부들이 학교 명단을 만들어 방문하고 투표를 받았어요. 교육청

앞에 투표소 천막을 만든 건 상징적인 의미가 있었죠. 천막을 치기만 하

면 교육청 편만 드는 꼴통 경찰들이 점거라며 철수할 것을 지시하길래,

매일 아침 9시에 가서 투표소를 차리고는 천막을 햇빛 가리개라고 말하

고, 6시가 되면 철수를 하면서 투표소를 운영했어요. 학교에서 투표를 하는 게 아니라 교육청 앞에서 투표를 하는 것이 선생님들의 자신감도 불러일으킬 수 있고, 싸움의 대상이 교육감이라는 사실을 분명히 알게 되는 효과가 있었어요.

파업에 관해 선생님들이 가장 많이 한 질문이 불법 아니냐, 였어요. 아이들 밥을 어떻게 안 줄 수가 있냐, 우리 아이들 어떻게 하냐, 그런 걱정들도 많이 했어요. 엄마이기도 하고 노동자이기도 하니까, 실제로 우리 아이들을 먹이고 있다는 자부심, 거기에 대한 직업의식이 보인다고 생각했어요. 교육감이 무섭다기 보다는 하루 동안 밥을 어떻게 할까, 그런 고민이 우선이었죠. 보면서 좀 짠했어요. 총파업 영상을 찍을 때 간부들이 인터뷰를 하면서 '우리의 모든 준비는 끝났으니, 여러분들은 나오기만 하면 됩니다.', 이런 말을 했던 게 감동적이었고요.

충북이 첫 파업을 부분 파업으로 한 것에 대해 연대회의에서 지침 위반이라는 말이 나왔는데 1차 부분 파업, 2차 총파업, 3차 간부 파업으로 이어진 당시의 상황이 지역에 맞는 투쟁 방식이었다고 생각해요.

막상 파업에 나온 조합원들은 떨려 하면서도 신나 했어요. 어떻게 보면 일탈의 경험이기도 하니까. 마스크 쓰고, 얼굴을 모두 가리고 나왔지만 아는 학교끼리 서로 눈짓으로 인사도 나누고.

파업 당일에는 저도 처음이라서 무서웠어요. 실무적으로 잘못 해서 혹시 문제가 생기지 않을까 싶었고, 감에 의지해서 진행한 것들이 많았으니까요. 문자에 답장을 일일이 해주기 위해서 폰을 하나 더 만들기도 했어요. 첫 날 부분 파업 할 때, 8시에 시작해서 9시 30분에 해산했는데, 핸드폰 번호를 불러주면서 무슨 문제가 생기면 지부나 이 번호로 전화하고, 안전하게 복귀하면 인증샷(조끼를 입고, 머리띠를 매고 일을 하는 등의 파업

지침들)을 찍어서 보내라고 했는데, 시간이 조금 지나면서 문자들이 오기 시작했어요. 그걸 보면서 정말 펑펑 울었어요."

충북지부 파업 집회

우시분(현 충북지부 지부장)

"파업 후에 학부모, 학교장, 교사의 보이지 않는 탄압이 나타나기 시작했어요. 저도 불려갔는데 교장실에서 우리를 해고하려는 학교운영위가 열리고 있었고 밖에서는 학부모들이 해고하라고 항의 중이었어요. 저한테 다시는 파업을 하지 않겠다는 각서를 쓰라고 강요했어요. 그 자리에서 지부에 전화를 해 들어와 달라고 부탁했어요. 노조 사람들이 곧 올 거라고 말 하니까 학교 사람들의 반응이 갑자기 바뀌었어요. 각서 안 써도 된다고. 부당노동인 걸 알면서도 우리를 얕보고 협박한 거였어요.

그 후엔 모든 것이 자연스러워졌어요. 파업하러 간다고 하면 아무 말하지 않았고 학교가 알아서 파업에 대한 대책을 세웠어요.

당시 4개 학교가 파업을 했는데 교육청 입장에서는 아니라고 하겠지만, 이 학교들에 특별감사가 내려왔어요. 감사 들어오면 일이 제일 많은 게 영양사인데 저희 학교 영양사는 파업에 참가하지 않았어요. 저랑 영양사가 급식 업무가 끝난 뒤 3년 전에 썼던 식용유, 고춧가루 등 식재료 전부를 맞추고 서류를 작성하느라 밤 10시, 11시까지 잔업을 했어요. 그런데 바보같이 그렇게 일을 하면서도 초과 근무 올릴 생각도 못 했네요. 그때는 영양사가 이상한 조리사를 만나 이 고생을 하고 있다는 생각뿐이었거든요. 저녁도 못 먹은 채 작은 공간에 둘이 앉아 말 한마디도 나누지 않고 밤 늦게까지 감사 준비를 했던 게 기억나요."

구철회(전 충북지부 조직국장)

"다 처음이니까 구호 외치는 것부터 설명하고, 제가 시범을 보인 뒤 따라하게 했어요. 당시 어느 동네라도 대단하고 멋졌겠지만 충북의 경우는 3차 파업까지 했어요. 2차 파업은 지회 별로 지역지원청에서 했는데 참석률은 좀 더 높았어요. 당시에 간부들이 모두 지역으로 흩어져서 한 명씩 전부 사회를 봤어요. 집행부라고 해도 전임 상근도 아닌 사람들이었고 그들도 집회가 처음이었고, 사회도 처음인 사람들이었어요. 간부도 처음, 진행도 처음, 파업도 처음인 모든 것이 처음인 사람들.

부분 파업을 할 때는 사측에게 타격을 줘야 하니, 아침에 부분 파업을 하고 11시에 학교로 들어가는 것으로 계획을 했어요. 12시 급식이 1시나 2시에 나가게 하는 게 우리의 목표였는데 부분 파업 끝나고 들어간 급식실이 모두 12시 급식을 해냈어요. 정말 땀나도록 일해서 급식에 차질이 안 가도록 한 거예요. 저희 의도와 완전히 달라졌어요. 현장에서는 부분 파업이 더 힘들다며 투덜거렸어요. 파업하고 들어가서 관리자들 얼굴 보는 것도 힘들다고. (웃음)"

최영심(당시 전북지부 지부장)

"지금처럼 시스템이 갖춰지지 않아서 어느 학교가 몇 명이 나오는지 조사할 수 없었어요. 문자 보내도 답이 없고. 톡방도 없었고. 몇 명이 나오는지 모르면서 그냥 거창하게 파업이라고 했어요. 현 지부장 학교랑 저희 학교, 겨우 두 학교만 나올 수 있어서 우리라도 하자며 강행했어요. 교장에게 파업한다 말하러 갔더니 교장이 아무 말없이 듣고만 있더라고요. 손발, 가슴 다 떨리던 그 느낌은 평생을 잊지 못할 거예요. 살면서 그 때만큼 떨었던 적은 없었어요."

명민경(현 전북지부 지부장)

"전회련 간부 연수에서 파업하면 어떻겠냐고 이시정 사무총장이 처음 말했어요. 아이들 두고 파업할 수 있을까 싶었죠. 정부에서 비정규직에 대한 대책을 세우도록 분위기를 만들어갔어요. 우리가 집회하는 이유를 적극적으로 알려냈어요.

12년 6월, 11월 계속 상경 투쟁을 했어요. 우리 예산도 세우라고 압력차원에서. 파업 결의대회 전까지는 전북도 연대회의 차원에서 공동 파업을 하기로 했는데, 파업 이틀 전에 2개 노조가 빠졌어요. 이미 파업 발표가 되어 있으니 파업이 어그러지는 게 더 안 좋다고 생각해서 강행했어요. 진눈깨비가 비와 함께 내리던 날이었는데 교육감 면담 갔다 온 지부장이 눈물 흘리면서 내리는 진눈깨비가 우리 조합원 눈물 같았다고 하는 말에 그냥 다 울었죠. 그 때 교육감 면담으로 위험수당 신설되고, 현재 인원 다 데리고 가겠다 약속하고, 교육감 직고용 조례도 약속했어요. 그 날의 성과는 뭉쳐서 뭔가를 하면 나중에는 호봉제도 이룰 수 있겠다며 조합원들이 큰 힘에 대해 생각하게 됐다는 거죠."

김기자(당시 전북지부 조직국장)

"출근한지 두 달도 되지 않아 벌어진 첫 파업은 다른 지역과 달리 3개 노조가 공동 파업을 결의했다가 119 파업 이틀 전에 못한다고 나왔어요. 지역 파업에 대한 자신감이 없었던 거죠. 다른 노조들은 저희 노조와 결이 달랐어요. 사실 저희도 자신감이 없었고 두려웠지만 최영심 지부장의 배포로 밀어붙였어요.

당시엔 문자로 파업 소식을 알렸는데 받았는지 읽었는지 파악도 안 되잖아요. 오전에 문자를 보냈는데 오후에 사립학교 한 곳에서 파업하겠다고 전화를 했어요. 그러나 사립학교는 사용자가 달라서 고소, 고발이나 벌금 등 문제가 있을 수 있어 파업을 만류하고 응원을 부탁했어요. 그 사립학교는 지금도 조합원을 유지하면서 열심히 일해주고 있어요.

25개 학교에서 150명이 파업을 나왔는데 얼굴 한 번 본적 없던 조합원들을 그 날 처음 봤죠. 오겠다는 말도 없이 와줬던 그 사람들이 지금도 핵심적인 역할을 해오고 있어요. 그 때의 25개 학교는 여전히 저희의 우군이죠."

대구지부 파업 집회

이병수(현 대구지부 조직국장)

"당시 대구는 영양사와 조리사 중심이었어요. 서울 파업 결의대회도 버스가 6대 올라갔고, 지역 첫 파업에도 400여 명이 참석했어요. 두근거렸어요. 대구는 영양사들이 사용하는 시스템으로 파업 참가 인원을 체크해서 인원 예상이 가능했어요. 다른 지역에 비해 분위기도 괜찮았고 교육청 압박도 성공적으로 했어요.

그런데 단협이 이뤄지지 않자 2차 파업에 대한 의견이 나오고, 내부적으로 찬반이 갈렸지만 강행했죠. 12월 14일의 2차 파업에는 영양사들이 적극적으로 나서서 200여 명이 나오고, 차가운 겨울비를 맞으며 교육청에서 반월당까지 행진을 했어요.

하지만 2차 파업은 후유증이 좀 있었어요. 영양사들이 주도했다는 것을 알고 교장들이 영양사를 괴롭히기 시작했고, 그 후 영양사들의 움직임이 죽어버렸죠. 그 뒤로는 영양사협회 내부적으로 노조의 일정에 참가하지 않으면 벌금을 내는 방식으로 바뀌었고, 그게 탈퇴의 핑계가 되기도 했어요. 영양사들의 참여는 점점 줄었고, 대신 사무직이 그 자리를 대신했죠. 급식실도 아래에서부터 조직이 되기 시작했고요."

민지현(전 충남지부 지부장)

"파업 자체를 두려워하는 분위기가 있었지만 이슈화되고 전국적으로 같이 파업을 하는 것에 대한 기대가 있었고 호응도 있었어요. 학교는 당시에 보수적이어서 행정실장이 전화해서 파업하면 가만히 있지 않겠다고 하고, 학부모도 어떤 행동이 취해질 거라 협박조로 말하기도 하고, 정규직 조리사가 비정규직 조리원한테 파업하면 일을 계속 하지 못할 것이라고 말한 적도 있어요. 잘릴까 두려워 전화하는 조합원에게 합법 파업이라 누가 마음대로 자를 수 없다고 안심시키는 데 공을 많이 들였어요.

파업 소식을 알게 되자 마자 행정실장은 교직원들에게 보건증을 속성으로 발급받게 했고, 교장 포함 몇몇 교직원이 간단한 메뉴를 급식했다고 해요. 교장은 식기 세척기를 담당했는데 뜨거운 김에 더워서 죽는 줄 알았다면서 급식실 일이 힘들다는 걸 처음 공감해주기도 했어요.

충남은 연대가 안 이루어져서 타 노조와는 다른 곳인 천안교육지원청 앞에서 첫 파업 집회를 했어요. 파업 후 며칠 동안은 학교 분위기가 싸했어요. 일도 더 시키는 분위기였고요. 하지만 어느 정도 시간이 지나니까 정규직 조리사도 공감하며 저희의 처우개선 부분에 대해서 인정해주더라고요. 교육청에서 부당노동행위에 대해서 공문을 내린 게 컸죠. 자신들이 내뱉는 말이 불법이라는 것도 몰랐던 거죠."

충남지부 파업 집회

김미복(현 충남지부 조직국장)

"상경투쟁을 한 뒤였고 당시 지역 분위기가 어수선해서 선전전만 간단히 하려고 했는데 파업 1주일 전에 조합원들이 어디로 가면 되냐고 전화를 하기 시작했어요. 천안여고의 김막래 조리원 선생님의 전화를 받으며 이 파업은 되는구나, 생각했어요. 전화 받고 정신없이 겨우 1주일간 파업 준비를 했어요. 저희 노조만 200명 정도가 모였는데 그 날은 정말 잊을 수가 없어요. 집회하고 밥 먹고 즐겁게 헤어졌죠.

서산 중앙고의 급식실 선생님들은 파업 집회에 참가하려고 천안까지 택시를 타고 왔어요. 당시엔 서산에서 유일한 저희 노조 조합원이었는데 여전히 저희 조합원으로 활동 중이에요. 지금은 서산에도 몇 개 학교가 더 생겼지만 초기에는 왕따를 당하기도 했어요. 서산 지회장이었던 이영미 선생님이 분위기를 이끌었죠."

이윤희(현 인천지부 지부장)

"파업하라고 하니까 아무 생각 없이 막 달렸어요. 아줌마들 주 특기가 심한 책임감이잖아요. 뭐 하나 떨어지면 무조건 해야 한다는 급식실 특유의 책임감이요. 급식실은 업무가 나뉘어져 있어 자기 업무를 철저히 해야 하거든요.

파업이라는 본부의 미션을 무조건 해야 한다고 생각했고 그냥 돌진한 거죠. 지부장인 저도 파업이 무섭고 학교에서 어떤 공격이 들어올지 겁나던 상황이었는데, 무작정 학교마다 찾아가서 사람들에게 나오라고 했어요. 그렇게 몇 학교를 끌어내 파업을 했죠.

10군데 학교를 조직해 놓으면 저녁에 무너지고, 그러면 대체 식단을 마련한 영양사들이 항의하고, 그러다가 다시 한다고 해서 또 싸우고. 카페에 전국 파업 사진이 올라오는데 우린 너무 초라했고, 초라함을 보이기 싫어 자존심이 상했어요. 그걸 왜 창피라고 생각했는지 모르겠지만 그때는 그랬어요.

상경투쟁 때는 겨우 열 명 안팎이라 버스도 못 부르고 지하철 타고 올라가는데 목구멍이 차오를 정도의 창피함과 서러움이 겹쳐 마음이 안 좋았어요. 지부장 학교가 안 나올 수 없으니까 설득해서 겨우 나왔는데, 다른 학교에서 나온 사람이 없으니 동료들이 전부 저를 원망하고. 일당 깎여 연차수당 흔들려, 학부모들의 원성에 동네 사람들의 원성까지 모두 저에게 쏟아지니 힘들었어요. 당시에는 간부들조차도 무서워 파업에 참가하지 못했어요. 초반에 결의하고 막판에 무너지는 분위기가 2014년까지 갔어요."

인천지부 파업 집회

정현순(현 인천지부 수석부지부장)

"다른 학교 조직이 안 되고, 우리 학교라도 나가야겠다는 생각에 동료에게 나가자고 하니 대꾸도 안 하더라고요. 우리 학교도 안 되니까 자존심이 좀 상했죠. 본때를 보여주자 싶은 심정에 저 혼자 나갈 생각이었는데 제 노조 활동 때문에 자신들이 피해를 본다며 따지더라고요. 내 일을 당신들이 나눠서 하기 싫으면 같이 나가자고 화도 내보고, 나중에는 밥을 사줄 테니 나가자, 사비로 하루 일당을 챙겨줄 테니 나가자 어르기도 했는데, 제 앞에서는 나가겠다고 해놓고 영양사와 눈이 마주치기라도 하면 못 나간다고 바로 말을 바꾸더라고요. 간부들이 있는 학교만 책임으로 동참하는 정도라서 10개 학교 정도만 나왔어요."

권형은(전 인천지부 조직국장)

"핵심은 급식실이었어요. 파업한다고 했을 때 여론 역풍이 아이들 밥 문제로 돌아올 수도 있어서 현장 출신 간부들과 조합원 모두를 설득해야 하는 상황이었죠. 노조 활동에 대한 교육이 간부 중심으로 진행되고 조합원 참여가 많지 않던 시절이어서 조합원들에게 노동, 파업, 민주노총까지 설명을 자세하게 해야 했어요.

처음엔 반응이 뾰로통하고 미온적이었어요. 내 아이들 좋은 밥 먹이려고 들어왔는데, 파업하면 어떻게 하라고, 이런 반응이어서 조합원들의 이견이나 반 정서를 설득하는 게 힘들었죠. 또 간부 혼자 결의가 되어도 같은 학교의 급식소 동지들이 설득이 안 되고 간부만 나오면, 급식실 일이 힘드니까 간부 혼자 나오기도 힘들어지기 때문에 막판까지 나오냐 안 나오냐로 말이 많았죠.

당시 인천은 조합원 수도 많지 않았고 학교가 많지도 않은데 간부가 있는 학교도 그런 상황에 언론은 주목하고 있고……. 발등에 불 떨어진 상황이었어요. 파업 당일까지 2달 내내 일했어요. 서울 상경투쟁과 지역 파업을 다 했는데 조합원들이 파업하면 일을 안 한다고만 생각하고, 투쟁하러 간다는 생각까지는 못 하는 거예요. 지역집회는 나와도 서울에 안 올라가는 사람도 있고, 서울 가다가 도망간 사람도 있고, 조끼도 안 입으려고 하고, 얼굴 가리려 들고, 노래를 가르쳐 드리면 어려워하고…… 간부들이 발언하는 것도 어려워서 문구를 써주고 연습도 따로 시키고요. (웃음)

그런데 첫 파업 후에는 많은 게 달라졌어요. 파업을 통해 원하는 걸 얻을 수 있다는 자신감이 생겼으니까요. 처음엔 나온 학교 안 나온 학교, 같은 학교 안에서도 나온 사람 안 나온 사람 간의 괴리감이 있었는데 해가 갈수록 상호 조직하는 분위기로 바뀌어 가더라고요. 투쟁을 통해 직접 느끼는 거예요. 별 거 아니다, 법률로 보호된다는데 왜 절절 매냐, 학교 안에서는 우리가 소수지만 나가보니 같은 우리가 저렇게나 많더라, 나와 보면 자신들이 얼마나 숨죽인 채 바보같이 살았는지를 느끼게 되니까 더 적극적으로 추천도 하게 되고. 파업 기사나 사진으로 소식지를 만들어서 보여주면서 추천하고. 또 부산, 울산은 새벽에 출발해서 올라온다며 서로를 격려하기도 하고요."

정유정(당시 강원지부 지부장)

"어느 학교에서는 파업 복무를 상신한 조합원들이 교장실에 한 명씩 불려 가서 그 나이에 이만한 직장 어디서 구한다고 파업을 나가냐는 등 인격적 모독을 당했고, 다녀와서는 노조 활동은 사회적으로 백해무익하다는 내용의 책을 교장이 던져 주며 독후감을 쓰라고 한 학교도 있었어요. 반면 제가 소속된 학교에서는 전교조 교사들이 중심이 되어 비정규직 파업의 이유와 이들에 대한 응원을 담은 가정통신문을 부모님들께 전달해 큰 힘이 되기도 했는데 당시의 가정통신문과 주간학습계획안은 전국적으로 큰 이슈가 되기도 했죠. 어느 학급에서는 정규직과 비정규직 노동자가 함께 어울려 사는 세상을 상징하는 의미로, 학생들이 집에서 가져온 밥과 반찬을 큰 양푼에 모두 넣고 맛있는 비빔밥을 만들어 먹었다는 유명한 일화도 있죠. 파업을 상징하는 조끼를 입고 노란색 버튼을 달고 인증샷을 찍으며 파업 분위기를 고조시켰던 일도 기억납니다."

최윤미(현 강원지부 지부장)

"교육청에서 근무할 때였어요. 교육청 비정규직 중에 유일하게 저만 파업을 갔어요. 사적으로 장학사 교육장과 부담없이 커피 마시고 대화 나누던 사이였는데 제 사무실에 자주 놀러 오던 이 털털한 교육장이 제 욕을 엄청 했다고 하더라고요.

저는 아무 부담없이 파업에 참가했어요. 다른 건 몰라도 참여가 중요하고 움직이는 게 중요하니까요. 조합원으로서 상부 지침은 무조건 따라야 한다고 생각했어요. 조합원의 의무잖아요. 거부감이나 부담은 전혀 없었어요."

이미영(당시 부산지부 조직국장)

"조합원 수에 비교하면 조직된 인원이 적었지만, 조직률로는 타 노조와 비슷했어요. 영양사분과와 구육성회가 많이 참석했고, 사무직군, 교무전산과학이 그 뒤를 이었죠.

학교를 돌아다니면서 파업 찬반투표를 진행했는데, 노조 가입 사실을 학교에 알리지 않은 사람이 많아 부담스러워했어요. 교육청 공문이 내려온 뒤부터는 파업조직이 수월해졌죠.

파업 조직 과정에 학교를 방문하면 보통 조합원들이 교문 밖으로 나오거나, 과학 준비실 같은 곳에 몰래 불러서 투표를 했는데 어느 학교는 행정실로 부르더라고요. 구 육성회 분과 조합원이었는데 행정실장에게 저를 노조에서 온 사람이라 소개도 시켜줬어요. 그 때 행정실장이 손님에게 다과를 대접하는 걸 처음 본다고 그 조합원에게 말했어요. 교장단이 학교에 모여 회의할 때 교장이 차 주문을 하자 다른 학교 교장들 다 보는 앞에서 정수기와 커피 있는 곳을 가리키며 타 드시면 된다고 말해 교장들 얼굴이 빨개진 적도 있다고 했어요. 이 조합원은 학교 안에서 혼자 부당한 일들을 거부하면서 활동을 해오던 사람이었던 거예요. 나중에 생각해보니 저를 일부러 행정실로 부른 게 아닐까 싶었어요."

박영순(전 서울지부 초대지부장)

"파업 현장에서 깨달은 건 왜 투쟁을 해야 하나, 왜 파업을 해야 하나였어요. 다 잊어버려서 전부 설명할 수는 없지만, 감동적이었던 것 같아요. 시청에서 광화문까지 행진했을 때 특히요. 어디서 그런 용기가 났는지 모르겠지만 용기백배 했던 것 같아요.

파업을 못 하게 하면 벌금을 물어야 한다고 하니, 학교에서 가지말라는 말은 못하고 급식에 지장 없게 해놓고 파업 투쟁에 가라고 하더라고요. 당시 제가 있던 학교가 저를 빼고 모두 강남 사람들이어서, 마음으로 지지는 해도 함께 따라오지는 못했어요. 대신에 동료들이 저를 먼저 보내기 위해 정말 많이 노력해줬어요. 당시 급식실 상황에서 1인분의 노동력이 빠진다는 것은 엄청나게 힘든 일이었음에도 불구하고 누구 하나 불만 없이 감내하며 저를 지지하고 도와주었어요."

서울지부 파업 집회

윤영금(현 서울지부 지부장)

"첫 파업 때는 서울이 조직이 잘 안 돼서 200명이 안 되는 상황이라 경기도 북부에서 500명이 왔어요. 파업 전에 매뉴얼이 내려오고, 저희 학교에서는 다른 조합원들이 따로 불려가지 않도록 제가 대표로 가서 교장에게 파업 인원을 통보했어요. 교장은 그냥, 네네 알았어요, 하더라고요.

저희 학교는 특수학교라서 서울지부가 파업 얘기도 안 꺼냈어요. 학부모 단체를 의식해서 그런 거죠. 그런데 제가 다 데리고 참가했더니, 나중에는 되려 특수학교도 참가했다면서 자랑하지 뭐예요. 그 다음 파업 때는 정애학교라는 특수학교도 십여 명이 참가했어요.

그 때 저희 학교에 돌봄만 조직이 되지 않았는데, 차량, 특수, 급식 다 가고 돌봄만 남아있으니까 어떤 교사가 돌봄에게 선생님들은 안 가세요라는 말을 했대요. 그 말을 들은 돌봄이 느낀 게 많았다며 파업 끝나고 2명이 먼저 가입하고, 가입 안 한 나머지 선생님들한테도 가입서만 쓱 주고 왔더니 나중에 전부 가입해서 보내왔어요."

이복형(전 경북지부 지부장)

"119총파업. 날짜도 잊지 못해요. 우리가 과연 파업을 해? 할 수 있어? 파업 한 번 해보자고 전국적인 분위기가 만들어지고, 파업이 뭔지도 모른 상태에서 파업이란 걸 그냥 한 거죠. 경북도교육청이 대구에 있을 때였는데 울릉도를 빼고 22개지회 400명이 모였어요. 장기근속가산금이 터진 직후라 노동조합에 대한 반응이 한참 좋을 때여서 지회마다 조금씩 다 모였어요.

저한테는 참 재미있는 파업이라서 기억에 남아요. 집회 끝난 뒤에 술 잘 못 마시는 저도 조합원들이랑 술도 한 잔 하고 노래방도 가고 그랬던 기억이 있네요.

도교육청에서 실시간으로 참여인원 체크하면서 다른 데는 몰라도 경북은 절대 안 될 거라 확신했다는데 저희가 보란듯이 해낸 거죠. 집회 끝나고 잔디 마당에 둘러앉아 어떤 마음으로 나왔냐고 소감을 물어봤는데 교장이 고기 사준다고 나가지 말라는데 뿌리치고 나왔다는 사람, 겁났는데 나오니 너무 좋다는 사람, 다음에 또 언제 하냐고 묻는 사람…… 즐거웠어요. 우리만의 축제처럼.

저는 노조가 모든 걸 다해주는 걸로 알고 있어서 사람들에게 이복형이 다 책임진다, 이복형이 가자고 해서 나왔다고 말하라고 그러고 다녔어요. 정말로 이태의 본부장이나 이시정 사무총장이 알아서 해줄 거라 믿었거든요. 파업에 문제가 생기면 60만 조합원이 있는 민주노총이 알아서 해줄 거라고도 했고.

당시에 저는 노조를 맹신하고 있어서 파업 조직을 위해 다닐 때는 빨리 소식을 알리고 싶어서 혼자 어찌나 조바심을 냈던지. 지역별로 경쟁을 붙이기도 했어요. 울진 몇 명 나온다던데? 너희는 몇 명 나와? (웃음) 학교 안에서 비정규직 선생들끼리 친하지 않았는데 파업하면서 서로가 독려하는 모범적인 분위기가 연출되기도 했어요. 저는 너무 좋아서 핸드폰 메인 화면에도 올려놓았어요. 우리 이 정도 하고 있다고 자랑이 너무 하고 싶어서. 그 때 생각하면 지금도 '투쟁 잘 했어. 멋진 투쟁 멋진 조합원이었어.' 이런 생각이 들어요."

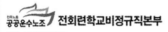

부당 노동행위 대응 공문

쟁위대책위 속보

8_교육공무직법 제정 투쟁
"차별을 넘어 권리를 찾아가는 길"

〈교육공무직법 제정 투쟁의 시작〉

사무실 찻잔 하나 바꾸듯이 너무 쉽게 해고되는 사람들이 있었다. 그들은 최저임금도 안 되는 돈을 받으며, 정규직과 같은 공간에서 일하면서도 그들에게만 가해지는 온갖 차별에 말 한마디 못하는 사람들이었다. 그들이 일하는 곳은 다름 아닌 학교, 당연히 공정해야 하고 평등을 실천해야 하는 학교였고, 그들을 보호해주는 건 사람도 법도 아무 것도 없었다. 그저 존재하는 것은 학교장의 재량, 일명 '교장법'뿐이었다.

왜 교육공무직법 제정이어야 했는지, 당시 공공운수노조 전회련학교비정규직본부 본부장 이태의가 당시의 당황을 전한다.

"전회련이 탄생했던 2009년 그 즈음에는 해고 사태가 벌어져도 그 해고를 책임질 사람이 없는 상황이 매년 전국적으로 벌어지고 있었어요. 경기도에만 1만 2,000개의 학교가 있고 이 1만 2,000명의 학교장과 일일이 맞서는 것은 불가능에 가까웠어요. 학교장과 싸워서는 절대 이길 수 없는 구조였죠. 방법이 너무 없으니까 근본적인 질문을 던졌어요. 진짜 책임지는 사람이 누구냐, 진짜 사용자가 누구냐, 진짜 초중등 교육을 책임지는 사람이 누구냐, 그래서 교육감 싸움을 시작한 거예요. 진짜 사용자와 대적하는 싸움 말이에요.

이 차별적인 구조를 바꾸고 해고를 막기 위해, 초중등교육법 개정을 하고, 교원공제회법 개정을 하고, 교육감 직고용 조례를 만들고, 교육공무직법을 발의하려고 한 겁니다. 매년 반복되는 지독한 해고 문제는 처음 1, 2년 동안 가장 절실했던 문제였어요.

교직원공제회법 개정과 함께 추진했던 초중등 교육법 개정을 통해 '학교회계직'이나 '공무원이 아닌 근로자'가 아닌 학교 직원으로 법률적 신분을 보장받고 예산을 지원받게 하는 것이 목적이었어요. 하지만 교육 상임위에 상정되고 공청회까지 했지만 처리 속도가 느렸고, 교육부의 반대가 너무 심했어요. 2012년까지 통과되지 못하면 국회 회기가 끝나고 법률이 폐기될 위기에 처하게 돼 다른 묘수를 찾을 수밖에 없었고, 그게 교육감 직고용 조례였어요.

많은 분들이 상위 법률이 없으면 하위 조례안이 성립되지 않는다며 시도조차 하지 않았던 일이었지만 저희는 법은 필요에 의해 만들어 지는 것이며 우리의 절박한 현실이 법을 통과시키게 될 것이라고 믿었습니다. 결국 저희는 교육감 직고용 조례를 만들어냈고, 그 기세를 몰아 교육공무직법 발의를 위해 모두 매달렸어요."

〈교육공무직법 제정을 위한 활동 연표〉

2012년 8월 13일 학교 비정규직 정규직화를 위한 국회 대토론회
　　　　　　　　　교육공무직원의 채용 및 처우에 관한 법률안 발제 및
　　　　　　　　　토론(주최/국회 교육과학기술위원회 의원 유기홍, 정진후
　　　　　　　　　주관/전국학교비정규직연대회의)

2012년 10월　　교육공무직전환 특별법 제정 촉구 서명운동 돌입

2012년 10월 23일 「교육공무직원의 채용 및 처우에 관한 법률안」

　　　　　　　유기홍 의원 대표 발의. 여야 의원 40명 동의

2012년 10월 24일 전국학교비정규직연대회의 단식 농성 돌입

2013년 2월 26일　"기간제근로자 및 단시간근로자 보호 등에 관한 법률"

　　　　　　　과 "파견근로자 보호 등에 관한 법률" 개정안 국회 통과

2013년 3월 27일　교육공무직 법안 공청회

　　　　　　　교육문화체육관광위원회(이하 교문위) 소속 의원 26명.

　　　　　　　이태의 전회련학교비정규직본부 본부장 찬성 측 진술

　　　　　　　인으로 참석

2013년 4월　　교육공무직 특별법 연내 쟁취 운동 돌입

2013년 5월　　국회의원실 방문 투쟁 실시

　　　　　　　호봉제 도입 및 임금제도 개선, 교육공무직법 통과의

　　　　　　　필요성을 전달

2013년 5월 31일　국회의원 워크숍에서 더불어민주당 당론으로 6월 임

　　　　　　　시국회 핵심처리 34개 법안에 교육공무직법 포함

2013년 6월 19일　교문위 법안 상정

2013년 6월 24일　국회 교문위 법안심사소위 심의 시작

2013년 12월 5일　국회정상화. 교문위 전체회의가 열리는 회의장에서

　　　　　　　홍보 활동

2014년 11월 24일 전국학교비정규직연대회의 국회 앞 무기한 철야농성

　　　　　　　돌입 교육공무직법 제정, 처우개선 예산 확보, 교육재

　　　　　　　정 확충 주장

2014년 12월 9일　농성 16일차, 새정연 을지로위원회 위원단 천막농성

장 방문. 임시국회 최우선 처리법안 상정 약속(우원식, 박홍근, 유은혜, 장하나 의원)

2015년 2월 9일	전국교육공무직본부, 교육공무직법 제정촉구 국회 앞 철야 천막 농성 재개
2015년 4월 6일 ~8일	국회 정책 엑스포. 새정연 문재인대표, 유기홍의원, 설훈 의원 학교 비정규직 노동자 카네이션 달기 이벤트 참가. 교육공무직법 제정촉구
2015년 4월 17일	교문위 회의. 교육공무직법 제정 촉구 국회 앞 피케팅 실시
2015년 4월 24일	전국교육공무직본부 총파업 국회 앞 집회
2015년 5월 28일	처우개선 예산확보, 교육공무직법 제정 촉구 정부청사 앞 농성 돌입
2015년 6월 23일	새정연 이종걸 원내대표, 김태년 상임위 간사, 유기홍 의원 연대회의 대표단 간담회 진행 및 기자회견
2015년 6월 24일	교육공무직법 제정을 촉구하는 국회 토론회 및 새누리당사 앞 항의 집회
2016년 8월 18일	교육공무직법 시즌2 전국투어 본부·지부 간담회 시작
2016년 8월	교육혁명 전국 대장정
2016년 9월	교육공무직법 제정과 학교 비정규직 문제해결을 위한 30만 서명운동. 조희연 서울시 교육감 서명 참가. 11월 12일까지.
2016년 11월 12일	교육공무직법 제정, 호봉제 쟁취를 위한 교육공무직본부 투쟁대회. 시청광장
	교육공무직법 제정, 학교 비정규직 차별 해소 예산 확

보를 위한 전국학교비정규직연대회의 단식농성 돌입

2016년 11월 23일   완전한 정규직 쟁취를 위한 교육공무직법 국회 대토
론회 "학교비정규직의 미래, 교육공무직법"(주관/ 전
국학교비정규직연대회의(주최/ 도종환, 유은혜, 안민석 등
국회의원 12명, 공동주최/교육연구단체 교육희망포럼)

2016년 11월 28일   유은혜 의원을 비롯한 75명의 국회의원 교육공무직
법 공동발의(더불어민주당, 국민의당, 정의당, 무소속):
교육공무직원의 채용과 처우개선에 필요한 사항을
규정함으로써 학교 비정규직들을 정규직화 하는데
그 목적이 있으며 법안의 다양한 요구 중 시급히 해결
되어야 할 부분과 시도교육청별로 통일적 규율이 필
요한 사항에 한하여 최소한의 내용을 담아 총 11조로
구성.

2016년 12월 17일   유은혜 의원 블로그에 철회 발표.
무임승차, 퍼주기식 법안, 밥그릇 빼앗기, 정유라법
등 교육공무직법을 둘러싼 극심한 반대여론 형성, 온
라인 상에서 댓글 싸움으로 비화.

2017년 2월 23일   '교육공무직법 철회사태를 바라보며 공공부문 비정규
직 정규직화 해법 모색 토론회' 개최
민주노총, 공공운수노조, 사회공공연구원, 전국교육
공무직본부, 전교조, 전국불안정노동철폐연대, 다산
인권센터, 참여연대, 노동자운동연구소 공동 토론

최저임금 수준의 처우, 학교와 직종에 따라 천차만별인 고용 문제를 법률로 명확히 해 국가의 책임을 강화하고, 학교 비정규직도 교직원의 일원으로 인정받고 차별받지 않게 하는 것이 목표였던 교육공무직법 제정 투쟁은, 두 번이나 법안 발의가 되면서 국회 문턱을 넘었지만 마지막엔 교사나 공무원으로 만들어 달라는 법으로 오인한 반대 여론에 의해 좌초되었고, 2019년 현재 새로운 돌파구를 찾고 있다.

2012년 가을부터 시작된 교육공무직법 제정 투쟁은 여전히 현재 진행 중이고 학교 비정규직의 해고와 차별도 여전히 계속되고 있다.

2013. 12. 국회 농성

2013. 12. 국회 농성

2013. 12. 31. 장기근무가산금 통과 당시 국회 앞

2015. 6. 24. 국회 토론회

2016. 11. 23. 국회 토론회

교육공무직법 시즌 3를 기대하는 전국 지부 사무처 간부들의 한마디

교육공무직법이 필요한가? 필요하다면 이유는?

경기지부 조직국장 이준형

학교 현장에는 다양한 직종이 있다. 경기도 교육청과 지금 교섭하고 있는 몇 개 직종의 경우, 교육청에서는 법이 없으니 해 줄 수 있는 게 없다고 한다. 교육청 운영위 조례에 있는 내용은 지금까지 협의해온 내용만 들어있어서, 새로 제정하기 전에는 적용할 방법이 없다. 사안 별로 조례를 제정하기 힘들기 때문에 상위법이 있어야 하는 거다. 교육공무직법은 그래서 필요하다.

전 전북지부 지부장 최영심

어떤 의원이 발의해줄 지 모르지만 이제는 수정발의를 해야 하는 상황이라 그런 의원이 나올까 우려된다. 진보 성향의 의원 숫자가 늘어야 가능하지 않을까. 지금 상태에서는 불가능하다.

대구지부 조직국장 이병수

교육공무직만을 위한 차별시정을 요구해서는 살아남기 힘들다. 전체 노동자들의 비정규직을 철폐하는 과정에 우리도 정규직으로 자리 잡도록 해야 한다. 상생이 중요하다. 학교의 변화뿐만 아니라 세상의 변화까지 가야 우리와 모두의 차별이 철폐된다. 학교에서 세상으로, 우리의

슬로건과 이어진다.

충남세종지부 조직국장 김미복

우리를 규정하는 법이 없어서, 정부가 예산을 통과시킬 수 있는 근거가 없다고 해서 그걸 확인시켜주기 위해 우리가 국회 앞에서 그렇게 오랫동안 투쟁한 것이다. 그 후로는 손도 못 대고 있다. 이제는 법이 아니라 조례 개정 작업으로 돌아서고 있다. 이제는 누가 총대를 메기 힘들 거라 생각한다. 하지만 언젠가는 법을 만들어야 한다.

인천지부 지부장 이윤희

우리 이름을 찾는 것이다. 우리는 '공무원이 아닌 자'이고 우리만의 디테일한 문제를 해결할 수 있는 매뉴얼이 없다. 주먹구구식으로 이럴 때는 공무원, 이럴 때는 비정규직 이렇게 우리 문제를 해결해 왔다. 이럴 때는 공무원, 이럴 때는 공무원이 아닌 자로 판단되는 폐단을 없애려면 교육공무직법은 필요하다.

경북지부 지부장 안명화

시간이 걸리더라도 교육공무직법은 만들어져야 한다. 공무원법과 교원법이 있듯이.

우리가 학교 안에서 인원도 많고. 전국에서 집단교섭을 하면서 통일화시키는 작업도 하고 있으니 언젠가는 될 것이라 생각한다. 불리할 때는 교직원법에 준해서 하고 유리할 때는 노동법에 따라서 적용이 되고, 지역에 따라 법적용에 따라 달라 다른 지역과 비교해서 따져야 하는 상황을 이제는 벗어나야 한다.

경북지부 조직국장 최근성

법제화가 좋긴 하지만 이게 절대적으로 쟁취해야 할 과제라고 생각하지 않는다. 지역별 조례를 통해 보강할 수도 있고 투쟁을 통해서 존재가치, 위상만 설립해내면 멀지 않은 시일 내에(발의 의원을 또 조직해서 해야 하지만) 자연적으로 될 것이다. 필요성은 우리가 다 느끼는 것이지만 여기에 매달리는 것보다는 현안에 매달리는 것이 필요하다.

전 경남지부 지부장 김유미

교육공무직법에 대한 열망은 당연하다.
조례로는 부족하다. 우리의 신분을 찾는 것과 동일한 문제다.

경남지부 지부장 손두희

그렇게 찬성하지는 않았다. 우리가 이뤄 나가야 할 것은 맞지만 사회적인 공감대를 얻어내는데 실패했다. 한 번 좌초되고 현재 지역 의제로 내려왔는데 정당의 성격과 맞부딪히는 면이 있어서 부담스럽다. 굳이 교육공무직법이 아니어도 상관없다고 생각하는 쪽이다.

강원 지부 지부장 최윤미

사회구조와 현장이 심각할 정도로 문제를 안고 있는 상황에서 우리만 별도로 무언가를 만들겠다고 한 게 좌초의 원인이다. 나 스스로도 이해가 안 갔다. 그래서 조합원들을 설득할 수도 없었다. 무기직 전환만 되면 임금교섭은 해마다 하고 교육공무직법을 굳이 발의하지 않아도 지금 상태에서 충분할 텐데, 사회적 반발을 감수하면서도 굳이 끌고 갈 필요가 있나 하는 생각이 있다.

서울지부 조직국장 이미영

반대하는 사람들을 이해하지 못하는 건 아니다. 하지만 우리가 왜 정규직 전환을 요구하면 안 되는가 싶은 마음도 들었다. 반대하는 심정도 모르는 건 아니지만 교육공무직 사람들도 10년, 20년을 학교에서 힘들게 기여한 것도 많고 학교를 굴리는 하나의 주체이기도 한데, 그렇게 기여한 사람들이 왜 정규직이 되면 안 되는가 싶었다.

이제는 우리가 학교 안에서 어떤 역할을 하고, 공교육에서 어떤 역할을 하는지를 알리는 것으로 전환해야 하지 않을까. 더 이상은 불쌍한 비정규직이라고 해서는 안 될 거라 생각한다.

대전지부 지부장 김은실

때가 문제이지 언제든 될 거라고 본다. 우리가 얼만큼 하느냐에 따라서. 오늘이냐 내일이냐의 문제다.

대전지부 조직국장 노현진

조직적인 아픔이고 아직 우리가 풀어야할 숙제다. 더 준비해서 가야 하는데 아직은 우리만 준비될 게 아니라 사회적으로도 학교 비정규직, 교육공무직에 대한 인식이 부족해서 문제가 있다. 물론 절실하고 필요하다. 일반적으로 봤을 때 같은 직장 안에 서로 다른 임금체계를 가진 사람이 또 있을까? 전국 단위의 회사는 본사나 지사나 임금체계가 비슷한데 우리는 다 다르다.

부산지부 지부장 채광림

임단협으로 보장받는 사람도 있지만 그렇지 않은 더 열악한 사람들을 위해서라도 꼭 있어야 한다. 이미 넘어진 기억이 있고 반대하는 세력이 여전히 있으니 쉽지는 않겠지만, 할 수 있는 만큼 끝까지 노력을 해야 한다고 생각한다. 지역에서 다시 발판을 만들어가면 돋음판을 만들어서 나가다 보면, 조금 더 노력하면 되지 않을까. 우리 교육공무직이 하루 아침에 만들어진 것이 아니듯이 보충하고 시정해 나가면 천천히 가능할 것이다.

부산지부 조직국장 차재연

정규직이 되는 건 동의하지만 내 일자리가 줄어드는 것은 안 된다는 사람들의 생각이 변하지 않는 한 힘들지 않을까. 공감대와 여론화가 되지 않은 한 힘들다고 본다. 조례개정으로 우회해서 움직이려고 하지만, 이 또한 형식적인 것이 되지 않을까? 투쟁력이나 교섭을 통해서 풀어야하는 내용은 아니라고 생각한다. 그럼에도 불구하고 양쪽의 요구가 있으니 법으로 싸우고 임단협으로도 싸울 수 있다면 더 좋은 결과를 낼 수 있을 것이다.

전남지부 수석부지부장 김말금

지역 조합원을 설득하지 못한 지부의 한계도 있지만 일반 대중을 상대로 한 설득이 잘 안되었다고 본다. 공감대가 확장이 안되고 오해를 불러일으킨 점이 아쉬웠다. 실제로 교육공무직법을 공무원이 되게 해주는 법으로 인식하는 교사, 예비교사, 공무원들이 상당수 있었다.

본부 부본부장 김영애

나는 여전히 공무원이 아닌 자, 또는 이언주 의원의 말처럼 그냥 동네 아줌마로 불리고 있다. 나는 엄연한 교육공무직이고, 이 땅의 어떤 여성 일자리, 또는 어떤 노동의 가치도 폄하되어서는 안 된다고 생각한다. 그건 학교에서 부터 시작되어야 하고, 노동존중 사회 평등사회를 만들기 위해서 교육공무직법이 있어야 한다.

본부 조직국장 민동원

우리가 생각하는 우리가 있고, 밖에서 바라보는 우리가 있는데 그것이 어긋났다. 몇 년간의 역사를 통해 우리의 사회적 지위나 처우가 달라졌는데 우리에 대한 우리의 고정관념은 변하지 않았던 것. 교육공무직법을 우리에게만 홍보했고 사회를 상대로 한 소통이나 설득 작업은 부족했던 것이다. 밖과 소통하고 공감해야 한다. 조례로 방향을 틀기는 했지만 법을 제정하는 것도 포기하면 안 된다고 생각한다. 사회와 우리가 소통 공감하는 과정을 통해서 나아가야 한다.

본부 사무처장 정인용

학교에서 유령처럼 살았다. 비정규직이 있는지 없는지도 모르고, 있어도 무시당하거나, 쓰다 버려지는 일회용품 같았다. 그런 우리들에게 교육공무직법은 '이름'을 찾아주고, '정체성'을 찾아주는 방법이다. 학교에서 일하는 교사, 공무원과 함께 교육공무직(학교비정규직) 노동자들이 교육의 주체로 인정받을 수 있도록 하기위해서도 교육공무직법은 꼭 필요하다.

교육공무직법은?
그동안 정부가 약속한 공공부문 비정규직 정규직화의 모범 답안입니다.

- 학교 비정규직의 교육적 · 공공적 역할을 인정하고 제대로 된 이름을 찾는 법입니다.
- 최저생계비에도 못미치는 저임금과 심각한 임금차별 해소와 고용안정을 추진하는 법입니다.
- 같은 일을 해도 지역에 따라서 천차만별인 처우를 전국적으로 통일하는 법입니다.
- 주먹구구 관리제도에서 체계적이고 공정한 채용제도와 교육연수를 강화하는 법입니다.비정규직 문제해결을 위한 국가의 책임을 강화하는 법입니다.
- 심각한 비정규직 문제 해결을 위해 정부(교육기관)부터 모범을 만드는 법입니다.
- 비정규직 문제 해결을 위한 국가의 책임을 강화하는 법입니다.
- 공공부문에 비록 교원, 공무원 만큼은 아니더라도 교육공무직제라는 질 좋은 일자리를 창출하는 법입니다.

** 위의 내용은 2016년 교육공무직법 발의가 철회되던 당시 본부에서 공식적으로 발표한 의견서의 일부입니다.

9_2017년 집단 교섭, 근속수당 3만 원 쟁취
"비정규직 근속 가치 인정, 호봉제 도입의 틀을 마련하다"

2010년 민선 교육감이 등장하면서 지역별로 장기근무가산금이 신설되기 시작했고, 2011년 2월 교과부의 학교 비정규직 처우개선안 발표를 통해 전 지역으로 확대 적용되었다. 근속수당 신설은 학교 비정규직 노동자들의 근속을 처음으로 인정했다는 점에서 의미 있지만, 정규직 대비 학교 비정규직의 차별을 근본적으로 없애기 위해서는 호봉제를 도입하는 것이 시급했고 호봉제 쟁취를 위한 투쟁은 계속됐다.

2013년 1월 1일 통과된 새 예산안에서 학교 비정규직 호봉제 도입을 위한 예산이 삭감된 후, 2013년 7월 30일 당·정·청협의회는 뒤늦게 학교 비정규직 처우개선 대책으로 기존에 받던 장기근무가산금을 1년에 1만 원으로 올리고(기존 2년에 1만 원) 이후 1년에 2,500원씩 올려 2018년에 2만 원으로 상향하는 안을 발표했다. 이에 2013년 한 해 동안 4차례에 걸친 파업과 노숙 농성, 수많은 집회 투쟁을 통해 호봉제 도입의 근거가되는 장기근무가산금 개선을 위해 싸웠고, 마침내 2013년 12월 31일 밤, 장기근무가산금 1년에 2만 원을 위한 예산 487억원이 국회에서 통과되었다.

대구지부 조직국장 이병수

"단협 때문에 몇 달 동안 천막 농성을 하던 중이었어요. 12월 31일엔 모두 모여서 국회 소식만 기다리고 있었어요. 미리 준비된 예산이 아니라서 다들 통과가 어려울 거라 생각했죠. 말일이니까 임원들이 모여서 서로 새해 덕담하던 중에 통과 소식을 들었어요. 모두 소리지르며 정말 좋아했어요."

충남세종지부 조직국장 김미복

"장기근무가산금 국회 앞 상경 투쟁으로 서울에 30번은 올라갔어요. 2013년엔 우리 노조만 전국적으로 릴레이 파업을 했거든요. 정말 국회 앞에서 농성을 많이 했던 해였어요. 본부 차원에서 간부들이 전부 국회 앞으로 모이게 하는 투쟁을 기획했는데, 전국에서 돌아가며 올라가 1인 구호 피켓을 들고 대 국회 투쟁을 계속 했어요. 조합원들도 상경 투쟁을 두 번이나 했고요. 2013년은 그냥 1년 내내 투쟁한 것 같아요."

2017년 8월 18일 처음으로 집단교섭이 시작됐다. 전국학교비정규직

국회 앞 근속수당 쟁취 집회

연대회의(공공운수노조전국교육공무직본부, 전국여성노조, 전국학교비정규직노조)와 교육부, 전국의 15개 시도교육청(인천, 경북은 집단교섭 불참)이 함께 모여 교섭하는 '집단교섭'은 같은 지역에 따라서 또는 국립학교라는 이유로 처우가 제 각각인 문제를 개선해 전국적으로 통일된 기준을 마련할 목적으로 시작됐다. 2017년 집단교섭의 의제는 ① 근속수당제 도입 ② 상여금 ③ 명절휴가비 ④ 맞춤형 복지비 차별 해소 ⑤ 기본급인상, 이렇게 5가지였다.

하지만 집단교섭은 8월 29일 진행된 1차 실무교섭부터 난항을 겪기 시작했다. 교육부와 교육청이 임금 체계 변경안(학교 비정규직의 월 근로 시간은 243시간을 209시간으로 변경)을 들고나오며 노조가 수용하기 전에는 근속수당제 도입과 인상액 논의가 불가능함을 밝혔고, 노조측은 이를 거부했다. 그후 9월 14일의 3차 본교섭을 기점으로 집단교섭은 표류 상태가 되었고, 연대회의는 전국에서 지부별 기자회견과 집회 투쟁을 이어나갔다. 9월 20일부터는 간부들이 선봉 파업을 진행했고, 현장의 조합원들은 조끼 입고 일하기, 인증샷 릴레이를 진행하면서 자신들의 절실한 요구와 분노를 알렸다.

9월 27일 새벽, 연대회의는 지부장들의 단식을 결의하고 서울시교육청 앞에서 무기한 집단 단식 농성에 돌입했다. 안명자 본부장을 비롯한 지부장단은 단식농성을 이어가다가 4명이 실신해 응급실로 후송되는 사태가 벌어졌다. 병원에 후송된 본부장의 뒤를 이어 단식에 들어갔던 이시정 부본부장은 단식 4일째 어머님이 돌아가셔서 단식을 중단하기도 했다.

추석 연휴가 다 지난 10월 10일, 김상곤 교육부총리와 교육감들이 농성장을 찾았다. 하지만 최저임금 무력화 시도를 철회하라는 요청에 대한 어떤 대답도 하지 않았고, 10월 11일 연대회의는 공동의 결의를 모아

10월 25일부터 무기한 전면 총파업을 선언했다.

인천지부 지부장 이윤희

"당시 저희 지역은 교육감이 실족 상태였고 부교육감은 교섭에 들어갈 의사가 없었어요. 부교육감이 제가 받아온 건 다 해주겠다고 해서 집단교섭에 갔다가, 얼떨결에 단식까지 했어요. 저는 9일간 단식했는데 정말 쇼도 안하고 물만 주면서 단식을 무식하게 하더라고요. 어떤 간부가 굴러온 현미쌀을 자기도 모르게 주워 먹었다가 혼났어요. 본부장을 비롯해 중간에 쓰러진 사람도 많은데 대구, 충북, 인천, 대전, 경북, 부산 지부장들은 마지막까지 버텼어요."

2017년 집단교섭 단식 농성

부산지부 조직국장 차재연

"집단교섭 첫 해이다 보니 교육청도 잘 몰랐고, 연대회의 차원에서도 바라보는 상이 서로 달랐어요. 한, 두 달이면 끝날 줄 알았는데 누구 하나 책임지려고 하는 교육청이 없었어요.

18명의 책임자들이 교섭을 나왔지만 누구 하나 총대를 메지 않았죠. 누가 나선다 해도 전부 같이 한다는 보장도 없었고요. 지역교섭은 책임자 한 명의 결정으로 끝나지만 집단교섭은 그게 아니니까. 대구나 부산 같은 보수적인 도시에서는 아무 말도 안 꺼내는 분위기고, 다른 진보적인 곳에서 이끌려고 해도 잘 안 따라가는 분위기였거든요."

2017년 집단교섭 특보 소식지

10월 19일 교섭이 재개된 후 5번째 실무교섭이 시작된 23일, 새벽까지 진행된 밤샘 교섭은 결국 결렬됐다. 10월 24일까지 파업 참가 사전 집계는 역대 최대 인원을 기록했다.

24일 오전, 양측이 겨우 잠정 합의에 도달하면서 총파업은 유보되었고, 마침내 2017년 10월 31일 교육부와 15개 시도교육청과의 2017년 임금협약이 체결됐다. 8월 18일 오후 2시에 시작한 집단교섭은 10월 27일 새벽 6시까지 71일간 이어졌다.

2017년 집단교섭에 합의된 근속수당의 내용

- 장기근무가산금의 명칭을 근속수당으로 변경한다.
- 근속수당은 2년차(만1년근속)부터 지급한다.
- 급간은 현행 2만 원에서 1만 원 인상된 3만 원으로 한다.
- 상한은 21년차(만20년 근속, 60만 원)로 한다.
- 적용 시기는 본 잠정합의서 체결일이 속한 월부터 적용한다.
- 최저임금이 시간당 1만 원 이상이 되는 연도에 근속수당 급간을 4만 원으로 정한다.
- 그 전년도까지 근속수당 인상 금액과 시기는 비정규직 차별해소 방향에서 노사합의로 정한다.
- 임금산정시간은 2018년부터 월 임금산정시간은 209시간으로 한다
- 2018년에 한 해 월 243시간으로 산정할 경우 발생하는 최저임금 미달 금액은 보전한다.

10_2012년 학교 비정규직 토론회에 참석한 문재인
"대통령 후보 문재인의 공약, 대통령 문재인의 지키지 않은 약속"

첫 만남

대통령 후보 문재인과 학교 비정규직이 처음 만난 것은 2012년 8월 1일 '민주통합당 기획재정위원회(이하 기재위) 국회의원 공공부문 정책 조찬 간담회'에서였다. 이 자리에는 문재인 후보를 비롯해 이낙연, 김현미, 설훈, 안민석, 조정식, 최재성 의원 등이 함께 참석했고, 전회련 학교 비정규직본부의 이태의 본부장과 이시정 사무총장을 비롯해 민주노총 공공운수노조 연맹의 산하 노조 대표단들이 자리했다.

이 날 이태의 본부장은 학교 현장에는 교사와 학생들만이 아니라 많은 비정규직 노동자들이 있고 이들의 고용안정과 호봉제 인정 등 처우개선이 절실하며, 기재위의 예산심의 과정에서 국가 교육예산도 확충되어야 한다는 사실을 강조했다. 그리고 문재인 후보는 민주당 지자체장들이 비정규직을 정규직으로 전환하겠다는 약속을 진행 중이고, 공공기관 문제는 당연히 정부가 솔선수범해야 한다며 학교비정규직문제의 해결 의지를 밝혔다.

두 번째 만남, '전국교육공무직본부 10년 10대 사건'에 선정된 바로 그 만남

2012년 8월 13일 국회에서 진행된 '학교비정규직 정규직화를 위한 국회대토론회'에 민주통합당 대통령 후보 문재인이 참석했다. 이날 단상에 오른 문재인 후보는 대통령 후보로서는 최초로 공식석상에서 학교 비정규직의 일당과 급여까지 꼼꼼하게 짚어가며 문제점을 지적했고, 이후 대통령이 되면 상시적 학교 비정규직 전원 정규직화하겠다는 다짐과 함께 학교비정규직의 공무직화 연내 국회 처리를 약속했다. 참석한 모든 사람들은 문재인 후보의 공신력 있는 발언을 믿었고, 그가 건넨 따뜻한 격려에 감동했다.

2012. 8.13 토론회에 참석한 문재인 후보

세 번째 만남, 트위터로 전한 전 대통령 후보 문재인의 마음

박근혜가 대통령에 당선된 지 얼마 되지 않은 2013년 1월 1일, 헌정 사상 처음으로 해를 넘기며 통과된 새 해 예산안엔 문재인 전 후보가 약속했던 학교비정규직 호봉제 신설 예산 808억 원이 삭감되어 있었다. 호봉제를 향한 첫 번째 꿈이 무너지는 순간이었다. 그 날 오후 문 전 후보는 자신의 트위터(@moonriver365)에 글을 남겼다.

문재인 @moonriver365   8시간

학교비정규직 11만명을 호봉제로 전환하는 예산 808억원이 전액
삭감됐네요.국회토론회 때 교육감직접고용과 호봉제만 돼도 좋겠다고
눈물흘리던 모습이 눈에 선한데,얼마나 실망했을까요?쪽지예산에 밀려
삭감됐다니 더 안타깝습니다.제 공약이기도 했는데 미안합니다

펼치기

전국학교비정규직연대회의는 다음 날 "공공부문부터 비정규직 차
별을 없애겠다는 박근혜 대통령 당선인의 공약은 말뿐"이라며 "808억 원
예산을 전액 삭감한 국회를 규탄한다"는 내용의 성명서를 발표했다.

2017년 5월 문재인은 대한민국의 대통령이 됐지만, 2019년 현재까
지 '대통령 후보 문재인'이 학교 비정규직에게 다짐했던 상시적 학교 비
정규직 전원 정규직화와 호봉제에 대한 약속은 지켜지지 않고 있다.

II

10주년 기념 조합원 설문조사

조합원이 생각하는
노동조합과 노동조합 활동

- 노동조합 활동 최고의 성과는 고용안정과 처우개선
- 조합원들의 참여를 확대하는 다양한 사업에 대한
  필요성 강조

---

1. **설문대상:** 전국 조합원

2. **설문기간:** 2019년 2월 26일~3월 11일(2주간)

3. **설문 취지:** 노동조합 활동에 대한 조합원들의 직접적인 평가를 통해 지난 10년을 점검하고 다가올 10년을 준비하기 위해 약식 평가가 포함된 설문조사를 진행함.

4. **응답자 수:** 733명

5. **노조 가입 경력**

① 2~5년 미만: 29.3%

② 7~10년: 29%

③ 5~7년 미만: 27.2%

④ 2년 미만: 14.4%

■ 조합원에게 듣는 노동조합 활동

전국교육공무직본부 가입 경로

① 동료의 권유로 가입: 52.3%

② 학교 방문이나 교육, 연수에 온 노동조합을 통해 가입: 20.3%

③ 노동조합 홍보물(소식지, SNS 등)을 보고 가입: 12%

④ 투쟁(집회, 시위, 농성, 파업 등)을 보고 가입: 8.2%

⑤ 인터넷(검색 등)이나 방송을 보고 가입: 2.5%

⑥ 기타(주관식 개별 답변): 4.7%

※ 응답자 가운데 동료의 권유로 가입한 경우가 절반 이상으로 노동조합이 학교 방문 등 직접 대면해 가입을 가입을 권하는 방식이 효과적이었다.

가장 기억에 남는 노조활동은? (복수 응답)

① 상경투쟁 등 대규모 집회: 60.4%

② 교육청(교육부) 교섭 및 면담: 46.7%

③ 교육청 점거 등 농성: 26.7%

④ 파업: 21.3%

⑤ 지부와 본부의 각종 수련회: 4.6%

⑥ 토론회, 공부모임: 4.1%

⑦ 야유회, 회식 등 친목행사: 3.5%

⑧ 취미 등 동아리 활동: 1.5%

⑨ 기타: 개인문제 해결, 피켓팅, 회의 등 각 0.1%

※ 조합원들은 무엇보다 상경 투쟁 등 대규모 투쟁 경험에 대한 인상이 깊은 것으로 나타남. 이는 간부 활동의 경험이 없다면 일반 조합원이 직접 참여할 수 있는 경험이 전국 규모의 집회 외에는 많지 않다는 점을 고려할 필요도 있으나, 마찬가지의 영역인 파업은 기억성이 높지 않은 점 또한 유념해야 함. 이렇듯 동일한 대중적 규모 투쟁인 상경 집회와 파업에 대한 기억성이 달리 나타난 결과는 상경투쟁이 매년 1~2회는 열리는 반면, 파업은 매 해 겪는 경험이 아니라는 차이에 따른 결과일 수도 있음.

두 번째로 기억에 남는 노조활동은 사용자(교육청 등)와 마주앉은 교섭과 면담인데, 가장 선호하는 활동 1위가 사용자 교섭과 면담이라는 결과와 사용자에게 당당하게 주장하고 투쟁한 경험이 감동적이라는 답변도 적지 않다는 점과 연관된 결과라고 볼 수 있음.

결과의 전체적인 특징은 투쟁과 교섭이 나란히 최상위 기억성을 보인다는 점에서 균형적이고, 그 중에서도 투쟁에 대한 기억성이 전반적으로 높게 나타남. 기억성이 가장 낮은 노조 활동은 취미 등 동아리 활동인데, 이는 관련 사업이 최근에 시작됐다는 점을 고려할 필요가 있으나, 노조 활동 선호도에서도 동아리 활동은 응답자가 높지 않다는 점에서 조합원들은 노동조합의 효용성을 친목이나 재미보다는 투쟁에 두고 있다고 유추할 수 있음.

가장 선호하는 노조활동은? (복수 응답)

① 교육청(교육부) 교섭 및 면담: 54.5%

② 집회, 농성, 파업 등 투쟁: 36.4%

③ 토론회, 교육 및 각종 공부 모임: 25.7%

④ 본부, 지부, 지회, 분과 등 각급 공식 회의: 23.3%

⑤ 참여할 만한 노조 활동이 적다: 12.9%

⑥ 취미 등 동아리 활동: 9.7%

⑦ 인터뷰, 촬영, 글쓰기 등 홍보 활동: 1.7%

※ 조합원은 요구와 문제를 제기하고 해결하는 과정의 시발점으로서 교섭이나 면담 활동을 가장 선호하는 것으로 나타남. 그 다음으로는 투쟁을 선호함으로써, 교섭만으로 요구나 문제가 해결되지 않는다는 점을 인식한다고 유추할 수 있음.

가장 감동적인 노조 경험은? (복수 응답)

① 수많은 동료들과 함께(집회, 농성, 파업 등) 투쟁할 때: 50.4%

② 내 일처럼 나서주는 노조 동료와 간부들이 고마울 때: 42.8%

③ 교육청이나 학교의 압박에도 당당하게 주장하고 투쟁할 때: 35.4%

④ 노조 활동이 교육 등 사회공익적으로 가치가 있다고 자부심을 느낄 때: 12.2%

⑤ 나와 비슷한 처지의 노조 대표나 간부들이 자랑스럽고 대단하다고 느낄 때: 11%

⑥ 언론이나 정부, 교육청 등 사회가 교육공무직 노조를 주목할 때: 8.5%

⑦ 기타(주관식 개별 응답): 없음, 근무여건 개선 등 각 0.1~0.2%

※ 정서적으로 반응이 강렬했던 영역은 역시 집단적 투쟁임. 그 다음으로는 노조 동료와 간부들 사이의 연대와 동지적 실천에 대해 매우 긍정적인 정서적 반응을 나타내고 있음. 한마디로 요약하면 '투쟁 속에 꽃피운 동지애'가 교육공무직본부의 감동 코드라고 할 수 있음.

노조활동에 참가하지 못하는 이유는? (복수 응답)

① 시간이 부족하거나 시간대가 맞지 않는다: 62.6%

② 주변의 눈총이 따갑고 불이익을 받을까봐 부담된다: 30.6%

③ 노조 활동은 힘들고 활동 방식도 불편하다: 19%

④ 함께 참여할 친한 조합원이 없고 어색하다: 16.3%

⑤ 가족이 반대한다: 8.3%

⑥ 참여하고 싶지만 흥미로운 노조 활동이 없다: 7.5%

⑦ 노조가 활동 참여를 안내하거나 권유한 적이 없다: 1.3%

⑧ 기타(주관식 개별 응답): 동료들이 안 따라줌, 건강 문제, 잘 몰라
   서 등 각 0.1%

※ 압도적 다수는 노조 활동에 참여하지 못하는 이유를 시간의 문제로
보고 있음. 그러나 이 결과가 노조 활동이 조합원의 다른 개인 활동에 비해 후
순위어서 시간이 부족하다고 하는 것인지, 참여하고 싶지만 필수적인 업무와
가사 문제로 어쩔 수 없는 것인지에 대한 명확한 구분은 할 수 없는 결과임.

한편 노조 역사가 10년이고 응답자의 다수가 5년 이상 가입 경력자임에
도 10명 중 3명은 여전히 노조 활동에 보내는 주변의 시선이나 사측의 불이
익 압박에 부담을 느끼고 있는 것으로 드러남. 또한 10명 중 2명 가까이는 아
예 노조 활동 자체에 대한 거부 반응도 나타내고 있음.

노조활동을 가장 많이 접하는 경로는? (복수 응답)

① 지부(지회) 카톡방이나 밴드: 84.2%

② 같은 학교 동료나 간부들의 이야기: 35%

③ 교육공무직본부 온라인 카페: 25.2%

④ 학교로 오는 선전물, 지부 소식지: 7.1%

⑤ 페이스북 등 SNS: 4.4%

⑥ 언론(기사, 방송)이나 인터넷 검색: 3.1%

⑦ 기타(주관식 개별 응답): 문자, 회의 등 각 0.1%

※ 노조 소식을 접하는 공간으로는 카카오톡 및 밴드가 압도적으로 높게

나타남. 또한 온라인 카페를 통한 소통률도 높게 나타나는 점을 주목해야 함. 이는 노조 역사 초기에 카페가 주요한 소통 공간이며 활발했다는 것의 관성으로 나타난 결과일 수 있지만, 여전히 관심도가 높다는 점에서 카페 관리에 보다 역량을 투여할 필요가 있음. 반면 학교로 보내는 소식지 등을 통한 소통이 통상적 예상보다 낮게 나타났는데, 이는 선전물 발송의 빈도수가 낮거나 팩스 소식지의 경우 조합원 도달률이 낮아서 그런 것은 아닌지를 고려해 보아야 함.

■ 전국교육공무직본부 사업 돌아보기

각 사업 영역에 대한 약평(두개의 표가 동일함. 결과를 인원과 %로 구분한 것)

단위: %

사업영역	잘함	보통	못함
고용안정(교육청 직고용 및 무기계약직) 투쟁	71.7	24.8	3.5
임금인상 등 경제적 처우개선 투쟁	56.7	36.2	7.1
교육공무직제 조례 등 제도개선 및 사회적 지위 향상	45.5	46.0	8.5
학교 내 비정규직 위상 강화(인격적 대우 및 권리 증대)	45.8	43.7	10.5
사회 전체 비정규직 문제 해결을 위한 연대	42.9	46.7	10.4
노조 규모 늘리기(조합원 확대) 등 조직화 사업	35.7	53.4	10.9
조합원 소통 및 민주적 노조운영	43.1	45.9	11.0
동아리 등 폭넓게 참여할 수 있는 다양한 사업 발굴	**21.4**	49.6	**29.0**
언론홍보 등 사회여론 개선 활동	**29.5**	55.4	15.1
조합원들에 대한 홍보 및 교육사업	34.4	53.7	11.9
조합원 간 유대감 강화 등 단결과 친목강화	31.4	53.7	14.9
공교육 발전을 위한 교육운동 등 교육주체의 역할	30.8	52.4	16.8
지회 및 직종(분과)사업의 활성화	36.0	50.1	13.9
간부 양성 등 노조의 인적역량 강화707	34.5	52.2	13.3

※ 잘함보다 보통이 높게 나온 영역은 진한 배경으로 처리함. 그 중에서도 잘함이 30%대 이하로 나온 영역은 진하게 처리했으며, 못함이 잘함보다 높게 나온 영역인 동아리 활동 등 '조합원 참여도를 높이는 다양한 사업 발굴 영역'도 진하게 처리함. 이러한 결과에 따르자면 지난 10년 노조 활동의 최대 성과는 고용안정과 임금 인상 등 고용과 처우개선임을 알 수 있고, 아직 노조 사업의 영역을 다양하게 넓히고 있진 못하다는 것을 볼 수 있음.

단위: 명

사업영역	잘함	보통	못함
고용안정(교육청 직고용 및 무기계약직) 투쟁	513	177	25
임금인상 등 경제적 처우개선 투쟁	405	259	51
교육공무직제 조례 등 제도개선 및 사회적 지위 향상	321	324	60
학교 내 비정규직 위상 강화(인격적 대우 및 권리 증대)	327	312	75
사회 전체 비정규직 문제 해결을 위한 연대	304	331	74
노조 규모 늘리기(조합원 확대) 등 조직화 사업	253	378	77
조합원 소통 및 민주적 노조운영	306	326	78
동아리 등 폭넓게 참여할 수 있는 다양한 사업 발굴	152	352	205
언론홍보 등 사회여론 개선 활동	208	391	107
조합원들에 대한 홍보 및 교육사업	243	379	84
조합원 간 유대감 강화 등 단결과 친목강화	221	378	105
공교육 발전을 위한 교육운동 등 교육주체의 역할	216	367	118
지회 및 직종(분과)사업의 활성화	254	353	98
간부 양성 등 노조의 인적역량 강화	244	369	94

III

전·현직 간부 대토론회

눈물로 얼룩진 학교 회계직에서
당당한 교육공무직으로

학교에서 세상으로 나온 사람들,
학교 비정규직 노동운동의 새 역사를 쓰다!

일시 : 2018년 12월 8일 오후 1시 - 오후 6시

장소 : 교육공무직본부 서울지부 사무실

참석 : 안명자 (현 본부장)

　　　이시정 (현 부본부장)

　　　김영애 (현 부본부장)

　　　배동산 (현 본부 정책국장)

　　　정인용 (현 본부 사무처장)

　　　이준형 (현 경기지부 조직국장)

　　　이병수 (현 대구지부 조직국장)

　　　유유 (현 전남지부 조직국장)

　　　이태의 (전 전회련 대표, 본부장)

　　　김유미 (전 경남지부장)

　　　임정금 (전 대구지부장)

　　　최영심 (전 전북지부장)

　　　김미경 (전 충북지부장)

사회 : 이시정

1_전국교육공무직본부 10년, 성과와 한계

이시정

교육공무직본부 지난 10년의 성과와 한계를 한 가지씩 이야기해보자.

김유미

성과로 가장 먼저 떠오르는 건 학교장에서 교육감으로 사용자를 전환시켜낸 것이다.

학교 비정규직 노동자들의 채용 및 해고가 학교장 재량에서 교육감 직고용으로 바뀌면서 고용안정에 끼친 영향이 매우 크다. 해마다 겨울이면 반복되던 무더기 해고가 교육감 직고용으로 바뀌면서 많이 사라졌다.

한계에 대해서 말한다면, 한계라기 보다는 주어진 환경의 문제라는 게 좀 더 정확할 텐데 다른 노동조합에 비해 사업장인 학교가 분산되어 있어서 노동조합의 시작도 어려웠다. 결국엔 힘든 여건 속에서도 하나로 모아내고 10년간 많은 성과를 만들어냈지만 여전히 이런 조건들은 노조활동을 힘들게 만드는 한계로 작용한다고 생각한다. 하지만 10년 동안 좋은 쪽으로 발전해 왔고 앞으로도 더 나아질 것이라는 사실에는 의심이 없다.

임정금

근속수당 2만 원 쟁취한 것을 성과로 얘기하고 싶다. 국회까지 가서 막 투쟁하고, 날 밤 새고 투쟁해서 받아냈다. 국회 투쟁하기 전에는 2년에 만 원이었지만 1년에 2만 원을 따낸 거다. 당시엔 겨우 2만 원이었지만 수당이라고는 형편없었던 우리에게 의미 있는 시작이었고, 계속된 투쟁으로 근속수당은 더 늘어났고 우리의 여건은 개선되어지고 있다.

이시정

2009년 처음 노조 시작할 당시에는 기본급 이외에는 아예 아무런 수당이 없었다.

이태의

처음 5천원으로 시작해 2013년 당정청 협의로 1만 원으로 정한 것을 2만 원으로 끌어올린 거지. 2013년 당정청 협의까지 무산시키면서 우리 요구를 관철시켜간 거였다.

임정금

한계로 말하고 싶은 건, 현장 조합원들과 간부들 간의 소통 문제를 말하고 싶다. 임원들은 회의도 자주 하고 함께 움직이는 시간도 많다 보니, 상황 파악이나 과제들의 시급함 등이 공유되는데, 물론 간부들 간에도 약간의 편차는 있지만, 특히 조합원들과 간부들 사이에는 그 격차가 크다. 간부들이 뭐든 해보겠다고 난리 치며 다녀도 조합원들한테는 간부들의 생각이나 현안의 시급함 등이 원활하게 전달되지 않아서 답답해질 때가 많았다.

내 경우는 할 일들을 적극적으로 공유하는 편인데도 조합원들은 간부들이 뭐하는 거야, 뭐라도 하고 있는 거야, 라며 한 발 떨어져서 남일 보듯이 우리를 바라본다고 느껴질 때가 많았다. 게다가 해마다 올 해는 돈 좀 올려주나 하는 생각들이 많은 편인데 돈 문제가 아니면 조합원들이 잘 나서지 않는 것도 힘든 점 중 하나였고, 또 뭐 해주겠지 하며 바라기만 하는 것도 항상 좀 안타까웠다. 스스로 나서지 않는 것, 그것이 정말 안타까웠다.

최영심

아까 수당 얘기가 나왔는데 성과라면 수당만큼 큰 것도 없을 것이다. 투쟁 시작한 지 얼마되지 않아 한꺼번에 수당을 많이 줘서 좋아하면서도 놀랐던 기억이 생생하다. 가족수당 같은 것도 처음으로 받고.

받아본 적이 없던 터라 처음엔 왜 이렇게 많이 주지 갑자기? 하면서 촌스럽게 굴었지. 우리가 당연히 받았어야 할 돈을 받은 것인데도 불구하고. 그 땐 우리가 그간 못 받았던 거라는 걸 몰랐다.

이태의

2011년 물방울 소송단의 활동 결과로 2012년부터 수당을 받게 된 거지. 제대로 된 임금 체계가 그 때부터 처음으로 잡히기 시작했다.

최영심

한계는 당연히 직종별 요구가 늘어야 하는데도 불구하고 아직도 직종별로, 타 직종이 잘 되는 걸 견제하고 시기하는 문제가 있다. 왜 우리 문제는 해결이 안 되냐며 자기 문제만 생각할 때면 답답했다. 전북에서 직종 문제를 해결하는 많은 사례를 만들긴 했지만, 그건 몇 개의 해결 사례일 뿐 근본적인 문제가 극복된 건 아니다. 직종간의 이해와 소통, 그 문제는 앞으로도 해결해야 할 중요한 과제가 아닌가 한다.

김유미

최영심 의원이 말씀하셨듯이(일동 웃음) 최…영심씨, 뭐라고 불러야 될지 모르겠다.(일동 다시 웃음) 갑자기 많이 올려줘서 놀랐다는 말씀을 듣다가 생각이 났는데, 당시만 하더라도 우리는 임금의 액수도 문제였지만 해마다 늘 잘리지 않을까 연연했던 상황이라 해고에 대한 두려움이 너무 커서 돈을 올려주는 호사를 갑자기 누리다 보니 의외의 반응을 보일 수밖에 없었다. 주변에 노동조합 활동을 하는 사람을 본 적도 없어서 노조활동이 어떤지 사실 잘 몰랐는데 수당을 받고 처음으로 노동조합이라는 것의 힘을 실감했다. 꿈도 꾼 적 없었던 임금이 달라지니까, 이렇게 올려줄 수도 있는 거네, 하면서 정말 놀랐다.

당시엔 사서 월급 130만 원정도 겨우 받았을 때고 이듬 해에 계약이 될까 안 될까를 고민하던 시절이었는데 뭔가 달라지는 걸 봤던 게 굉장

히 충격이었다. 노동조합 활동을 하면 뭔가 될 수 있겠구나, 라고 생각하
게 된 계기가 됐다.

이시정

말하자면 근속수당은 이명박 정권 시절에 생긴 거다.

이태의

다 안 된다고 할 때 우리가 우리 힘으로 해냈다.

이병수

밥값, 근속수당 2만 원, 3만 원 등 수당에 관한 처우개선도 의미 있지
만, 첫 파업이 상징적으로 갖는 진짜 중요한 의미를 성과라고 말하고 싶
다. 파업을 통해 노동자로서 학교 비정규직으로서, 교육공무직으로서 존
재 선언을 한 것은 학교에서 유령과 같은 존재였던 우리를 스스로 세상
에 드러낸 의미 있는 일이었다. 또 2017년 6월 파업 때의 최저임금 쟁취
투쟁에 학교비정규직 노동자로 참가해서 다른 노조와 연대를 통해 싸움

을 해낸 것이 노동운동 전체에 던지는 분명한 의미가 있다고 생각한다.

한계는 2016년 교육공무직법안 발의가 무산된 것에 관한 얘기인데, 무산된 것도 안타까운 일이지만 그 배경에 같은 노동자들로부터 부정당한 것, 공감대를 형성하지 못한 채 오히려 교육 공무원들에게 공격을 받았고, 결국엔 우리의 아군이었던 유은혜 의원이 스스로 법안발의를 철회하기에 이른 것은 사실 뼈아프다.

그 일을 계기로 반성했던 것이 우리가 비정규직 문제를 우리만의 문제로 생각하지 않고 전면적으로 가져가야 우리의 처우뿐만 아니라 모든 비정규직 노동자들의 삶도 나아질 수 있다는 사실이었다. 한계이자 앞으로의 과제가 아닐까.

그리고 2013년 충북 과학실무사의 죽음이 말해주는 것, 수당을 올리는 처우개선도 중요하지만 업무 여건에 대한 개선, 자신의 고유 업무를 지켜주는 것 또한 중요한 문제라고 생각하게 된 계기가 되었고 이것도 앞으로 개선되어야 할 과제라고 볼 수 있다.

이태의

사람들, 그러니까 학교에서 세상으로 나온 사람들이라고 말하고 싶은데, 여기서 재밌는 것은 이 나온 사람들의 핵심은 결국 등 떠밀려 나온 것이라는 점이다. 노조 처음 시작한다고 할 때 모두가 말했다. '학교가 조직되느냐, 조직이 된다고 한들 유지되겠냐, 파업이 되겠냐, 탄압 한 번으로 모두 쓰러질 거다'라며 참여한 모든 사람들조차도 반신반의하면서 여기까지 왔다. 그들 모두가 사실은 지금 여기까지 남아서 이 자리에 있기도 하고, 중간에 떠나기도 하고 결과적으로는 각 지부를 지탱하고 있다.

나는 학교에서 세상으로 나온 사람들, 우리 간부들, 조합원들, 제일 잘 했다고 생각한다.

또 잘 했다고 생각하는 것 중의 하나가 교육감 직고용으로 바꾼 것인데, 당시에 노조 활동을 시작한지 얼마 되지 않았을 때 무슨 문제가 생기면 학교장을 어떻게 해보자, 관리자랑 말해보자, 담당 교사를 구슬려 보자 등, 온갖 방법을 동원해도 안 되더라. 그 일을 겪으면서 학교라는 틀 안에서는 죽었다 깨어나도 불가능하다는 생각을 모두가 했다. 그래서 문제를 교육청으로 끌고 나와서 당당하게 외쳤고 해결해 나갔다. 밖에서 공론화시켜 다시 안으로 해결해 들어간 것, 이것이 가장 잘 한 일이라고 생각한다.

한계는 이 모든 과정이 너무 힘들어서 끝까지 같이 하지 못한 사람들, 마음을 다치거나, 몸을 다치거나 한 사람들, 그 사람들을 끝까지 챙기지 못한 것이 신경 쓰인다.

김미경

조합원들이 교육의 주체이자 현장 그 자체라는 사실에 대해 자신감을 얻은 것, 노조를 통해 단결해서 모였을 때 우리의 목소리를 낼 수 있다는 걸 알게 된 것이 성과라고 생각한다.

그 전에는 눈치만 보며 유령처럼 있었는데 우리가 교육의 주체로서 교육의 한 축을 담당하는 사람이라는 사실을 깨달은 것, 보상을 받은 것보다 우리 목소리를 낸 것이 뿌듯함으로 남았다. 전회련 충북지부가 도교육청 총무과에 처음 갔을 때 고갯짓으로 거만하게 거기 앉으라는 투였는데, 민주노총의 일원으로 교육위원들을 만나러 갔을 때는 회의실에 우리 명패가 깔리고 그랬다.

아쉬운 점은 다 비슷하지 않을까. 지부장으로서의 가장 큰 한계는 너무 많은 직종이 있다 보니 내 분과가 성과를 내지 못하면 소외되었다고 노조를 부정해 버리는 상황들과 노동조합이 처우개선을 위한 수단이 되어버린 것, 단결과 연대를 통해서 동지애로 더 크게 큰 목표를 위해 뭉쳐야 하는데 그러지 못하고 있다는 게 아쉽다. 우리가 스스로 극복해내지 못하면 교육청이 분열을 조장할 시 전멸될 수도 있다는 걱정이 있다. 이건 앞으로의 숙제이기도 하고 한계이기도 하다.

초창기 수련회에서 분과장을 하던 사람이 했던 말이 기억난다. 민주노총 사람들은 머리에 뿔 달린 사람인 줄 알았는데 직접 겪어보니 가장 바닥에서 일하는 사람들이고, 본인은 하라고 해도 못 할 중요한 일들을 하는 사람이라는 걸 깨닫게 되었다고. 또 이 세상이 그런 사람들의 투쟁을 통해서 움직여온 결과라는 사실을 알게 되니 과거의 내 행동과 생각이 후회가 된다며. 미리 알았더라면 '민주노총 죽어도 가지 않을 이런 말은 안 했을 거라며 웃었다.

배동산

간단하게 말씀드리면 노조가 된 것, 그것이 성과다. 뭐니뭐니 해도 정체불명의 협회에서 노조가 된 것이 중요한 사건이지 않을까? (일동 웃음)

한계는 교육공무직법 발의가 취소된 거 생각했는데 이미 말씀하셨고, 그래서 다시 생각해 보니 한계라고 한다면 아직도 노조스럽지 않은 것이 아닐까?(일동 웃음)

이시정

가장 큰 성과라고 하면 여성 비정규직 노동자가 최초로 대규모 조직된 사례, 이 사실이라고 생각한다. 7,80년대에 여성방직 노동자가 조직된 사례가 있었지만, 비정규직을 대규모로 조직되게 만든 시발이 된 우리의 사례는 분명 의미 있다.

한계로 꼽고 싶은 것은 지난 10년 동안의 활동들 중에 처우개선 중심으로 많이 치우친 것, 물론 우리 조합원들의 여건이 열악하여 어쩔 수 없이 그 쪽으로 집중될 수밖에 없었지만 그래도 이것이 한계가 아닐까.

이준형

여기 오기 전에 다른 노조에 있었던 내 입장에서 처음 왔을 때를 생각해 보면, 여기가 노동조합이 맞나 싶을 정도로 모든 것이 이상했다. 처음에는 내가 전화 받으러 온 사람인지 민원 상담을 하러 온 사람인지 알 수가 없었다. 모든 게 혼란스러웠다. 그래서 당시만 하더라도 내가 지금까지 여기 있으리라는 생각을 아예 못했다.

적응이 되기 시작하면서 내가 제일 먼저 본 것은 굉장히 고생스럽게 일하는데 대우는 전혀 받지 못하는 사람들이었다. 노조의 첫 사업은 사실 돈부터 시작하는 게 맞다고 생각하기도 하고 본인들도 그 문제가 시급했겠지만 여기는 얼마나 절박했던지 사람들이 노골적으로 요구하기도 했다. 지금도 맨 처음 상담 받을 때가 기억나는데 내 임금 100만 원만 맞춰주세요, 이런 전화들이 많았고, 그런 거 노조에서 해주는 거 아니냐며 다짜고짜 말하는 사람들이 정말 많았다. 또 해고, 재계약이 안 되는 문제에 대한 상담이 정말 많았다.

학교장 재량에 의한 재계약이다 보니 이런 문제가 많았다. 그래도 다른 분과들은 중재가 들어가면 어느 정도 해결이 되는 편이었는데 특히 특수 쪽이 안 되는 경우가 많았다. 특수 아동이 없는데 어떻게 계약을 하냐고 교장이 받아치면 처음엔 할 말이 없었다. 그 땐 나도 잘 몰랐으니까 그냥 그게 맞는 줄 알았다.

지금은 교육감 직고용으로 바뀌어서 그런 문제는 없지만 당시는 학교장 계약이었으니까 교장이 그렇게 말할 때는 곤란했다. 그래서 내가 하고 있는 일, 생각들이 맞는가에 대한 고민도 많이 했던 시기였다.

당시에 나를 고민에 빠뜨렸던 그 분은 결국 다른 학교로 갔고 이후에 전회련에 가입해 적극적으로 활동했다.

그랬던 시절이 있다. 교육감 직고용으로 바뀐 후에는 학교장 면담에서 노조원들이 개별적으로 얘기를 하면 잘 안 통하던 일도 노조가 가서 말하면 학교에서 대체로 인정을 해줬다. 지금은 고질적인 문제이기도 한 교무행정실무사의 업무 분장 문제도 내부적으로는 해결이 안 되다가도 노조가 가면 바로 문제가 해결되곤 한다. 그런 게 참 많이 변한 거다.

이시정

사실 학교라는 것, 그 안에 관리자들이 뭘 잘 몰라서 문제들이 생긴 거지, 지나고 나서 생각해보면 학교만큼 노조하기 쉬운 곳은 없다. 학교장들은 부딪히고 큰 소리가 나는 걸 꺼려하기 때문에 웬만하면 처리해주려고 한다.

많은 분들이 말씀하셨지만 사용자 바꾸기가 가장 큰 성과라고 볼 수 있다.

이 사용자 전환의 과정을 조금 더 들여다보면 당시의 상황에서는 사용자가 바뀌지 않으면 할 수 있는 게 별로 없었다. 사용자가 학교장일 경우는 단체협상의 의미가 없었다. 하기도 힘들었을 뿐만 아니라 해봤자 예산도 부족해서 할 수 있는 게 없었고 뭔가 시도조차 하기 어려웠다.

우리가 노조로 출발하지 않고 연합회로 출발한 배경이 이런 이유다. 노조는 단체협상 같은 것을 할 수 있지만 연합회는 못한다. 사용자성을 따지지 않으면 안 되겠다고 생각한 게 많은 사람들이 학교장 재량 때문에 발생한 문제들에 진저리를 쳤고, 학교장 재량에서 벗어나려면 사용자를 바꿀 수밖에 없었고, 교육감 직고용으로 만들기 위해 사용자 전환 투쟁을 벌였다.

경기도에서 조례 제정 청원 운동을 시작할 당시만 해도 학교장이 이긴 판례도 있어서 이게 쉽게 바뀔 거라 생각하지는 않았다. 하지만 현장의 요구가 광범위했고 조직적으로 묶어내면서 진행시켜 이게 의외로 경기도 의회에서 TF 팀을 구성하는 단계까지 이르렀고, 진보교육감 선출과 딱 맞물려 돌아가면서 광주에서 먼저 통과된 후 쉽게 전국으로 확대되어 갔다.

이태의

첨언을 좀 더 하자면, 한 쪽은 의회를 공략했고 다른 한 쪽은 노동부 소송을 동시 진행했는데, 노동부 소송의 경우는 노동부가 사용자인 교육감에게 장애인 고용 취업 기준을 준수하지 않았다는 이유로 과태료를 물게 한 사건이 계기가 됐다.

배동산

2011년 말의 일이었고, 그 사건을 계로 2012년부터는 노동부로 소송이 들어가는 건 모두 이길 수밖에 없었다. 노동부와 이웃사촌인 노동위원회에서는 교섭이행, 시정 명령 등 고용노동부에 과태료 걸어 놓은 게 있기 때문에, 교육감이 사용자가 아니라고 해버리면 과태료 소송까지도 교육감이 지는 상황이 된 거다. 그래서 12년도 교섭권과 쟁의권 확보에 결정적으로 작용한 것이다.

이태의

교육감직고용조례를 위해 의회에서 TF팀 꾸려지던 그 시기, 국회에서 초중등교육법 개정 토론회가 있었다. 경기도 의회에서 내가 청원인으로 나갔는데, 당시의 교육위원들은 교육장 출신이었고, 이들이 사전에 자신들과 협의하지 않았다는 이유로 무조건 반대부터 하고 나섰다.

반대가 하도 극심해서 정회 중에도 다투고 녹취 중단까지 벌어졌다. 반대가 지나치게 심했던 사람을 쉬는 시간에 쫓아가서 이거 살려야 한다, 1년에 1만 명씩 해고되고 있는데 이거 어떻게 할 거냐고. 그 설득이 효과가 있어서 나중엔 이 사람이 우리 편에 서 주었다.

그 일을 계기로 국회가 의회에 TF팀을 꾸려서 조례 제정에 관해 일을 진행해보라는 권고안을 내렸다. 그 후 1년 간 TF팀의 활동이 경기도에서 진행됐고, 그 와중에 광주 등에서 먼저 교육감 직고용이 시작된 거다.

개인적으로 토론회에 가서 반대하는 교육의원들을 붙잡고, 살려 달라고 사정했던 그 기억이 제일 생생하다.

최영심

성과에 대해서 한 가지 더 말하고 싶은 것은 우리가 단체교섭을 할 수 있었던 게 우리 노조가 다른 학교비정규직 노조보다 단체교섭안을 미리 준비했고 그래서 다른 노조에도 제안을 했기 때문에 단협 시기도 좀 빨라졌다. 사실 전북의 영양사들은 교육장 임명이었기 때문에 미리 준비한 것이기도 했지만.

단협 준비하면서 힘들었던 게 전국에서 영양사들을 교육장이 임명하는 건 너희 전북뿐이니 너희부터 하라며 본부에서 전 직종 단체교섭안을 주며 제안을 했다. 나는 그 전화 받고 정말 밤을 꼴딱 샜다. 전국에서 아무도 안 하는 일을 나보고 하라고 하니까. 그래서 잠 한숨 못 자고 고민하다가 전화를 했다.

못 하겠다고 할 명분이 없었고, 누구든 해야 했다. 그렇게 우리가 먼저 준비를 했기 때문에 다른 두 노조한테 정말 필요한 시기에 단협요구안을 넣을 수 있었고, 결국 교육감 직고용이 이뤄졌다. 단체협상안을 우리가 먼저 시작할 수 있었던 게 우리 노조의 가장 큰 성과 중의 하나였다.

이시정

2011년도에 우리가 공공운수노조 산하로 들어가면서 10월인가 11월인가에 단체협상 준비팀을 만들어 단협 모범안을 가장 먼저 만들었다. 법률원, 노조, 연구소가 주체가 되었고 당시 노조의 정책국장이 이민정이었다. 그래서 단체협상을 가장 먼저 시작할 수 있었다.

이태의

또 하나의 성과로 진보교육감이 만들어진 것도 짚고 넘어가야 한다.

그나마 진보교육감이 있어서 단체교섭이 이뤄지기 전에도 지역별로 뚫고 나가기가 용이했다.

단체협상 최초는 강원이었다. 당시 강원도의 경우는 노동절인 2013년 5월 1일에 맞추려고 노력했는데 힘들었지만 노동절에 딱 맞춰서 의미 있는 첫 번째 단체 협상을 이뤄냈다.

이시정

학교 비정규직 노동운동은 정치 지형과 떼 놓고 생각할 수 없다. 교육감 직선제가 아니었으면 출발부터 힘들었을 것이다. 2009년에 두 달 동안 경기도에서 보궐선거에 목을 매고 할 수 있었던 것도, 교육감 직선제가 바탕이 되었던 것이고, 직선제를 통해 진보 교육감이 당선되고, 그와 맞물려 학교 비정규직 노동운동도 급물살을 탔다. 서로 맞물려 성장된 측면이 확실히 있다.

이태의

짚고 넘어가야 할 중요한 문제 중 하나는, 학교 비정규직이 현재 전국에서 10만 정도 조직이 됐는데, 전국학교비정규직노조와 우리가 통합을 시도했다가 깨지고 경쟁하고 하면서 지금도 여전히 갈등 구조에 있다. 이것 또한 성과인 동시에 한계였다고 말하고 싶다.

이준형

나는 오히려 그게 더 성장할 수 있는 계기가 되었다고 생각한다. 만약에 그 때 봉합해서 통합이 되었다면 지금 같은 이런 분위기가 살지 않았을 것이다. 어떤 문제로든지 우리가 부서지건, 그 쪽이 부서지건 극단으로 치달았을 것이다.

서로의 경쟁 속에서 조직의 틀이 갖춰졌다고 생각하는데 앞으로는 더 큰 틀 속에서 서로 어떻게 성장하느냐가 더 중요한 문제가 아닐까. 상대도 우리를 보면서 경쟁하는 것이고, 우리도 그 조직을 바라보며 경쟁하는 것이다. 서로가 경쟁하면서 새롭게 바꿔 나가야 할 것들을 끌어내고 있다. 여성노조도 있지만, 사실은 우리와 전국학비노조, 둘이 경쟁하는 것이다. 여전히 조직할 수 있는 대상이 많다.

이시정

이준형 국장의 의견이 타당한 측면이 있다. 복수 노조 경쟁 구도가 양적인 확대 성장 측면에서는 기여한 바가 있다. 하지만 그로 인해 파생되는 문제도 물론 있다.

이번 경기파업의 경우, 전보로 인해 두 노조가 섞여 있어서 급식실 소통 문제가 정말 힘들었다. 앞으로 이 문제를 어떻게 할 것이냐는 우리 노조 10년을 기점으로 심각하게 고민해봐야 할 문제다. 실제 대중 투쟁을 만들어 나가는 데 있어서 각 조직의 일정에 따라서 투쟁이나 파업 일정이 달라지고, 그것 때문에 조합원들은 일정을 동일하게 맞춰 달라는 요구를 해올 때도 많다.

김유미

우리 경남에서도 그런 문제가 있었다.

2016년에 경남 파업이 시작되었을 때 급식실에 두 노조가 섞여 있어서 급식실이 너무 안 움직였다. 겨우 24명이 나왔는데, 그나마 사서들이 좀 적극적으로 파업에 동참하면서 겨우 파업 투쟁을 진행할 수 있었다. 급식실은 누구 하나가 빠지면 노동이 더 힘들어지니까 단체로 파업이 되지 않으면 곤란한 지점이 있다.

이태의

양평은 타 조직이 거의 없다. 초기 파업할 때 양평은 지회장이 발 벗고 나서면서 파업 분위기가 무르익고 있었다. 우리가 급식실을 공략할 때 처음엔 다 나오라 하지 않고 2명만 빼는 식으로 했다. 2명만 빼도 급식실은 힘들어지니까 전체가 손을 놓는 방향으로 유도할 수 있었다. 파업에 참가하지 않는 사람들은 차라리 쉬도록 유도할 수도 있고, 그러면서 조합원이 아닌 사람들의 존재가 자연스럽게 드러났고, 그 일을 계기로 또 조직 확장을 시도할 수 있었다.

양평은 사람도 적어서 바람 한 번 불면 사업도 용이하고 사업이 시작되면 참여율도 좋고 조합원도 늘어나고 했다.

이준형

양적인 확대는 어느 정도 이뤄가고 있지만 질적인 측면을 보면, 우리는 조직력이 상대적으로 약하다. 전국학비노조가 조직력이 좋은 이유는 급식실 사람들이 전보 제도를 이용해 1년마다 돌아다니면서 활동을 하기 때문이다.

최근에 광주의 경우 우리 노조원 수가 많이 감소했는데, 그 사례를 통해 알 수 있다. 광주 한 학교는 급식실이 전부 우리 노조원이었는데 그곳에 상대 쪽 지회장이 전보를 통해 들어갔다. 지회장이 조직 활동을 시작하면서 우리 노조원이 전부 타 노조로 넘어간 것이다. 광주뿐만 아니라 수원도 그렇고 각 지역마다 그렇게 하고 있다. 파악이 된 게 이 정도이니 사례는 더 많고 다양할 것이다.

그래서 우리도 활동가들을 만들어내서 그런 질적인 조직화 사업에 대한 고민을 해야 한다.

이시정

타 노조가 우리와 확연히 차이가 나는 지점은 핵심간부층들이 존재한다는 것이다. 그게 활동가들이 들어가서 만들었든 민중당이든 목적의식이 투철한 활동가들이 다니면서 조직 활동을 한다. 전보를 다니면서 활동하는 것도 그렇고.

나도 사례를 하나 들었는데 군포 ○○초등학교는 우리 노조 최초의 집단 가입 학교였는데 10년 만에 타 노조로 전부 넘어갔다. 겉으로 드러난 이유는 다른 노조도 한 번 경험해보고 싶다는 거였다. 하지만 사실을 확인해 보니 우리 노조의 핵심이었던 조리사 조합원이 다른 학교에 전보 간 사이, 핵심 활동가가 전보를 와서 작업을 한 것이었다.

우리가 양적인 성장에 비해 질적인 측면, 특히 핵심 간부층이 약한 문제가 분명 있다. 현장 출신의 핵심 간부층들은 우리도 타 조직에 비해 적지 않지만 저쪽에는 바깥에서 투입이 되었건 아니건 핵심 활동가들이, 그러니까 조직화 사업을 해줄 사람들이 활동을 해주고 있다.

그래서 적극적으로 활동할 핵심 간부층들을 만들어내는 것, 그게 우리의 핵심 과제 중 하나일 것이다.

임정금

대구의 경우, 급식분과가 많지만 사무직 등 다른 직종도 많다.

처음엔 간부들이 급식실 조합원들이 전보를 가거나 오거나 할 경우에 많이 챙기지 못했다. 그러다 보니까 타 노조 조합원들이 우리 쪽 사람이 전보를 가면 자기 조직으로 끌어들이고, 그게 안 될 경우 스스로 전보를 가게끔 만드는 일들이 발생했다. 그 일을 겪은 후 전보 가는 사람들을 우리 간부들이 먼저 챙기지 않으면 결국은 노조원들의 탈퇴로 이어진다는 걸 반성했고, 그 뒤로는 더욱 챙기게 되었다.

이태의

우리가 전회련 만들기 전의 일이었는데 성신여고에서 세 번이나 해고된 공공운수노조 학교 비정규직 소속 노조원이 있었다. 치열하게 싸우고 나중에 힘들어하던 사람들이 실제로 있었던 것이고. 우리와 타 노조의 전신이었던 이 조직이 전국 조직을 지역으로 쪼개 놓아서 한계가 드러났다.

2010년이 되면서 민주노총이 학교비정규직을 전략사업으로 삼게 되고, 전국 사업으로 집중하면서 민주노총 지역본부의 정치적 성향에 따라 타 노조를 지원해주거나 우리 노조를 지원해주거나, 민주노총 지역본부 차원에서 조직화를 통해 만들어진 상태로 우리 조직에 합류하는 형태가 되었다.

우리가 갖고 있는 기존의 변화 과정이 있고 민주노총 지역본부 차원에서 변화되어온 과정이 있었는데 최소한 교육공무직본부로 뭉치면서는 갈등이나 편 가르기 없이 자연스럽게 뭉치고 합의가 됐다. 서두르지 않았고, 내용으로 자연스럽게 같이 조직적인 동화를 이뤄낸 과정이 있었다.

이후 조직 통합 이야기를 할 때 이것이 중요한 사례가 되지 않겠냐. 다른 형태로 있었지만 뭉치기 위해서는 어떤 전제조건이 필요하냐, 이런 사례로 한 번 눈여겨 봐야 할 것이다.

이시정

전회련을 시작으로 보면 10년이지만 민주노총 공공운수노조 차원에서 학비 노동운동을 시작한 것으로 따지면 16년이다. 공공운수노조 학비 조직화 사업은 2003년부터 시작됐다. 여성노조는 아마 2002년부터 시작했을 테고.

2003년부터 성신여고 같은 사립학교 해고 반대 투쟁이 있었는데 정말 힘들게 싸웠다. 사립학교랑 싸우는 것이니 얼마나 힘들었겠는가. 대중적인 조직화는 되지 않고. 싸움 자체도 오래 끌었지만 이기지 못했다. 한 학교에서 세 번 해고당하고 세 번 복직 했지만, 결국엔 스스로 그만둔 게 성신여고 해고 반대 투쟁이었다.

공공운수노조에서는 지역마다 육성회직들 통해서 가입이 되어 있는 지역도 있었다. 우리가 시작될 때 전국적으로 300명 정도였고 점점 축소되어가는 상황이었다. 전회련으로 조직이 시작되기 전에 이미 공공운수노조 소속 학교 비정규직 지부였던 그런 시기가 있었다.

김유미

학교에서 세상으로 나온 사람들이라고 이태의 전 대표의 발언에 대해 첨언을 좀 하고 싶다.

간부들의 경우 학교 안에서는 조용하게 자기 일만 하던 사람들이었지만 문제의식을 갖고 세상으로 나와서 노조 간부 활동을 하면서 오히려 세상을 향해 큰 소리를 낼 수 있게 된 걸 성과라고 했다. 물론 학교 밖으로 나온 것은 큰 성과라고 생각하지만, 현장 안에서 왜 목소리를 내지 못하는지에 대해서 짚고 넘어가고 싶다. 이것은 성과이면서 한계가 아닐까.

사실 나도 그런 분위기에서 일을 했고, 나와서 적극적으로 지부장을 하면서도 어떻게 해야 하는지 체계적인 교육도 제대로 받지 못한 상태에서 현장 일을 그냥 닥치는 대로 했다.

본부 활동가 한 분으로부터 지부장은 조직가라는 말을 들은 뒤에는 그 말만 믿고 전화해서 노조가입 유도하느라 애를 썼다. 사실은 지부장이 해야 할 일을 몰랐던 거다. 조직한다는 것이 사람을 가입시키고 확장하는 것에만 의미가 있는 게 아니라는 걸 이제는 알지만 그때는 잘 몰랐다.

정작 활동 시기에는 간부로서 역량을 제대로 갖추지 못했다는 게 지금은 반성이 된다. 간부 일을 내려놓고 학교에 돌아와 보니 학교에서는 여전히 눈치만 보고 자기 의사를 전혀 표현하지 못하는 사람들이 대부분이었다. 우리 학교는 정기적으로 노조 회의를 하고 있음에도 불구하고, 아직까지도 학교 안에서 노조원들의 대처방식은 달라진 게 별로 없었다.

어떤 여성 문제, 여성 비정규직 노동자뿐만 아니라 한국 여성노동자의 한계나 문제와도 연결되는 지점이라는 생각이 든다. 임금도 그 정도 받으면 됐지 않냐는 말을 스스로 하는 건, 여성의 노동을 부업처럼 보는 시각, 그래서 여성들의 자존감 문제와 같이 작용하기 때문이지 않나 싶다. 노조에서는 이후의 과제를 고민할 때 학교 비정규직 문제도 있지만 우리가 대부분 여성이니까 여성의 문제로 같이 고민하면서 정책 과제로 삼아야 하지 않을까 생각한다.

이시정

전체적으로 우리 노조 10년을 평가하기 위해서는 노동운동 측면, 교육운동측면, 여성운동 측면, 이 세 가지 면에서 접근해야 한다.

그동안 여성운동이 여성 단체들을 중심으로 해왔다면 우리의 대규모 여성 비정규직 노동자 조직은 그런 점에서 여성운동의 토대를 마련한 측면이 있다고 생각된다. 하지만 여성운동 의제로 확장시키지 못한 한계 또한 있다.

김유미 선생님이 말씀하신 것처럼 우리가 여전히, 성과 보다는 과제의 측면에서 말을 하자면 현장 문화 바꾸기와 연결된 일상 투쟁이 사실은 더 큰 용기가 필요하다. 눈앞에서 대응해야 하니까. 그런데 많은 노조원들이 이것을 피하고 싶어 했다. 바깥으로 나오는 건 되지만 하지만 학교 안에서는 자신의 문제로 부딪히고 싶어 하지 않는 것이다.

물론 용기 있는 사람들은 이미 하고 있지만, 이런 걸 되게 하기 위한 조직적인 틀 같은 걸 마련해 줘야 하는데 그걸 활성화시키지 못했다. 그 틀은 분회가 되어야 한다고 생각한다. 하지만 분회가 잘 진행이 안 됐고, 그래서 한 단계 접을 수밖에 없었고, 그러다 보니 밖으로 나오는 투쟁에만 더 집중하게 되었다.

올 해 투쟁을 겪으면서 다시 분회를 세워내지 않으면 앞으로의 조직 활동은 점점 힘들어진다는 생각이 더 강해졌다. 현장에서 벌어지는 일상적인 문제들을 바꿔내는데 있어서도 조직이 기반이 되게 해야 한다.

김유미

노조 활동을 하면서 늘 뭔가 1% 모자란다고 느끼는 갈증이 뭘까 하고 계속 고민했다. 결국 분회 활동이 중요하다는 결론에 도달하게 된다.

우리는 분회 활동을 노조 가입에 좀 더 중점을 두는 측면이 있다. 이 노조 저 노조 떠나서 연대해야 하는, 또는 비노조라도 연대해서 비정규직의 관점에서 자존감을 갖고 일할 수 있는 가치를 추구하는 쪽으로 운영이 되어야 하는 것이 분회 활동의 진짜 핵심일 텐데, 현재 상황은 그걸 해내지 못하고 있다.

이병수

우리의 경우 현장에서 관리된 노동자들을 어떡하든 빨리 단련시켜서 제 역할을 하게 할 것인가가 시급한 문제였고, 분회장도 현장에서 주도성을 갖게 하는 것, 이 훈련을 빨리 해야 한다는 당면 과제가 있었다. 그들이 성장해서 역할을 하게 하는 것 말이다.

근데 중앙에서 기획을 해서 내려 보낸 뒤엔 적극적으로 유도해주어야 한다. 다수의 참여가 중요한 데도 불구하고 조합원 수에 비해서 참여도가 점점 떨어지고 있는데 이 문제를 해결할 방법을 찾아야 하는 것 아닌가. 누구는 하고 누구는 하지 않는 것이 분위기를 점점 떨어뜨린다. 이게 굳어지면 노조는 참 어려워진다.

어떻게 하든 그 시대에 다수가 참여할 수 있는 운동, 투쟁, 그를 위한 중앙 차원에서의 기획과 분위기를 조성해주지 않으면 현장에서 돌파하기 쉽지 않다. 질적인 측면에서 양적인 측면에서 다수가 참여해야 변화가 이뤄지니까, 그렇게 되려면 다양한 기획들과 고민들이 필요하다.

이태의

여성운동과 교육운동, 비정규직 노동운동의 측면에서 봤을 때 우리는 타 노조보다 정책적 우월성이 있었다. 단협안을 미리 준비한다든가, 투쟁을 견인해 내는 역할을 해온 게 있고, 여성운동의 측면에서도 2012년에 첫 공동파업을 같이 했다. 그 해에 한국여성단체연합으로 부터 디딤돌상을 받았다.

기존의 여성운동이 상층부에 꿰 맞추기 식이었다면, 학교비정규직 노동운동이 활성화되고 여성노조의 현장 활동이 활성화되면서 여성운동도 현장 활동과 결합되기 시작했다. 지금은 여성노조가 실제 여성계에서 상당한 역할들을 하고 있다. 이것 또한 중요한 성과 중의 하나다.

다만, 교육운동 측면에서 학교 안의 교육공동체들이 함께 할 수 있는 영역에 대해서는 교육운동 영역 전체의 문제이지, 우리만의 문제라고 볼 수 없다. 교육운동 진영들이 다양한 실험들을 해나가면서도 여전히 주체로 인정하지 않는 부분이라든가 아직 부족한 부분들이 많다.

조직되어 있는 학교 비정규직 10만, 이 사람들을 교육운동 현장에서 중요한 부분에 배치하지 않는다, 이것은 중요한 문제다. 그러니까 교육운동계에서도 이젠 이들을 교육의 주체로 인정해야 하고, 실제로 함께 할 수 있는 영역에서, 높은 수준의 상층부만의 정책만 만들 게 아니라 현장의 운동을 만들 필요가 있다.

2_고용안정 투쟁 10년

최영심

고용안정 투쟁은 겨울 추위와의 싸움이기도 했다.

농성을 하도 겨울에만 해서 내 머리에 냉방병이 생겼다.(일동 웃음) 가을 겨울에 찬바람이 불면 머리가 선득해지며 차가워서 견디기가 힘들다. 내가 이런 이야기를 하면 사람들은 다 웃는데 유일하게 의사 한 명이 알아줘서 얼마나 위로가 되었는지 모른다.

이병수

고용안정 투쟁 성과 중 가장 큰 것 중 하나는 해고 문제가 거의 해결된 것이다.

초기에 1, 2, 3월은 해고 문제가 노조 업무의 대다수였다. 업무 계약 종료, 사서는 10개월마다 자동 종료, 특수는 아이가 없으면 무조건 종료 등 종류도 사유도 다양하게 사람들이 해고되곤 했다. 교육감 직고용 조례 제정으로 사용자가 학교장에서 교육감으로 바뀌고 단체협약이 시작되면서 많이 해결되었다.

이시정

지금으로부터 4, 5년 전까지만 해도 정말 12월, 1월, 2월이면 전화가 난리 날 정도였다.

요즘은 고용불안 직종 일부를 제외하고는 어느 정도 안정이 되었다. 예전엔 만 명 단위로 해고당하고 그랬지만 고용안정이 되면서 제외 직종에 한해서만 투쟁 수위가 높아졌다. 고공 농성이라든가 이런 투쟁들이 모두 고용안정과 관련되어 있다.

고용안정을 주제로 좀 더 얘기해 보자.

유유

이곳에서 일을 시작한 것이 2010년 9월 16일부터였는데 교육감 직고용이 되기 전까지 매년 12월부터 1월까지 무더기 계약 해지가 발생했다. 당시에는 혼자 상근하고 있었는데 거의 한 달을 하루 종일 해고(계약해지) 상담을 하느라 팔이 떨어져 나갈 뻔했던 기억이 난다.

종일 상근은 내가 유일했기 때문에 계약 해지 철회 공문을 날이면 날마다 학교로 보냈고…… 90%는 해고하면 우리 조직이 가만히 안 있겠다는 협박(?)만해도 해고 철회가 되기도 했던 시절이기도 했고…… 나머지 경우는 물론 학교 찾아가 항의하고 뭐 그러며 해결했고.

유난히 기억에 남는 게 있는데 여기서 처음 일하며 현장상담을 할 때, 뭐 1970년도 아니고 2010년에, 그것도 학교에서, 근로기준법도 안 지키고 이럴 수 있나 싶었다. 상담 전화를 붙들고 나도 선생님들도 많이 울었던 기억이 난다.

안명자

2012년부터 전임으로 출근하기 시작했는데 당시에는 이준형 국장과 둘이 근무했고 전화가 두 대 있었다. 하루 종일 전화 상담을 했는데 우리가 퇴근한 뒤에도 아마 밤새도록 울렸을지 모른다. 99%가 해고에 대한 문의였다. 나만 해고된 게 아니었다.

교장이 해고했어요, 행정실장이 해고했어요, 문자가 왔어요, 온갖 방법으로 해고를 당한 사람이 줄을 이었다. 당시엔 교장, 교감, 행정실장의 자녀들이 비정규직으로 고용된 사람이 많았다. 그런 친인척 채용을 이유로 해고가 되기도 했다. 조합원, 비조합원 섞여서 연락이 왔고, 노조가입이 폭발적으로 늘어났다.

내가 해고 사유에 관해 전화 상담을 하면, 이준형 국장이 학교로 교육청으로 행정실로 방문해 부당노동행위에 관해 이의제기를 하는 식으로, 정말 밥 먹을 새도 없이 하루 종일 그렇게 일했다. 2월 28일까지 해고 문제만 상담했다. 해고 풍년이 났다. 그렇게 많은 해고자가 생길 줄 몰랐다. 부풀려 말해 천명은 상담한 것 같다.

하지만 아이러니한 것이 노동조합의 공문이나 전화로 그 해고 문제가 전부 해결됐다는 사실이다. 해고를 막지 못한 건수가 없다. 노동조합을 통해 해결이 된 사람들은 그나마 다행이지만 그냥 사표를 낼 수밖에 없었던 사람들이 부지기수였다. 당시에 해고가 가장 많은 사람들이 특수였는데 학교에 장애아가 있고 없고에 따라 잘려 나갔고, 그 다음이 사무, 사서 순이었다.

교장마음대로 해고할 수 있다는 인식이 팽배했다. 죄의식이 없었다. 사무실은 찻잔 하나 골라 사서 마음에 안 들면 버리는 것과 같았다. 우리가 그 세월을 살았다.

이태의

내가 이 일에 깊숙이 들어오게 된 계기가 사실 해고 문제였다. 상담하는 대다수의 사람들이 자신이 잘리면서 저항조차 하지 못했는데 대게 두 부류로 나뉜다. 하나는 다시 재취업을 위해서 밉보이면 안 되니까 억울해도 말하지 못하는 부류, 또 하나는 '이제 학교는 꼴도 보기 싫다', '학교가 이런 사회인줄 몰랐다', 라며 극단적으로 돌아서는 부류다.

이 분들에게 늘 했던 얘기가 평생 해고라는 낙인을 안고 살 거냐, 이거 해결하지 못 하면 안 된다고 말했다. 그 분들한테 학교를 바꿔서 제대로 된 사회를 만들자는 말 같은 건 소용이 없었다. 당장 진저리가 나는데.

그게 반복된다는 게 문제다. 한 사람에게 한 해의 문제로 끝나는 게 아니라 다음 해에도 똑같은 일이 벌어졌다. 구조적인 문제니까. 해고사유도 정말 별에 별 게 다 있었다.

학교장을 상대로 해서는 해고 문제를 절대로 해결 못한다고 해서 시작한 게 교육감 직고용 조례 제정이었다. 경기 수원지회장이 경기지부 운영위 회의에서 이거 청원운동이라도 해보자, 되든 안 되든 한 번 시작해보자고 했다. 그 때 본격적으로 말이 나오기 시작한 거다. 아마 2010년 초였을 거다. 하지만 진보 교육감 선출 문제, 전남 광주 학비 조직, 조직 통합 논의 등 다른 급한 일정 때문에 바로 진행하지 못하다가, 2011년 물방울소송단 투쟁 같은 일들과 함께 본격화됐다.

직접적으로 해고 문제를 해결하지 않으면, 학교라는 틀이 가진 한계를 뛰어넘지 않으면 조직화라든지 활동이라든지 보장받을 수 없다는 현실적 문제들 때문에 시작된 것들이다.

배동산

사례들을 얘기하기 전에 구조적 얘기들을 했는데 고용불안의 구조 요인이 크게 두 가지였다는 것을 짚고 넘어가자.

하나는 학교장 고용 문제이고 다른 하나는 무기계약으로 고용하는 것이 아니라 항상 기간제로 고용하는 것, 이 두 가지의 문제가 있었고 다른 하나는 상시지속업무에 대해 무기계약 고용 원칙을 확립하는 성과로 이어졌다.

교육감 직고용과 상시지속업무에 대한 무기계약 고용 원칙을 확립하는 과정을 우리가 투쟁해 왔던 것이고, 주요한 계기가 된 게 교육감 직접 고용 조례이고, 박근혜 정권 시절인 2013년 7월의 무기계약 전환과 교육감 직접 고용을 정부가 인정을 한 것, 이 두 가지다.

이시정

2010년 교육감 선거에서 6개 지역이 진보 교육감으로 선출되면서 서울이 가장 먼저 법률상으로는 2년 이상 근무 시 무기계약 전환으로 되어 있는 것을 1년 이상 무기계약 전환으로 바꿨고, 그 후 6개월 이상 근무하면 무기계약 전환으로 변화되는 과정이 하나 있었다.

이 고용안정 투쟁 과정이 바로 조합원들의 노조가입과 지도부가 세워지는 과정으로 연결된다. 해고 싸움하다가 간부가 된 사람들이 많다. 이복형, 안명자, 임정금 등이 해고 상담하고 막아내고 하면서 지도부로 나선 사람들이다.

현장에서 고용이 불안한 사람들은 거의 노조 가입을 안 했다. 무기계약 되고 나면 노조 가입하겠다는 사람들이 대부분이었다. 고용안정의 성과가 결국에 조직화로 자연스럽게 연결된 것이다.

이태의

제도가 점차 바뀌면서 1년만 근무해도 상시업무 무기계약 전환이 되고, 그 뒤에는 무기계약으로 채용하는 쪽으로 발전되어 왔는데, 그 전에는 사실 학교는 법도 필요 없는 곳이었다.

당시에 우리가 늘 말하고 듣던 얘기가 '학교 안은 무법천지다', '학교장이 곧 법이다', 였다. 일상적으로 해고나 차별이 벌어져도 저항하지 못하는 이런 구조, 이것을 깨는 것들이 중요했다. 초기에는 상담 같이 개별적으로 대응하다가, 점차 직종별 집단적 방식으로 전환됐다. 그래서 옥상 투쟁도 하고, 쇠사슬 투쟁도 하고, 천막 농성도 했던 그런 과정이 있다.

학교 안의 기본적인 법이나 고용과 관련해서 안 되는 것들이 있으면 노조가 개입했고, 집단적으로 저항하면서 직종별로 고용안정을 확산시켜나가는 과정들이었다. 이후에는 노조도 점차 조직적으로 대응하게 되었고.

배동산

2013년 7월 이후로 학교 회계직, 상시지속업무에 대한 무기계약 고용 원칙이 확립되면서 14년부터는 원칙에서 제외된 직종들의 투쟁이 발생했다. 14년 1월, 15년 1월 연달아 경북 초단시간 돌봄보육사 해고철회 투쟁을 벌였고, 영어회화 전문강사 해고철회 투쟁도 12년, 13년 쭉 이어졌다. 이 시기가 무기계약 전환 제외 직종들의 투쟁이 집단화된 시점이다.

이태의

2012년 11월 9일 최초 파업 후 파업권이 생기던 시기였는데, 12년 말에서 13년 초에 부산 방과후 코디네이터 초단시간들이 최초로 파업을 했다. 말 그대로 법으로도 보호받지 못하는 그런 형편이었는데, 그들이 집단으로 결의해서 파업을 했고, 집단 소송으로 이어졌다.

김유미

경남 사서들이 무기계약 전환 투쟁에서 이긴 경험이 있어 자신감을 갖게 되었다. 그래서 주위에 해고된 다른 직종들에게 적극적이고 자발적으로 격려하기도 했다.

노조 활동가들이 하는 말보다 같은 상황과 위치에 있는 사람들의 말에 쉽게 동화되었다. 싸워 이긴 경험을 말해주면 처음엔 반신반의하다가 계속 설득하는 과정을 거쳤고, 경남의 경우 교과 교실 행정인턴들이 해고 위기에서 집단적으로 투쟁해 승리했던 적도 있다.

이태의

경남하고 대구 사서들의 투쟁이 있기 전에 경북 사서들이 해고당한 일이 있었는데 해고 후에야 노조가 사실을 알게 됐다. 경북의 사서가 해고될 때는 노조가 대응 못 했다가 투쟁을 이어가던 중 경남의 상황을 알게 되어서, 저항하지 않으면 경북처럼 된다면서 적극적으로 설득하고 대응해 나갔다.

배동산

11, 12, 13년도까지는 노동조합이 사업 폐지 방식으로 벌어지는 집단 해고에 대해서 사실 강력하게 싸움을 하지 못했던 측면이 있다. 워낙 연말에 갑자기 만 명 가까운 해고 상황이 발생하니까 개별 상황 대응도 역부족이었다. 학교만 상대한다든지, 개별 상담만 진행한다든지, 교육청 면담을 한다든지 이런 형태의 대응은 했으나 강력하게 노동조합이 틀을 잡고 집단적으로 대처하기 힘든 구석이 있었다.

말씀하신 대로 노동자 스스로도 노동조합과 함께 이 문제를 해결해야 한다는 인식을 갖기가 좀 어려웠고, 오히려 무기계약 전환이 원칙으로 되고, 학교 회계 직종들의 고용안정이 이뤄지고 난 뒤에 발생된 집단적인 해고 관련된 일들은 노동조합과 함께 해 나갔다. 그게 2014년부터이다.

정인용

2016년 1월, 제주도교육청이 영어회화 전문강사 119명을 집단해고 했다. 본부 임원으로서 첫 임기를 시작하던 해였는데 무작정 제주로 달려 갔고, 조합원들과 함께 농성 투쟁을 하면서 집단 해고 투쟁을 승리로 만들어 냈다. 당시 투쟁에서 잊지 못하는 건 주눅들고 두려워하던 우리 조합원들이 아주 사소한 것부터 '우리가 목소리 내고, 함께 하면' 이룰 수 있다는 성취감을 갖게 된 것이다. 그러면서 농성은 날이 갈수록 힘이 붙고, 조합원들은 자신감이 생겼다.

김영애

2016년 2월 지자체 예산으로 운영되던 시흥지역의 해고철회 투쟁을 말하고 싶다. 10개월, 11개월 쪼개기 계약으로 5년을 근무한 사람들이 교육청 현관문 앞에서 '해고는 살인이다' 피켓을 들고 교육감 한번 만나자며 싸움을 시작했다. 학교장이 면접해서 뽑았고 교장에게 복무, 업무 보고 했는데 이제 와서 아무도 책임질 수 없다는 게 이해가 되지 않는다며 도대체 나의 사용자는 누구냐며 외친 거다. 박근혜 정권 공안 정국으로 좀 삼엄한 시기였는데 교육청 현관 앞에 앉아서 농성하는데 경찰이 왔고, 나를 포함해 7명의 여성노동자들이 번쩍 들린 채 강제 연행을 당했다.

문재인 정부가 들어서고 비정규직 정규직 전환 공약 발표가 있었다. 그 후 재판 받을 때 최후 발언에서 말했다. 경기도교육청의 나쁜 교육 정책이 힘없는 여성 노동자들을 범죄자로 만들었다고. 그렇게 매몰차게 학교에서 내쫓지 않았다면 정규직 전환의 희망을 가질 수도 있었다며. 마지막엔 목이 메이더라.

문재인 정부의 정규직전환은 영어회화 전문강사, 스포츠 강사를 비롯해 고용불안에 시달리던 학교 비정규직들에게는 한줄기 희망이었지만 결국 희망고문으로 끝났다. 그 중에서도 학교사회복지사들의 정규직 전환 투쟁은 안양교육지원청의 복지조정자 김선경 선생님의 눈물 어린 노력이 있었지만, 복지사들을 조직하던 중에 김선경 선생이 뇌지주막하출혈로 갑자기 생을 마쳤던 아픈 기억이 있다. 교육청의 표적 감사로 인한 극심한 스트레스가 원인이었다.

이태의

지금도, 올해 초만 해도 경기에서 무기계약전환에서 250명이 제외될 때 바로 청와대 비닐천막 농성 들어가면서 바로 복귀시킨 일도 있었다. 아직까지도 해고 문제는 학교 비정규직을 운영하는 여러 조건들, 한시적 사업 문제, 고용주체 문제, 예산 문제 등으로 다양하게 벌어지고 있다.

정권이 바뀔 때마다 교육 정책이 생기고 교육 정책에 따라 비정규직이 양산되고, 그 문제를 교육청에 떠넘긴 채 교육부는 일정기간만 예산 지원하다가 종결시키고. 이런 경우 교육청은 집단 해고 방식으로 문제를 해결하려 하는 악순환이 계속됐다.

초기 집단 대응은 교육부를 대상으로 정책을 함부로 만들고 함부로 폐기하는 과정에서 비정규직이 소모품처럼 사용되었던 상황을 가지고 집중 투쟁을 했는데, 그 이후에 점차 사안별로 예산 배정별로, 지역별로, 직종별로 체계적 대응을 할 수 있었다. 사용자성을 명확하게 한 부분이 중요하게 작용하기도 했지만 노조에서 각 사업의 성격에 맞게, 직종의 성격에 맞게 조직적으로 대응해가면서 해고 문제는 상당 부분 선제적으로 같이 대응할 수 있었던 부분이 있다.

이병수

2012년 대구에서 사서들이 한 명도 예외 없이 집단적으로 단식도 하면서 1년 동안 열심히 투쟁해서 무기계약 전환을 이뤄냈다. 이 경험이 이후 경남에 좋은 사례로 전달됐다.

김유미

경남에서 선발대가 대구로 가서 이병수 국장과 상담했고 경남으로 돌아와 토론회를 진행하고 했다.

배동산

2012년, 13년 시기를 지나고 난 뒤에는 해고 문제가 생기면 노동조합과 함께 해야 한다는 쪽으로 현장의 분위기가 많이 바뀌었다.

이태의

고용안정이 직종별로 순차적으로 진행됐다. 급식실, 교무실, 행정실 등 상시지속업무가 먼저 고용안정이 되고 그 후 사서가 되고 특수지도사가 되고 돌봄보육사가 되는 순서였다. 학교비정규직이 한꺼번에 고용안정이 된 게 아니다.

교육부에서 특별회계를 내려줄 때 이런 직종들은 정원 관리의 차원에서 총액 인건비를 규정해준 것이 있었다. 강제성은 없었지만 그 직종에 명시된 직종은 고용안정이 되고 그렇지 않은 직종은 통제가 안 되었다.

배동산

2013년 고용과 관련된 7.30 정부 대책이 나오면서 고용 관련해서는 어느 정도 안정이 되기 시작한 것이다. 상시지속업무 무기계약 고용 원칙과 비정규직 노동자들 중 1년 이상 근무자들을 대상으로 무기계약직 전환이 이뤄지고 13년에 어느 정도 완성이 되었다고 볼 수 있다. 교육부 지침을 따르지 않았던 서울을 제외하고.

이태의

진보 교육감 선거 과정에서 미리 결합되어 적극적으로 공약을 제안한 것도 짚고 넘어가야 한다. 경기, 강원, 서울 등이 결합되어 백서를 만들고 당선 이후의 이행 과제를 만드는 과정에 고용안정, 처우개선 문제를 반영시켰다. 물론 100% 공약에 반영되지는 못했지만 발표는 할 수 있었다.

2009년에 김상곤이 경기에서 진보 교육감이 되고 이듬 해 학교비정규직 처우개선 발표를 했다. 이게 최초였고 그 뒤 전국으로 확산되기 시작했다. 그 후엔 매년마다 교육청의 학교비정규직과 관련된 고용안정, 처우개선 대책들이 이어졌고, 교육부도 노동 정책 발표하면서 학교 비정규직 처우개선 대책을 발표하기에 이르렀다.

3_처우개선과 차별시정

이시정

차별 시정과 관련해서도 할 말들이 많을 것이다.

배동산

차별시정에 관해 크게 보면 한 쪽은 정부나 예산의 방식으로 된 측면이 있고, 다른 한 쪽은 교섭 투쟁의 방식으로 된 측면이 있다. 이게 교섭 시대의 개막과도 자연스럽게 연결된다.

2014년까지는 임금협약의 시대가 아니었다. 2015년 이후부터 임금 협약의 시대가 만들어진 것이기 때문에 2014년까지는 정부의 대책이나 예산의 반영 같은 방식으로 처우개선이 되어왔다면, 15년부터는 임금교섭 투쟁을 통해서 본격적으로 시작되었다.

이태의

2015년 이전에는 교육부 장관을 만나더라도 합의하고 발표만 했지 협약 체결 같은 건 없었다.

이병수

정부는 시간이 지나면 돈을 주는 대신 성과급 위주로 가려고 했고,

우리는 그것을 저지하고 어떡하든 호봉제에 준하는 것을 실현하려고 했다. 근속수당을 2만 원, 3만 원 계속 인상시켜 나갔다. 차별 시정에 관한 부분은 무엇보다도 밥값 문제가 특별했다.

유유

2011년 공무원들 임금 체계가 변경되면서 학교 비정규직의 임금 체계가 강제로 변경된 적이 있다. 그때 취업 규칙 개악 반대 투쟁을 전국적이고 대대적으로 벌인 게 '만 인 민원 물방울 소송단' 활동이다. 이 물방울 소송은 결국은 패소했지만 이 투쟁의 중요한 의미는 그때 학교 현장 노동자들이 처음으로 '취업 규칙'의 존재를 알게 됐다는 데 있다.

당시에도 전화 상담을 많이 했는데, 어느 날 한 회원이 전화해서 우리 조직에 가입한 사람은 학교에서 혼자인데 자기 혼자서 취업 규칙 개정안에 동의 안 했다며 그래도 되냐고 질문했다. 그래서 그러시라고 당당하게 반대하시라고…… 물론 과반수가 동의하면 취업 규칙은 통과되지만 원하지 않는 것에 반대할 권리가 있으니 당당하게 맞서라고 응원해 드렸다. 그 문제로 학교에서 불리한 처우를 하면 즉시 연락 달라고도 했고.

참 많은 선생님들이 혼자라도 반대해도 되냐며 상담 전화를 했던 기억이 난다. 그 사건으로 인해 전국의 학교 현장에서 차별받던 비정규직 노동자들이 '취업 규칙'이 존재한다는 사실을 알게 된 것이 중요한 의미라고 생각한다.

이태의

처우개선을 시기별로 보면 2009년, 2010년까지는 맞춤형 복지제도와 명절수당 등 정규직과 비교해 가장 차별받던 것들부터 시작했는데 당시 교육감이 당선 축하 선물로 주던 것들이었다.

2011년 물방울 소송단 투쟁이 시작되면서 2012년부터 제대로 된 임금체계로 바뀌기 시작했다. 물방울 소송단 투쟁은 그런 의미에서 중요한 사건이다. 소송단 7,000명이 최초로 조직되어 학교장과 교육감을 고발했고, 이중에서 경기도 대명고의 급식 조리사 김상윤 선생님은 체불 임금 지급 건으로 학교장을 최초로 고발하기도 했다. 구체적인 요구를 가지고 정부청사 앞에서 매일 계속 투쟁을 했다.

투쟁 이전에는 공무원 임금과 연동되어 바뀌던 임금 체계였는데 2008년, 2009년 공무원 임금이 동결되면서 우리도 동결됐다가 공무원 임금이 올라갈 때 우리는 안 올라가는 이런 일들이 생겼다. 그 사실이 우리를 열 받게 했다.

2012년 임금 체계가 바뀐 것은 학교 비정규직 임금 체계가 현재에 이르게 되는 데 아주 중요한 계기가 됐다. 7,000명이나 되는 소송단이 만들어지고 실제로 임금 투쟁을 조직적이고 집단적 방식으로 집단적 저항을 했던 것, 학교 비정규직 처우개선 과정에 아주 중요한 의미를 갖는다.

배동산

그 방식으로 14년까지 이어졌고, 15년부터 본격적인 임금교섭의 시대가 열렸다. 밥 값 투쟁부터 임금협약이 되는 것이다.

이태의

국회에서 두 가지를 받아냈다. 하나는 근속수당 2만 원 올리는 것, 또 하나는 명절수당 받는 것. 이 두 가지를 국회에서 두 해에 걸쳐서 받아냈고, 이후에 임금교섭하면서 조금씩 더 올리게 되었다.

배동산

정부 대책으로서는 2011, 2012년 국회에서 처우개선을 한 게 중요하고, 14학년도부터 적용된 무기계약 고용원칙에 의한 근속수당 2만 원 인상이 있다.

이태의

2009년 전회련 설립 초기 조합원들의 요구는 월급 100만 원만 됐으면 좋겠다는 것이었다. 그 후 계속 수당 만들어가면서 실제로 100만 원이 넘었고 지금까지 투쟁이 이어져오면서 교육청이나 조합원 일부에서는 이 정도면 됐다는 시각이 있기도 했다.

임금 구조 자체가 임금을 구성하는 여러 가지 수당이 포함된 것이고, 호봉제까지는 아니지만 근속수당으로 비슷한 임금 수준을 만든 것이지 임금 차별을 해소하기 위한 근본적인 개선이 이뤄진 것은 아니다.

처음에는 월급 100만 원에서 그 다음에는 1년이나 10년이나 똑같다며 임금 체계의 문제를 적극적으로 제기했고, 또 밥값도 못 받는 비정규직 문제라든가, 매 해 이슈를 만들어 조합원한테 던지고 모아내고 이런 걸 투쟁을 통해서 관철시키는 과정들이 중요했다고 본다. 처우개선을 조합원들과 함께 해나가는 방식, 조합원들의 요구나 정서에 집중해서 현장의 요구들을 참여시키는 방식은 의미가 컸다.

배동산

현장의 생생한 구호들이 있었는데 비정규직이라 기본급에서 근속의 가치를 인정 못 받는 부분에 대해서는 '1년 일하나 10년 일하나 똑같다', 현장에서 직접 나온 목소리들이었는데 사회적으로 설득력이 있었고, 또 '밥값도 차별받는 비정규직', '비정규직이래서 조상님 죄송해요', '차례상도 못 차리는 비정규직', '명절이라 서러운 비정규직', 등 차별과 관련된 많은 부분들이 현장에서 다양하게 터져 나왔다. 또 '우리는 학교의 구성원이 아닌가' 라며 상여금 문제를 제기한 것도 있고.

현장에서의 요구나 분노를 주요한 임금교섭 요구 또는 사회적인 요구로 만들어 해마다 조금씩 개선해온 역사가 조합원들에게 큰 자신감을 줬다.

정인용

2013년 학교 비정규직 임금 항목에 '정액급식비'가 생겨났다. '밥값도 못 받는 비정규직'이란 이슈가 사회적으로 공감을 일으켰고, 그해 국회 앞 농성, 상경투쟁 등을 가열차게 진행하면서 '급식비'를 쟁취했다. 2017년 생겨난 '근속수당'은 1년 일하나, 10년 일하나 같은 월급을 받는 학교 비정규직 동자들의 '근속 경력'을 인정해준다는 점에서 의미가 있다.

김유미

급식비 문제의 경우 당시에는 공무원, 교사들도 우리와 같이 급식비를 다 냈기 때문에 문제가 있는 줄도 몰랐다. 똑같이 내는 거라고만 생각했던 거다. 나중에야 알게 된 사실은 공무원과 교사는 따로 급식비를 받고 있었던 거다. 우리가 어떤 처지에 놓여있는지 현실파악 조차도 하지 못했다. 우리가 차별받고 있는지 조차도 느끼지 못 한 거다. 노조를 알게 되면서 밥값을 받는 사람과 받지 않는 사람이 있다는 것을 알게 됐고. 임금에 있어서도 그 차이를 더 확실히 알게 되었다.

공무원들은 교사와 동일하게 근무시간 적용이 되는데 우리만 제외된 일이 있었다. 교사나 공무원들은 퇴근하는데 우리만 남아있어야 했다. 밥값 같은 경우에는 눈에 보이는 게 아니어서 나중에 내가 더 받을 수도 있겠다는 희망을 가지는 정도로 끝났는데, 노동시간 문제는 차별이 눈에 확연하게 보였다.

행정실의 경우 남아있는 비정규직 한 사람의 자리를 제외하고 퇴근하면서 불을 꺼버리기도 했다, 교무실을 잘 지키라며 나가는 일도 있었다. 함께 출근한 사람들 중 정규직은 모두 퇴근하고 비정규직만 한 사람씩 남는 상황이었다. 이 일 이전에는 노조에 가입이 되어 있어도 차별에 대한 분노나 시정 요구를 적극적으로 하지 않았는데, 근무시간 단축 문제는 직접적으로 드러났기 때문에 노조를 통해서 시정을 했던 기억이 난다.

이시정

현장의 큰 요구 중 하나가 호봉제와 근무시간 차등에 관한 문제였다.

근무시간 차등 문제는 비교적 꽤 일찍 해결되기도 했다. 당시에 이 문제를 해결하기 위해 자세히 들여다보니 교사들만 8시간 노동이었고 공무원도 받지 못하는 상황이어서 우리만 적용해달라고 말하기 어려운 상황이었다. 그래서 기능직 공무원들과 함께 근무시간 차등을 해결하기 위한 공무원 복무 조례를 만들기 위해 노력했는데, 서울에서 최보선 의원을 통해 교사와 차별하지 않는다는 조례를 넣게 하고, 비정규직도 차별하지 말라는 내용을 포함시키는 방식으로 문제를 해결했다.

배동산

교사는 점심시간도 교육의 연장으로 보기 때문에 교사의 출근부터 퇴근까지 8시간 근무제이다. 점심시간 빼면 7시간 근무하는 것이다. 교사만 특별히 허용하고 있었는데 우리도 교사와 같이 8시간 근무제를 적용시켜 달라고 요구를 했다.

당시에 공무원은 9시간 노동을 하고 있어서 공무원까지 8시간을 허용하게 하면서 비정규직을 포함시킨 것이다. 하지만 초등학교는 아직 바뀌지 않고 있다. 학교별로 사립이냐 공립이냐에 따라서 적극적으로 받아들여지지 않고 있기도 하다.

이준형

현재 8시간 근무제를 하고 있지만 아직도 우리는 최저임금을 못 받고 있는 상황이어서 교육청에 문제제기를 해보니, 노조에서 공식적으로 문제제기를 하지 않고 공식적으로 소송도 하지 않아서 그랬다고 했다. 문구상으로 보면 8시간 노동에 30분간 무조건 휴식시간을 줘야 한다.

이병수

직종별로 근무시간이 동일해져서 좋은 것은 집회잡기 편하다는 거다. 예전에는 근무시간이 달라서 파업하기도 힘들었다. 급식실은 빨리 끝나고 사무직은 늦게 끝나고, 시간도 어느 학교는 4시, 어디는 5시, 저기는 6시 등 시간 조정이 보통 힘든 게 아니었다. 이제는 4시 30분에 일 마치니까 5시 30분으로 하면 되니 문제가 없다. 노동시간이 일괄적으로 바뀌고 나서 파업하기도 쉬워졌다.

이태의

처우개선 문제로 한 가지 고려해야 하는 게 동일노동 동일 임금의 원칙에 따른 우리의 요구다.

교사 직군과 공무원 직군이 비정규직과 같이 있기 때문에 우리의 처우개선 임금의 요구 수준이 그들을 기준으로 삼고 있다. 지금은 상당히 많은 변화가 있지만 여전히 우리는 차별받고 있고, 지속적으로 처우 개선과 관련된 투쟁을 강화시킬 수밖에 없는 이유가 현재의 동일노동 동일임금은 정부가 말하는 것과는 다르다. 우리 노조가 잘 한 건 현실적 목표가 있지만 우리가 지향한 것들을 스스로 낮추거나 포기하지 않았다는 것이다.

김영애

노동조합이 생기기전 우리의 급여명세서는 달랑 기본급 한 줄, 참 깔끔했다.

밥값, 교통비 등 수당은 하나씩 차별을 시정해 갔지만 기본급 도전은 하지 못하다가 2016년 경기지부장을 하던 당시에 기본급 10% 인상과 정기상여금, 명절휴가비 인상을 전면에 걸고 투쟁했다. 임금교섭이 막바지에 다다른 7월 1일, 경기도교육청 앞 퇴근 집회를 결의했는데 설상가상으로 아침부터 내리던 비가 점점 굵어졌다. 비가 오는데 집회하냐고, 전화에 문자에 하루 종일 불이 났고, 집회가 시작되자 갑자기 시간당 200mm의 물폭탄이 경기도 교육청에 떨어졌다.

1,000명의 사람들이 우비 위에 투쟁 조끼를 입고 우비 모자 위에 초록 모자를 쓰고 한시간 동안 서서 집회를 했다. 그 폭우에 꼿꼿이 서있는 사람들을 보며 너무 안쓰럽고 가슴이 미어져서 미안하다, 고맙다는 말만 반복하며 울다가 연단에서 내려왔다. 그 때 조합원 한 명 한 명을 생각하면 지금도 자랑스럽고 안쓰럽고 미안한 마음이 들곤 한다. 그 투쟁 이후 우리는 사상 처음으로 기본급 1% 추가 인상을 만들었다. 기본급 1% 인상도 이렇게 힘들게 싸워야 겨우 얻을 수 있는 게 우리 비정규직의 현실이다.

배동산

노동 시간뿐만 아니라 휴가, 병가, 연차 문제 등도 차별시정에 포함된다. 비정규직은 아파도 쉴 수 없었다. 질병 휴직, 병가, 대체 인력 문제 등 노동의 과정에서 발생하는 차별적 문제까지 그동안 쭉 개선해 왔던 역사가 있다. 현장에서는 이 부분을 특히 크게 느낀다.

이태의

2009년 초 국정감사를 위한 국회의원의 요구로 설문조사를 한 적이 있다. 아픈 적 있냐, 지금 아프냐, 아픈 데 쉰 적 있느냐 등의 내용으로 조사를 했는데 90%이상이 바로 치료를 받아야 하는 현실인데 연가 사용은 1년에 0.21%, 10명이 1년에 하루도 쉬지 못하는 실정이었다. 말 그대로 골병 들지 않고 일할 권리, 그 당시에 외쳤던 구호였다.

김미경

우리 지역 과학실무사의 죽음도 많은 교훈을 남긴 사건이었다. 노조 활동으로 병가나 휴가가 생기긴 했지만 그 당시만 해도 현장에서 당당하게 쓸 수 있는 상황은 아니었다. 유급이 며칠인지, 병가를 쓸 때 어떻게 활용하는지, 휴직 할 수 있는 권리가 있는지도 우리는 몰랐다. 고인이 된 과학실무사의 경우 가장 안타까운 건 나이가 좀 있고 근무 환경이 변하는 직종통합 문제로 스트레스를 받던 상황에 당뇨가 심해졌는데 관리자들이 휴가 체계에 대해 충분히 알려주지 않았다. 관리자가 정확히 고지했고 본인이 알았다면 더 잘 활용할 수 있었고 그런 비극을 초래하지도 않았을 것이다. 그 분이 행정실과 대화 나누면서 느낀 건 압박감과 암담함이었다.

그 일로 우리가 배운 건 동지가 억울한 상황으로 죽음에 내몰렸음에도 불구하고, 언론의 관심을 받고 조합원들에게 인터뷰 요청이 들어가고 하는 상황에도 조합원들은 동지를 위해 나서지 못했다. 그 학교에는 분명 우리 조합원들이 있었다. 지금 같으면 그러지 않지만, 당시에는 기자들이 우리를 찾아오지 못하게 해달라며 노조에 전화하고, 우리 학교 얘기가 더 나오지 않게 해달라며 전화하고.

나랑 이태의 전 대표가 학교에 꽃을 놓으러 갔을 때 노동조합을 하는 것과 현장에서 동지를 지켜내는 것이 하나로 이뤄지기 힘들다는 걸 깨달았다. 조합원들에게 권리를 알려내고 주지시키는 게 중요하다는 걸 알게 되었고, 그때부터 교육을 확대시키고 교육청 교육마다 노동조합 교육을 전면에 배치하기도 했다.

이시정

처우개선의 역사에서는 대체로 우리가 교사나 공무원들을 따라 가는 과정인데 최근엔 우리가 공무원들을 조금 앞서기 시작한 것, 우리가 먼저 만들어 나가는 것이 생겼다. 우리가 재량 휴일을 확보한 뒤, 공무원들이 이름을 바꿔 학습 휴가로 따라오기 시작했다.

이준형

최근엔 재량 휴일을 없애고 단기 방학으로 바뀌어 가고 있다. 그런데 단기방학은 방학이냐 아니냐의 문제가 있고 공식적으로 단기 방학은 방학으로 되어있지 않다. 교육부에서는 방학이라고 규정을 안 지었는데 지금은 바뀐 건지 모르겠지만 예전에는 그랬다. 그런데 학사 일정은 동일하게 나온다. 재량 휴일이든 단기 방학이든 만약에 185일이 근무일이면 똑같이 맞춘다. 이게 학교의 개념이다. 재량 휴일은 휴가로 되어있었는데 단기 방학은 휴가가 아니다 보니까 출근을 해야 하나 말아야 하나, 쉬려면 휴가를 내야 하나, 등의 복잡한 문제들이 있었다.

이태의

모범 사례 지역과 비교해 어디는 며칠인데 우리도 며칠을 달라며 지역마다 싸움을 계속 해왔다. 전북이 병가 60일을 땄을 때 비교표를 만들었다. 단협할 때 항상 비교표를 만들어 지역을 비교해보고 부족한 지역들은 확장해 나가곤 했다.

지금도 유효한 사례라고 생각한다. 지역마다 중요한 사례를 만들고 다른 지역으로 확장시켜 나가는 것 말이다.

이병수

개인적인 고민은 처우개선 문제가 지금까지는 공무원 대비 부족한 부분을 채우는 쪽으로 집중하고 하고 있는데, 이제는 우리도 생활임금을 기준에 두고 공무원 대비에서 일반 노동자 대비로 점점 변화해야 하지 않을까.

교육공무직법 발의가 취소되었을 때 공무원과 동일하게 요구한다는 점을 악용한 부정적인 여론도 있었고 실제 교섭 들어갔을 때는 우리와 협상하는 사용자들이 72%에 도달했다, 80% 도달했다 이런 식으로 나오며 우리 임금교섭을 힘들게 하고 있다. 앞으로는 일정 임금을 정해 놓고 그 목표를 향해서 가야하지 않을까, 생활임금에 대한 적정 기준을 다시 정해야 하지 않을까 생각한다.

배동산

그 부분은 향후 방향으로 생각해야 할 문제인데 공무원의 임금이 사실상 생활임금이다. 생활임금이 최저임금 수준이기 때문에 생활임금이나 공무원 임금이나 사실 다르지 않을 거라고 생각한다. 사실 어떻게 포장하느냐의 문제일 수 있다.

교섭의 과정을 보면 초기에는 지렛대 전략이라고 해서 한 두 군데를 먼저 뚫어내고 그걸 지렛대로 삼아서 전국으로 확산하는 방식으로 처우개선을 계속 해왔다. 구체적으로 예를 들면, 진보 교육감 지역인 전북이 병가를 유리하게 또 다른 곳엔 무엇을 따내고 등 각각 여러 개의 지렛대들을 만들어서 시간은 걸리지만 전국적인 상황이 되도록 했다. 이런 방식은 우리의 주요한 전략이었다. 최근 좀 바뀐 것 중의 하나는 이게 지역의 편차로 이어지자, 그것을 해소하기 위해서 2017년부터 집단교섭을 전국에서 통일적으로 하고 있다. 지렛대 교섭의 방식과 집단교섭이 같이 가고 있는 것이 현재의 처우개선과 관련된 중요한 사항이다. 집단교섭의 시작도 처우개선과 차별 시정에 관해서는 중요한 사건 중의 하나라고 생각한다.

이태의

교육공무직 사진 중에 가장 많이 사용되고 있는 밥그릇 들고 행진하는 사진으로 대표되는 밥그릇 투쟁도 꼭 말하고 싶다.

국회 산업은행 앞에 농성장을 차렸고, 전국 각 현장에서 조직된 6,000명의 릴레이 단식단이 전부 인증샷을 보내왔다. 현장을 참여시키는 이런 전통적인 투쟁방식은 우리 노조가 지속적으로 이어온 전통과도 같다. 현장에서 도착한 밥그릇 인증사진을 모아 대형 걸게그림을 만들었고, 조합원들이 그걸 들고 행진했다. 과정 하나하나도 가슴 벅찼고 그 사진을 볼 때마다 뿌듯해지는 사건이다.

배동산

조합원 한 명 한 명이 만들어간 상징물이다. 우리 노조는 조합원들이 전국적으로 흩어져 있는 상황이라서 더욱 의미 있었다.

4_ 파업 투쟁

이시정

2012년 11월 9일 첫 파업을 하고 해마다 파업을 해오고 있는데 현장 파업투쟁과 관련된 이야기를 집중해서 해보자.

이병수

학교에서 세상 밖으로 나온 투쟁이라는 점을 짚어볼 필요가 있다.

김유미

단지 개인적인 경험을 떠나 학교 비정규직들이 파업을 하고 난 이후 학교의 분위기, 기운이 달라졌다는 건 분명히 느끼겠더라. 그들이 우리를 보는 눈길이나 말하는 태도가 조심스러워졌다. 파업을 계기로 이전과 확실하게 달라졌다. 말도 조심하고, 뭔가 태도를 갖추려 하고 신경 쓰는 게 느껴졌다.

김미경

첫 파업 결의하고, 외부 압력이 너무 심각했다. 노조 만들고 처음이어서 어느 누구도 이렇게 빨리 단체행동을 할 거라 생각 못했고, 우리도 자신감이 없었다. 그 시절 파업의 가장 큰 의제는 월급보다 근속수당이 없어서 급여가 모두 같은 것이 컸다. 바로잡을 수 있는 명분이 확실한 사업이라는 확신이 있었다. 그리고 조합원들이 직종별로 뭉치면서 단체 행동을 처음 하는 것에 대해 반대 세력인 학부모가 움직이기 시작했다. 청주 시내에서 큰 학교가 추가되면서 언론도 움직이며 술렁이기 시작한 상황이었다. 모든 언론은 아이들을 볼모로 잡았다며 우리를 공격했다. 충북은 급식분과가 주력이어서 파급력도 컸다.

처음 나오는 조합원들도 자신 없게 시작했다. 교육청에서 우리가 원하는 답변을 바로 내주지는 않아서 2차 파업을 이어갔다. 나오기 전에는 자신이 없었는데 1차를 나오고 나서 자신감을 얻게 되었다.

타깃이 된 학교는 우리 학교였다. 학부모들이 내 방 앞에 몰려왔다. 피켓을 어디서 만들어 가지고 왔는데 딱 봐도 교육청에서 만들어준 것 같은 내용이었다. 당시 채려목 국장이 사진과 영상 찍어서 불법집회 신고하겠다고 하고 부당노동행위로 교장을 신고한 사건도 그 상황이었다. 운영위원과 자모회 모임에 불려 나가 내년부터 파업하지 않겠다는 각서를 쓰라는 협박과 회유도 받았다. 우리 학교를 주저앉히기 위해, 첫 파업 후 교장의 분이 안 풀려서 압력이 더 심해졌다.

최영심

우리가 아직도 노조스럽지 않다는 이야기를 하는데 첫 파업 때는 얼마나 우리가 노조스럽지 않았겠나. 전북은 첫 파업 때 몇 학교가 나오는지 파악도 못 한 채 파업을 했다. 당사자인 우리가 몰랐고 예측도 할 수 없었다. 총파업 전 날, 우리가 내일 파업을 할 수 있을까 없을까도 확신이 안 갔다. 정읍에 한 학교, 전주에 나, 이렇게 너하고 나 둘만이라도 파업을 하자고 결의한 상황이었다. 너는 너희 교장한테 가서 이야기하고 나는 우리 교장한테 가서 이야기하는 거다. 일단 이렇게 지도부 두 명이 교장한테 말하러 갔다.

말하러 가기 전에는 말할 타이밍 잡는 것도 고민이었다. 교장 기분이 괜찮은지 안 좋은지, 바쁜지 안 바쁜지 그렇게 온갖 상황을 따져서 올라간 거였다. 파업하겠다는 말을 하기 위해 2층에 있는 교장 사무실까지 올라가는데 손발이 다 떨렸다, 진짜로. 입도 바짝바짝 마르고. 겨우 말하고 나서는 오히려 시원했다.

파업하는 날엔 날씨가 왜 그 모양인지…… 전북엔 그 날 비가 엄청 왔었다. 전북은 다른 조직과 연대가 안 이루어져 우리 노조만 파업을 했다. 교장실에 올라가서 준비한 교섭 내용들을 합의하고 내려왔는데 가장 먼저 우리 조합원들이 눈에 들어왔다. 내리는 비를 그대로 맞고 서 있는 조합원들, 음향 기계는 소중하니까 망가지면 안 되니까 비를 안 맞게 처리해 놓은 걸 본 순간 마음이 많이 아팠고 화가 치밀어 올랐다.

유유

2012년 첫 파업 때는 울산에 있었다. 당시 울산지부는 조합원이 100명 남짓이었다. 파업 2일 전까지 파업 결정을 못 하고 엄청 고민했던 기억이 난다.

그때 특수학교에 재직 중인 '특수보조(현재는 특수교육지도사 또는 특수교육실무사로 명칭이 변경된)' 조합원 40명이 파업 참가 결정을 내리면서 울산지부도 파업에 동참했다. 울산지부 조합원의 약 70%가 파업투쟁을 했다. 조합원 수가 적어서 더 기를 쓰고 투쟁했던 기억이 난다. 기억에 남는 에피소드가 있는데, 보통 노조가 파업하면 경찰차가 엄청 오는데 우리가 파업 중인 도교육청 앞에 경찰차가 한 대도 안 보여서 실망했다. 우리도 노조고 우리도 기를 쓰고 하는 파업이었는데 말이다.

배동산

첫 파업 때 기억나는 것 중 하나가 본부 팩스기였다. 그 시기에는 파업할 때 하루에 몇 십장씩 가입원서가 들어왔다. 파업하려면 조합 가입이 원칙이었기 때문에 가입 폭주의 계기가 되었다. 수십 장씩, 매일 쏟아졌다. 의외로 소심해 보이는 조합원들이지만 숨어있는 마음의 분노들이 있었기 때문에 그게 노조 가입이라는 형태로 폭발한 것이다. 팩스기가 하루 종일 열일하면서 끊임없이 가입원서를 쏟아냈다.

중앙도 규모를 파악할 수 없기는 마찬가지였다. 지부가 인원 파악이 안 되니 본부도 되지 않았다. 이미 학교 비정규직의 파업은 사회 문제화 됐고, 기자들이 참가 규모가 몇 명이냐, 급식실은 몇 개 학교가 서는 거냐고 묻는데 우리도 수만 명이요, 라고 애매한 대답밖에 못 했다.

몇 개가 서는지는 우리도 모르겠어요, 교육부나 교육청에 물어보세요, 그렇게 답할 수밖에 없었던 2012년 11월 9일의 첫 파업, 날짜도 좋았다. 다들 119파업으로 불렀다. '학교 비정규직을 구하는 119도시락 데이'

라고 명명했다. 민주노총 차원에서 공동 지원 활동들을 했고, 학교 비정규직연대 차원에서 '도시락데이'라고 해서 도시락 싸기 운동을 벌이고, 학부모까지 동참시키려고 노력했다. 학부모 연대 여론전에 공을 많이 들였다.

최영심

노조스러운 걸 떠나 지도부는 또 얼마나 지도부스럽지 않았는지(웃음) 당시에는 지부장인 나도 연대라는 말을 몰랐다. 참석자가 몇 명인지 모르는 상황에 당일엔 사람들이 죄다 마스크에 눈까지 가리고 왔다. 처음엔 11월이니까 추워서 가렸나 생각했다. 아무튼 다 가리고 왔다. 물론 나도 부분적으로 가렸고.

근데 교육청 담당자들이 나를 찾아와서 '남원에서는 왜 오는 거예요'라고 물었다. 뭔 소리를 하는지 몰랐다. 그래서 '나도 몰라요' 했던 기억이 난다. 남원의료원에서 연대하러 온 걸 몰랐던 거다. 아무도 나에게 말해주지 않았으니 당연히 몰랐다. 내가 알고 있는 건 어디에선가 사람들이 많이 왔다는 정도였다. 이제 와서 생각해 보면 그게 '연대'였던 거다. 얼마나 노조스럽지 않은 노조의 지도부스럽지 않은 지부장이었던지, 지금도 그 때를 생각하면 웃음이 난다.

김영애

2016년 경기지부장 임기 시작되고 2달만에 치렀던 첫 파업이 기억난다. 당시 4.13 국회의원 총선을 앞두고 있어 사회적 의제를 만들어 보자는 정책적 요구가 있었고 4월 1일에 파업을 무조건 해야 했다.

당선 한달 만에 쟁위행위 찬반 투표 마치고, 신학기가 시작된 바쁜 학교를 찾아다니며 한 달을 빡세게 조직해 파업을 만들었다. 그러고 나서 본부 운영위 회의에서 눈물을 쏟으며 화를 냈다. 상근인력 6명으로 1만 명이 넘는 조합원 찬반 투표 받고 한달만에 파업 조직하는 게 말이 되냐고, 당장 인력 더 내놓으라고. 고된 시간을 보낸 뒤의 하소연을 눈물로 폭발시키며 항의했던 어리숙했던 지부장이었다.(웃음)

정인용

파업투쟁은 언제나 설레고 긴장되지만 역시 가장 기억에 남는 파업투쟁은 2012년 첫 파업이다. 당시는 학교 현장에 있을 때였는데 경기지부는 파업 당일 아침 학교 앞 선전전을 하고 파업집회장으로 모이기로 했다. 그런데 나도 물론이고 다른 조합원들도 '내 학교' 앞에서는 선전전을 하기는 걸 부담스러워했다. 그래서 옆학교나 다른 조합원들의 학교 앞으로 가는 식으로 학교를 바꿔 선전전을 하기도 했다.

이병수

파업을 하기로 하고 우리 조합원들이 파업 공문을 달라고 하는데 줄 수 없었다. 다들 합법 파업이라고 하니까 조합원들은 공문이 당연히 있다고 생각한 거다. 학교는 모든 일이 공문에 의해 움직이니까. 그런데 파업 공문이 어디 있나.(웃음)

이시정

공문이 학교의 큰 특징 중 하나다. 공문에 의해 움직이는 게 일상화되어 있다 보니 공문이 와야 현장이 부담 없이 움직일 수 있는 거였다. 그래서 조직화 사업 시에 공문이 나갈 수 있는 사업을 활용하려고 노력했다.

공문 문제는 2018년 경기도 파업할 때도 있었다. 파업공문이 왜 안오냐고, 공문이 와야지 나가도 문제가 없다며.

이준형

학교의 모든 업무는 나이스에 기록해야 하고, 복무 다는 게 기본인데 복무 달려면 공문이 있어야 되는 거고. 사실은 이번 파업 때 한 지회장 학교에서 지회장이니까 복무 달 필요 없다고 했는데, 학교와 행정실에서 복무를 달고 가야 한다고 하고, 우리는 파업하러 가는데 복무를 왜 다느냐고 하고, 서로 시비가 붙었다. 어떤 지역청에서는 파업 때 복무 달아야 하느냐를 묻는 전화도 왔다고 지회장도 헷갈려서 우리에게 전화를 했다. 그래서 우리가 복무 달 필요 없다고 학교에다 말해주었다. 아직 이렇게 기초적인 것에 대해서 학교도 교육청 사람들도 모른다, 우리가 가르쳐주지 않으면.

이시정

현재 나이스에 복무 다는 것도 두 가지로 의견이 갈린다. 파업인데 왜 복무 다느냐고 하는 쪽과 파업임을 당당히 알리기 위해서 복무를 다는 운동으로 하자는 쪽, 어느 방향으로 할지 아직도 논란 중이다.

배동산

복무 란에 파업이나 쟁의 행위 항목은 없다. 파업이 없어 기록에 어려움이 생기자 기타 항목이 생겼고 거기에 파업, 쟁위행위 라고 올리는 사람들이 생겼다.

최영심

첫 파업 때는 파업이란 게 우리에게 무서운 일이었는데 학교 아이들이나 선생님들한테는 부러운 일이었다. 교사들은 우리가 파업권이 있어서 파업도 할 수 있다는 걸 부러워하기도 했다. 학생들한테는 자연스럽게 인식을 바꿀 수 있는 노동 교육이 되는 것이고, 의식이 깨어 있는 교사들은 급식이 안 되니까 단지 도시락을 싸오라고 하지 않고 각자에게 반찬 한 가지씩을 싸오라고 해서 비빔밥 데이로 만들기도 했고, 급식이 멈추는 파업일을 요리 실습일로 만들기도 했다.

우리한테는 참 무서운 일이었지만 교육현장에서는 그걸 승화시켜 교육으로 바꿔냈던 것도 멋진 일이었다. 어쩌면 우리 파업보다 그게 더 큰 성과라고 생각한다.

이태의

실제로 이후에 학생들을 상대로 한 교수학습에 교과 항목으로 들어 갔다. 학교 비정규직 파업에 대해 토론하게 했다. 파업을 둘러싼 학교의 모든 것이 하나의 교육 내용에 포함되는 계기가 됐다. 예전엔 상상도 못 했던 것들이 실제 교육 현장에 적용되고 있는 거다.

최영심

중학생들은 파업을 왜 하는 거냐고 물었다. 그래서 파업의 이유를 차근차근 설명해줬더니 파업하는 날 쪽지로 우리 파업을 응원해주기도 했다.

이시정

중요한 지점이다. 학교 비정규직 노동운동이면서 교육운동의 의미 도 가진다. 아이들이 최초로 파업을 겪어보는 게 우리 투쟁과 맞물려 있 다. 앞으로 이 부분을 더욱 주목해서 학생들을 상대로 한 사전노동교육의 일환으로 방안을 찾아가야 할 것이다. 처음으로 파업이라는 걸 밥이 안 나와서 도시락을 싸가면서 경험한다든가 이런 계기가 되는 거니까.

배동산

실제로 전교조가 우리 파업과 관련해 그런 행동을 실천했다. 119 파업 때 전교조 중등 조합원들은 학교비정규직 파업에 관련된 계기 수업을 내려주면서 학교마다 진행했다. 그 이후 학교 비정규직이 전국적으로 파업할 때마다 계기 수업들을 해왔다.

이태의

노조도 그동안 많이 세련돼졌다. 첫 파업이후엔 대자보를 붙여서 교직원과 학생, 학부모들에게 우리의 파업을 알리기도 했다. 반응도 좋았고 점차 나아지기 시작했다.

이시정

파업 특징 중의 하나가 초기만큼은 아니지만 여전히 파업 때 노조 가입율이 높다.

얼마 전까지만 해도 규모 있게 폭증하다시피 했는데 최근에는 그 정도까지는 아니지만 파업에 참가하려고 가입한다거나 파업에 참가시키려고 가입을 독려한다거나 한 결과일 것이다. 우리의 파업 수치가 지부나 분과를 통해 이제는 확인이 되는데 항상 우리가 확인한 것보다 교육청에서 파악하는 숫자가 더 많다.

실제로는 파업 집회는 안 나오면서 파업한다고 신청하고 휴가로 쓰는 사람들이 많다. 그래서 교육청 수치가 높은 것 같다. 집회 참석은 안 해도 복무를 달아 놓는 사람도 많기 때문이기도 하고, 집회는 안 가도 파업을 달아 놓아야 교섭력이 좋아진다고 생각하기 때문에 달아 놓는 사람도 많다. 또 올 해 파업 특징 중 하나로 직종 파업이 활발하게 전개되기 시작했다는 것도 짚고 넘어가야 할 것이다.

오래된 일인데 기억나는 에피소드가 하나 있다.

전북에서 조례 제정 토론회 할 때 학교 행정실장들이 참석했는데 토론회 끝난 뒤 자기들끼리 하는 얘기를 우연히 들었는데, '이 에너지를 교육으로 쏟으면 얼마나 좋냐', '정부가 나서서 빨리 해야 한다' 이런 말들이 오고 갔다. 그래서 내가 '제대로 된 조례 제정해서 그 에너지 전부 교육에 씁시다', 했지.

이병수

2018년 파업 끝나고 행정실장과 교육공무원들이 교육공무직이 갑질한다고 말하기 시작했다. 교육공무직들은 자신들과 달리 파업도 하고 할 얘기도 다 하고 그러니까 우릴 부정적으로 보는 시선도 있다.

임정금

대구는 파업하기 전에 집행부 전임자들이 각 학교로 가서 교장을 면담하는데, 파업할 거라고 급식실이나 사무직한테 부당노동행위 하지 말라고 미리 경고를 해준다. 교육청에서 내려온 공문을 보여주며 자세한 사례들을 얘기해주면 어떤 교장은 방방 뜬다. 사무직은 뭘 하던지 신경도 안 쓰는데 급식실은 단 하루도 안 된다며 교장이 혼자서 화내며 막 뒤집어지기도 했다.

면담 끝난 뒤 선생님들을 미팅한다고 미리 알려주면 어떤 교장들은 쫓아 나와서 얼굴이 시뻘겋게 되어 가지고 녹음하겠다며 협박하기도 했다. 그러면 우리도 녹음하겠다고 대들었다. 교장들이랑 엄청 싸웠다.

최영심

파업한다고 알리면 교장이 미리 불렀다. '불만이 뭐유'하고 물었다. 주요한 안건은 수당과 관련된 것이지만 그 기회를 이용해 학교에서 느끼는 불만을 큰 거부터 작은 거까지 다 털어놓기도 했다. 교장이 자신이 할 수 있는 작은 것들을 해결해주겠다며 파업을 무산시키기도 했다. 학교 안의 작은 문제들은 파업 자체가 압박이 되어 교장 선에서 해결되기도 했다.

이준형

우리도 그런 사례가 있다. 퇴직금 문제가 잘 안 풀리고 있던 상황이었는데 이번 파업 때 ○○초등학교는 급식실이 파업 나간다고 하니까 교장이 불러서 무슨 이유냐고 물으며 자신이 해결해줄 수 있다고 했다. 조합원들이 퇴직금 때문이라고 말했고 교장이 당장 해결해준다고 해서 조합원이 우리한테 전화를 했다. 그래서 그 선생님들한테 지금 바로 사인을 받으면 파업에 안 나와도 되고, 안 해주면 나오라고 전했다. 오목초등학교는 그렇게 해서 바로 교장에게 사인을 받아냈다.

오목초등학교와 관련된 사건이 하나 더 있다. 돌봄전담사가 두 명이 있었는데 한 사람은 파업에 참가할 예정이었고, 한 사람은 안 나오기로 했다. 교장이 파업 나가는 사람을 불러서 우리가 대화 내용을 녹음하라고 했다. 교장이 파업하면 아이들은 누가 볼 거냐고 물었고, 한 조합원이 파업하는 내가 왜 그걸 생각해야 하냐며 학교에서 알아서 하라고 말했다. 대책을 세우라는 말에 대책은 학교가 세우는 거라 말하고 교장실을 나온 것이다.

사태 파악을 한 후 노조지부장이 전화를 해서 교장에게 충분히 설명을 했는데도 교장이 그 조합원을 또 불렀다. 그래서 노조가 다시 교장에게 자신의 잘못을 인정하고 조합원에게 사과와 함께 파업 잘 갔다오라고 말하면 부당노동으로 고발하지 않겠다고 했다. 우리 전화를 받은 교장은 부당노동 고발이라는 말에 순순히 우리의 제안을 받아들였고 조합원에게 직접 사과를 했다.

5_학교현장 문화 바꾸기

이준형

학교 행정실의 차 접대 문제는 경기가 특히 많이 바뀌었다. 차 접대 관련 사진을 찍어서 학교 별로 배포하고 교육청에 제기하고 노조가 직접 학교에 공문을 엄청 많이 보냈다. 교육청에서도 공문을 계속 보냈고. 그로 인해 많이 개선됐지만 지금도 조합원들로부터 공문 요청이 계속 들어온다. 학교장 면담을 가면 노조가 가서 그런지 모르겠지만 학교장들이 커피를 직접 만들어서 가져온다. 이재정 교육감도 직접 차를 준비해 주는 상황이다.

임정금

노조가 가니 눈치를 보는 것이다. 내가 학교운영위원이라서 운영위원 회의에 참석하는데 여전히 행정실무사들이 차 접대를 한다. 아직도 안 바뀌었다.

최근에 중학교로 전보를 갔는데 떡 돌리는 실무사들도 여전히 있다. 내가 나서서 실무사 선생님에게 이런 일 하면 안 된다 말하고 공문으로 처리했다. 많이 개선되었지만 여전히 바뀌지 않은 문제이기도 하다.

이병수

확실히 실무사들의 사적 업무가 많이 줄었다. 과거에 청첩장 돌리고, 화단 가꾸고, 학교의 온갖 잡무를 하던 비정규직들의 노조 활동이 활발히진 결과로 그런 것들이 많이 없어졌다.

이태의

학교 비정규직한테 조심하기 시작하면서 같이 근무하는 교육공무원들에게도 그런 부분에서는 혜택이 돌아갔다.

이시정

우리 사회엔 접대 문화라는 게 있고 오랜 세월 접대 문화를 담당하는 사람은 집단에서 약자의 몫이었다. 학교에서는 가장 약자인 비정규직이 담당했고 비정규직이 없을 땐 여교사의 몫이었다.

이준형

이게 단지 비정규직만의 문제는 아닌 것이 공무원들한테서도 가끔 전화가 온다. 우리 학교 교장이 차 접대를 강요한다며 노동조합이 나서 줄 수 없냐고. 특히 여성 교사들과 여성 공무원들한테. 정규직에게도 그런 상황이니 비정규직은 더 우습게 보는 거지. 교사, 공무원들에게도 여성이기 때문에 벌어지는 차별이 엄청 나게 많은 것이 학교의 현실이다.

김유미

다과상 차리기도 문제다. 학교는 차 접대가 문제지만 교육청의 경우는 다과상 차리기가 또 비정규직 실무원들의 일이다. 비정규직 실무원들이 돌아가면서 당번을 정해 하고 있는데 이 일을 더 예쁘게 하려고 애쓰고 있다. 다과상을 예쁘게 차리는 것이 자신들의 전문성을 인정받는 것처럼 경쟁하는 상황이다. 그런 일을 하고 있다는 사실을 속상해하면서도 그러고 있는 것이다.

이태의

학교만큼 보수적이고 서열화되어 있는 사회가 없다. 교사, 공무원, 비정규직으로 나뉘는 신분 서열의 사회. 학교만의 이런 정서에 대해서 학교 외부인들은 잘 모른다. 지금 말하는 차 접대, 신분에 의한 차별 문제 등 이런 온갖 문제들이 사실은 학교 비정규직이 이렇게 조직화되고 투쟁하지 않았으면 그냥 감춰진 채 썩어 문드러졌을 것이다.

교사, 공무원 사회의 서열 문화도 엄청 심각해 학교장 눈에 들지 않으면 승진이 어려운 평가 구조가 제도화되어 있다. 그나마 요즘은 학교장 인증제 폐지 운동을 하면서 변화되고 있지만. 전교조에서 촌지 안 받기 운동을 시작하면서 학교 민주화 운동을 벌인 것처럼 우리의 차접대 안하기 운동이 학교 사회의 신분 서열을 깨는 주요 계기 중 하나였다고 평가한다.

이시정

특히 교무가 여러 선생들 밑에서 지원업무를 해야 하는 상황 때문에 개선이 쉽지 않은 측면도 있다. 노조 가입은 많이 되어 있지만 실제 노조 활동이 가장 어려운 사람들이기도 하다. 여기가 층층시하에 있고, 서열의 맨 밑바닥에서 오래 주눅 들어 있어 바뀌기 어려운 측면이 있다. 교무가 노조 활동의 참여율이 가장 떨어지는 이유이기도 하다.

이태의

노조가 생긴 후 확실히 변화가 있기는 하다. 예전에는 교무나 행정 실무사를 전화 받고 차접대 하는 사람으로 생각했는데 요즘은 학사 일정을 하고 교무 행정을 처리하는 전문가로 인식하기 시작했다. 그러면서 허드렛일이나 다른 사람들의 사적인 업무는 자신의 일이 아니라고 생각이 교정되어 갔고, 그러면서 자기 역할을 찾아가고 있다. 그래서 현재는 교무가 다른 직종에 비해 더디긴 하지만 앞으로는 자기 역할을 찾아가면서 저항하는 속도가 더욱 빠르게 변할 것이라고 생각한다.

배동산

문화 바꾸기 중에서 중요한 문제 중 하나가 호칭이나 이름을 바꾸는 것이다. 노조가 주도적으로 학교에서 일하는 모든 사람들을 선생님으로 불러 달라고 학교에 요구한 것도 주요했다.

현장에서는 큰 저항이 있었고 아직도 논쟁거리 중의 하나가 교사가 아닌 사람에게 왜 선생님이라는 호칭을 쓰느냐는 거다. 아직 완전히 해결되진 않았지만 그래도 보조나 실무뿐만 아니라 ○○씨, 아줌마, 여사 등으로 불렸던 사람들까지도 직종에 상관없이 선생님으로 부르게 요청하면서 변화가 일어나기 시작한 것은 그동안 노조가 해온 가장 큰 문화 바꾸기 중 하나이다.

임정금

특수교사와 한 반에서 근무하는 특수지도사 실무원은 특수지도사, 특수실무원, 특수교육실무원 등 지역마다 명칭도 달랐고 일부 특수 교사가 실무에게 개인적인 업무를 많이 시켰다. 방학 때는 실무에게 밥하라고 시키고, 특수교사 책상까지 치우는 등 정말 온갖 잡무를 다 시켰는데 이런 문화도 바뀌고 있다.

특수는 교사가 실무 티오를 없애면 자리 자체가 없어지는 상황이라서 특히 문화 바꾸기가 쉽지 않았다. 특수교사의 재량으로 마음에 들거나 안들거나 하는 이유로 실무를 신청하지 않으면 실무담당은 학교를 나가야 하는 상황은 아직도 바뀌지 않고 있다. 특수교사에 따라 좌지우지 되는 비참함은 여전히 남아 있다.

이시정

호칭 관련해서 문화 바꾸기를 처음 시작할 때 첫 소식지의 슬로건이 '학교회계직도 선생님입니다', 선생님 호칭 부르기가 첫 활동이었다.

시급한 일도 많았지만 산재되어 있는 다른 일들은 교육청에 예산이 없으면 해보나 마나였으니까 가장 쉽게 바꿀 수 있는 걸로 이 운동을 생각했는데 현장의 강력한 반대에 부딪혔다. 심지어 일부 전교조 교사와도 마찰이 있었는데 임용고시도 안 본 사람들을 어떻게 선생님으로 부르냐며 교사들도 저항했다.

배동산

학교회계직을 교육공무직으로 바꾼 것도 문화 바꾸기의 일환이다. 교육운동의 3주체 관련해서 교원, 학생, 학부모였는데 아직 명확히 바뀐 건 아니지만 3주체론이 문제가 있다며 현재 교원으로 특정한 걸 4주체로 전환해서 교원과 직원으로 바꾸는 것에 대한 고민들이 진보 진영 내에서 생기게 된 것도 우리 학교 비정규직 운동의 성과라고 볼 수 있다.

유유

여성 노동자가 대다수인 학교 비정규직에겐 학교 문화 바꾸기가 매우 중요하다. 여러 가지 변화가 있었지만 권위적인 학교 문화를 바꾸는 것은 정말 시간이 걸릴 것이다. 더 구체적이고 실질적인 변화를 만들기 위해 더 노력해야 한다고 생각한다. 이것은 우리 사회의 낮은 곳부터 성평등한 문화를 만들기 위한 중요한 단초가 될 것이다.

6_교육공무직도 교육의 주체, 노동 존중이 곧 교육

이시정

문화 바꾸기 하면서 자연스럽게 연결되고 있는데 학교 현장에서 교육주체로서 우리의 역할 관련된 평가도 해보자.

이태의

이것은 우리가 전회련을 처음 만들 때부터 과제였다. 2009년 김상곤 교육감이 보궐선거로 당선되고 나서 우리의 첫 요구가 '학교 회계직도 교육의 주체'라는 강연이었다. 우리 조직 최초의 활동 주제였다. 학교 안에서의 유령같은 존재를 이렇게 바꿔야 한다고 주장했다.

사실 학교에서 같이 지내고 있지만 교사나 공무원과 교육공무직들이 함께 토론하면서 학교의 문화나 여건을 바꿔 나가는 건 지금도 이루어지지 않고 있다. 그들은 우리를 아직도 동등한 대화 상대로 여기지 않는다.

그래서 노조 활동이 중요하다. 개인적으로는 내가 아무리 높은 지식과 전문 지식을 가지고 있더라도 동등한 입장으로 대우받지 못하지만, 조직적으로 우리가 민주노총 산하 조직이 되고 파업권을 행사하고 하게 되면서 학교 내에서 신분적 문제를 제기했고, 변화에 대한 요구가 교과서에 반영이 되든지 일부라도 변화시키며 그 역할을 충분히 하고 있다고 본다. 하지만 여전히 조직적으로 투쟁하는 과정 속에서 작용될 뿐이지 내부에서 문화적으로나 사회적 신분의 관계로나 아니면 대외적으로 교육의 동등한 지위를 갖고 있는 위치로서의 문제는 안 바뀌는 게 현실이다. 신분 서열로 막혀 있는 상황에서의 해결방법은 노동 3권을 행사하면서 적극적이고 조직적으로 대응하는 것 그것밖에 없다.

이시정

호칭이나 교육공무직 명칭 변경 등도 교육주체로 나아가는 과정이기도 하다.

김유미

현장에 있는 사람의 입장에서는 교육적 활동의 주체이든 보조이든 교육현장에 있는 모든 사람들이 다 주체라고 보고 있지만 학교 비정규직이 얼마만큼의 역할을 하느냐의 문제에서는 정도의 차이는 있는 것 같다.

직간접적으로 인성이라든지 교육 과정 활동이라든지 이런 부분에 학교 비정규직은 깊이 참여하고 있다고 말씀드리고 싶다. 내 경우 사서의 입장에서 독서 교육과 관련된 학교 행사 기획을 하며 여러 기획안을 제출하고 교사와 협의해서 집행을 하고 하는 과정에서 필요한 책을 추천한 다든지 행사를 연다든지 다양하게 우리의 입장이 반영되고 있고 학생들의 교육에 중요한 역할을 하고 있다. 그게 주체로 나아가고 있다는 것의 반증이다.

배동산

이 논의의 핵심은 교육이 무엇이냐부터 시작한다고 생각한다. 우리 비정규직 노동자들이, 교육의 주체로서 역할을 할 수 없다고 하는 그 교육, 그 교육의 의미가 수업만이 아니라 밥을 하는 것 학교를 돌아가게 하는 각종 지원 활동, 이런 것도 다 넓은 의미의 교육이라고 규정하는 것은 곧 우리의 존재감을 확인하는 과정인 것이다.

교육공무직본부 10년의 과정들은 우리가 노동 현장에서 사라지는 경험을 통해 우리 노동이 이 학교에서 왜 필요한지를 아주 분명하게 보여줬다고 생각하고, 우리가 멈추면 학교가 멈춘다는 것을 보여줬고 조합원들도 느꼈던 과정, 그것이 교육의 주체로서 확인받은 과정이 아닐까 한다.

이태의

실제로 처우개선이 되어서 급여가 높아지거나 여러 가지 근로 조건이 향상되어서 지위가 올라간 것도 있지만 더 나아가 예전에 우리의 이름으로 입안하고 결제할 수 없었고, 실제 일을 하더라도 모두 교사의 이름으로 올라갔고, 말 그대로 지원하는 것으로만 존재했는데 이제는 변화되고 있다. 자신이 기안하고 선정하고 진행하고 결제하는 일들이 생겨나고 있다. 실제로 학교 안에서 우리 이름으로 진행된다는 것 자체가 어마어마한 변화들이다. 이런 것들이 쌓여가면서 학교 안의 구성원으로 주체로 인정받고 있는 것이다. 노동조합이 투쟁해서 쟁취하지 않았으면 상상도 하지 못할 일이다.

배동산

의견이 좀 다르긴 한데, 소위 주요 노동, 부수 노동이 따로 있지는 않다. 결재에 들어가지 않는다고 해서 그것이 중요한 노동이 아닌 것은 아니라는 걸 짚고 넘어가고 싶다.

이병수

2016년 제주 영어회화 전문강사(이후 영전강) 해고 투쟁 때 교육과 노동을 많이 이야기했다. 교육에서 노동이 빠지면 그 교육은 무엇인가에 대해. 지금 현실에서 가장 문제가 되는 것이 노동이 빠진 교육이고, 실제로 교육이 극복해야 하는 실질적인 내용은 노동을 존중하지 하지 않고 천시하는 교육이라고. 우린 이런 문제를 지금까지 바꾸어 왔고 앞으로 더 바꾸어 교육과 노동을 일치시키는 것이 남은 과제이기도 하다.

배동산

비슷한 맥락들인데 제주 영전강뿐 아니라 정규직 전환 과정에서 발생한 부정적인 여론이 소위 교육 현장에 일자리 만들기 논리라든지 노동의 논리가 들어와서 교육을 왜곡시켜서는 안 된다, 그로 인해 교육 현장을 일자리 만들기 현장으로 만들면 안 된다, 이런 것들이었다. 우리가 진보교육감과 많이 부딪혔던 지점이 이런 싸움들이다.

특히 영전강 해고 문제의 경우 영어 몰입교육에 대한 교육적인 반대 의견이 있는 것이고 그렇기 때문에 이것을 폐지시켜야 했고, 노동자는 해고할 수밖에 없다는 게 교육감의 논리였다. 노동자의 생존권을 쉽게 여기는 것 자체가 반교육적이라는 것이 노동계, 우리 쪽의 주요한 강조점이자 논리였다.

김유미

영전강의 경우 학교 교사가 줄어들면서 영어교사의 수업시수가 줄어드는 상황에서 영전강을 유지시킬 수 있느냐는 문제가 있었다. 노조에서 1년이나 있었던 사람을 이런 식으로 해고할 수 없다고 항의를 하면, 학교 측에서 수업시수 표를 보여주며 정교사도 12시간 밖에 안 되는데 어떻게 강사를 쓰냐고 답하기도 했다. 그래서 교육적인 차원으로 보자며 얘기했고.

이시정

학교 현장에서 부딪히는 웬만한 갈등들이 사실은 바로 이 문제이다. 말로는 교육주체라고 하는데 교육의 의미를 수업으로만 말하기 때문에 이런 식으로 다 부딪히는 것이다. 교육의 의미에 대해 노동존중이 교육이라는 확장된 개념을 슬로건으로 내세우고 있는데 우리가 교육주체가 되려면 이런 교육관, 교육의 3주체를 다시 정립하는 것으로부터 시작해서 교육의 의미를 다시 정립하고 실제로 노동 존중이 교육으로 들어가게 하는 것, 이 교육 철학을 다시 정리하게 하는 것도 사실 우리의 몫이다. 사실 교육학자들은 이런 고민을 나서서 하지 않는다. 누가 해 줄 수 없다. 현장으로 들어가면 사실 근본적으로 막히니까. 관념적으로는 동의하더라도 결국엔 부딪힌다.

이병수

전교조의 창립에도 노동이라는 부분이 빠졌다. 민주인간화 교육이라고 말하는 것에도 노동이 살짝 빠질 수 있는 여지가 있다. 교육공무직이 투쟁으로서 이런 부분을 채워나갈 수밖에 없다.

이시정

지금까지 우리가 해왔지만 좀 더 확장시킬 필요가 있는 것이 1학교 1사서 운동 같은 경우다. 이 사업은 단지 처우 개선뿐만 아니라 한 발 더 나아갔다. 과학실험이 줄어들고 영상으로 대체하는 그런 상황이었고 과학분과 사업도 사서분과의 사례를 보며 고민을 했다. 그래서 과학분과가 과학실험의 중요성들을 의제로 삼아서 해보면 어떨까 하고 의견을 모았다. 우리 스스로도 한 발 더 나아가 확장된 사업에 대한 고민도 필요하다고 생각하는 계기가 됐다.

7_노동조합과 함께 한 10년

이태의

전회련을 처음 시작할 때 전회련의 설립 목적은 전회련을 해체하는 것이라고 했다. 정규직으로 전환되면 비정규직 조직이 필요 없지 않냐는 생각이었고 사실 당시의 우리 수준이 그랬다. 현장간부로서 책임감은 가지면서도 노조활동가로서는 거부했던 시절이 있었다. 그게 우리 간부 수준이었고 초기 활동의 수준이었다. 현장간부와 노조활동가의 차이는 뭐냐, 전회련을 해체하고 발전적 조직 강화는 뭐냐, 이런 것들에 대해 내부에서 토론하면서 정립하지 못했고 우리 기본 정서가 그랬던 시절이다. 당시엔 그런 얘기들이 자연스러웠는데 지금에 와서는 부끄러운 이야기가 되었다. 지금 내 역할을 봤을 때는 그런 사람이 본부장을 했었어, 라고 말할 수밖에 없는.

대단히 큰 조직적 발전이라던가 노동운동에 대한 사명감으로 활동했다기보다 놓인 상황에 감정이입하고 집중을 했었다. 지금에 와서 돌이켜보면 그랬기 때문에 몰입하고 더 헌신했던 것 아닌가 생각한다. 오랜 기간 활동하면서도 그랬기 때문에 버틸 수 있었던 거라고 생각한다. 간부들이 다 힘들어하고 그만두겠다고 할 때도 버텼던 이유 중의 하나는 감정적 공감대가 있었기 때문이었다. 지금은 그 때 더 잘했으면 좋았지 않았나 생각해본다. 앞으로 정년 3년 남았는데 남은 시간 동안 부끄럽지 않게 역할을 하고 싶다.

최영심

현장 간부하면서 엄마로 빵점이었고 아내로도 겨우 10점이었다. 나는 아이들 친구 이름을 모르는 엄마다. 우리 아이들은 혼자 스스로 컸다. 다른 엄마들이 학원 알아보러 다니고 아이들에게 좋은 대학 가는 방법 알아보러 다닐 때 나는 그런 걸 하나도 못했다. 나는 그저 방목했다. 그랬는데도 좋은 대학 못 가도 잘 자라주어 고마운 마음이다.

그렇게 10년을 보냈다. 근데 이제 조금 쉴만하니까 또 다른 일이 생겨버렸다. 이제 간부 안 하고 한가하게 있으려나 했는데 말이다. 조합원들한테는 최선을 다했고 열심히 노력도 했다. 하지만 내가 제일 미안한 건 정말 미안한 건 우리 아이들이다. 잘 자라줘서 고맙다.

지난 10년 동안 마음의 병도 많이 얻었지만 스스로 치유하는 법도 배웠고, 몸도 아팠지만 지나가면서 세월이 약이라고 아픈 것도 치유되기도 했고 또 더 아팠다가 치유되기도 하면서 지내왔다. 내가 좀 더 단단해졌다. 파업하러 올라갈 때 벌벌 떨고 올라갔던 내가 요즘도 가끔 떨기도 하지만 아무튼 조금 더 단단해진 것 같다.

김유미

나는 책하고 관련 있는 직업이다 보니 신문이나 책을 통해 지식적으로 알고 있는 것과 실천하는 것 사이에 괴리가 좀 있었다. 뭔가 실천해야 하지 않나 고민만 하고 있었고, 나이 먹었는데 나이 값을 해야 한다는 생각으로 처음에는 회비만 내는 수준이었다. 그 후엔 느낀 대로 일을 찾아다니면서 시행착오도 많이 겪었지만 노동조합 활동가들에게 물어보고 하면서 점점 나아지려고 노력했다.

생각에만 그치지 않고 실천을 해봤다는 것, 그것이 결국엔 내 자신에게 자부심으로 남았다. 가족들의 도움이 컸다. 집에 와서 한마디도 못 하고 쓰러져 자도 가족들이 아무 잔소리도 안 했고 인정해줬다. 몸이 아팠을 때 자전거로 운동을 권유받고 주말 마다 노조일을 하러 갈 때면 자전거를 탔는데 그게 오히려 건강에 도움이 됐다. 또 개인적으로 C형 간염 진단을 받고 건강이 악화되어 치료받아가면서 활동했던 시간들이 있는데, 막상 큰 일에 몰두했더니 작은 병들은 다 없어졌다. 그런 도움도 있었다. 이제서야 좀 힘들다.

나이 오십 됐을 때 자전거 타고 도교육청 앞에 갔다. 가서 피케팅을 처음 했는데 피켓을 밖으로 드는지 안으로 드는지도 모른 채 서 있었던 순간, 그게 모든 것의 시작이었다. 살아있는 동안 부조리한 부분이 보이면 실천해야 한다는 생각을 가질 수 있는 큰 계기가 되었던 것이 노조 활동이었다.

임정금

학교 생활 2년을 하고 무기로 넘어갈 즈음 재계약이 안 돼서 학교를 그만둘 상황이었고 그 때는 그냥 학교 때려치우자는 자포자기의 마음이었다. 아는 언니가 자신도 가입한다며 노조를 권유했는데 처음엔 싫다고 했다가 혼자 가기 싫다고 자꾸 나를 끌고가는 언니 때문에 같이 가기만 하겠다며 따라 나가 이병수 국장을 만났다.

얘기를 들으면서 '저 이런 거 참 잘 해요.', '이런 거 좋아해요.', 내가 이런 말을 했다고 이병수 국장이 나중에 말해준 내용을 봐도 알 수 있듯이, 짧은 시간이었지만 저절로 동화되어 학교 때려 칠 생각을 그만두고 노조에 가입했다. 노조 가입하자마자 특수 분과장이 됐고, 6개월 하고 나서 지부장을 하라 해서 또 지부장이 됐고, 그렇게 4년을 했다.

당시에 나는 아이가 초등학교 1학년이어서 아이까지 돌봐야 했다. 평일에는 노조 일을 하고 주말에는 아이와 놀아줬다. 힘이 많이 들었다. 하지만 노조 간부로서 내가 본 세상은 내가 학교로 오기 전 살던 세상과 달랐다. 난 서울에서 장사를 20년 동안 했고, 아이를 낳은 뒤 장사 말아먹고 다시 학교로 돌아갔다. 노조를 하면서 정말 많은 걸 겪었다. 단체생활이라는 것도 처음 했다. 사회에서는 어느 곳에서도 늘 당당했던 내가 학교에서는 움츠러 들었다. 학교에서는 주인의식을 가지면 가질수록 일이 많아지고 대우는 많이 해주지 않았다. 결국은 죽어라고 2년을 했는데 한순간 학교는 나를 해고하려고 했다.

원래 사람을 참 좋아하는 사람이었는데 노조에 와서 우리 임원들과 지내는 게 좋았다. 사람이 좋아서 정신없이 지냈다. 3년간 온 대구를 휩쓸고 다녔다. 하지만 4년째 마지막 공허함이 몰려왔다. 학습을 하지 않고 투쟁만 하다 보니 점점 자신이 없어졌고 두려웠다. 지부장으로서 내가 뭔가를 얻고 학습을 해나가면서 조합원들을 이끌 계획이 없다는 게 나를 두렵게 했다. 해가 거듭될수록 더 두려웠다. 그래서 지부장을 내려놓고 조합원들을 다지는 역할을 하겠다는 각오로 다시 학교로 내려가서 다시 시작했고 지금도 그렇게 하고 있다.

지금은 만족스럽다. 우리 아이한테 엄마는 그냥 엄마가 아니라 노조 엄마, 라고 4년 내내 얘기했다. 귀한 아들, 그 아들이 엄마 없이 힘들어했지만 엄마를 자랑스럽게 생각하는 아들이 되었다. 엄마는 자랑스러워, 엄마는 대단해, 라는 말을 많이 한다. 똑똑하고 잘난 내 아들. 영재 시험도 쳤는데 어떻게 될 지는 모르겠다.(웃음)

노조를 만나 많은 변화가 있었고 힘들고 아팠지만 행복이라는 걸 더 많이 깨달았고 모든 게 좋았다. 지금도 여전히 좋고. 아직도 내가 노조를 위해 뭔가 할 게 있을까 생각하고 그게 있다면 하고 싶고 해야 된다는 마음이다. 내 아이가 비정규직 없는 세상에서 살게 하고 싶다. 그 마음이다. 나는 참 행복하다.

김미경

1년이 가도 3년이 가도 급여가 안 오르고, 공무원이 아닌데도 공무원과 임금체계가 똑같고, 공무원 3년 동결이라며 우리도 3년 동결되던 그 해에 인터넷을 뒤지기 시작했다. 국민연금과 의료보험이 오르면서 월급이 마이너스가 되고 내가 일하는 시간에 대한 보상이 너무 말도 안 되어서. 그렇게 노조와 인연을 맺게 되었다.

퇴임할 때도 그랬고 여러 방에 마지막 인사할 때 썼던 말이기도 한데 노동조합은 내 인생에 가장 찬란했던 부분이었다고. 이제 그 만큼 하래도 못하고 시켜도 못한다. 내가 가진 걸 다 쏟아냈고 미쳐서 일했던 시간이었다. 최고였던 순간을 보내고 나니 여한도 없고 애정만 남았다. 전회련은 내 인생 중에 가장 찬란했던 한 페이지라고 생각하고, 원없이 투쟁도 해보고 내가 하고자 하는 대로 다 했다. 현 집행부 보면 안쓰럽다. 이번 교섭결과에 일부 직종이 집단행동을 하고 그럴 때의 허탈감을 알기 때문에 공감되는 부분이 많다.

돌이켜 생각해보면 타협하지 않고 너무 내 식으로 밀어붙인 건 아닌가, 그 속에서 상처받는 사람들은 없었을까 하는 생각도 들지만 당시에는 최선이었을 거라고 지금도 스스로를 위로 한다. 그때는 앞으로 나가지 않으면 절대 아무 것도 되지 않을 거라는 시간적 압박이 있었다.

때를 잘 만난 것 같고. 근무하면서 이런 활동이 없었으면 아마 그 학교에서 버티지 못하고 뛰쳐나갔을지도 모른다고 생각한다.

배동산

전임 담당자가 퇴사를 하고(지금은 돌아왔지만) 후임 담당이 전회련 업무가 힘들어서 못하겠으니 대신 맡아 달라고 해서 지원담당으로 왔다가 현재에 이르렀다. 처음에는 민주노총 안에서도 정체 불명의 조직으로 봤다. 저 조직은 뭘까, 어용일까 아닐까, 노조에 들어왔으니 노조이기는 할 텐데, 싸움이나 할 수 있을까, 맨날 국회나 쫓아다니고, 저긴 뭐지 뭐지? 처음엔 반신반의하는 게 있었는데 조금씩 바뀌게 된 게 5월 집회와 특히 2012년 첫 파업을 보면서 전회련이 대단한 조직임을 깨달았고 인식이 바뀌게 되었다.

지금 시점에서 보면 스스로의 평가든 외부의 평가든 간에 2018년 전국 노동자대회에서 우리가 스스로 확인했듯이, 이제 어느 누구도 부정할 수 없을 만큼 학교 비정규직 운동을 떠나서 전체 민주노조 운동에서 중요한 주체 중의 하나로 성장했다. 노조의 성장 과정, 처우의 개선 등 계속 변화되는 과정에서 함께 할 수 있어 좋았고 개인적으로 많은 배움의 시간이기도 했다.

아쉬운 점? 좀 바뀌었으면 하는 점은 첫 번째 주제로 토론한 문제이기도 한데, 고용이라는 측면에서 아직도 고용안정을 못 이루고 있는 여러 직종들에 대한 아쉬움과 올 겨울에도 그 싸움은 계속될 텐데 그 싸움에서 승리했으면 하는 기대를 가지고 있다.

이준형

2009년 9월부터 시작했다가 딱 10년, 전화 상담해주러 갔다가 이 자리까지 와 있다. 조합원 200명 시절에서 지금까지 왔다. 대의원 대회 할 때 뒷자리에 앉아서 그 모습을 보고 있으면 가끔 눈물이 난다. 언제 이렇게 크게 발전되었나 싶기도 하고.

경기도에서 시작했던 본부가 서울로 오면서 동지들이 서울로 같이 가자고 했을 때 거부하고 경기지부에 눌러 앉았다. 큰 사무실에 혼자 앉아 있던 기억이 난다. 경기에서 계속 일을 해오며 첫 단체협약을 맺을 때 직종이며 뭐며 아무 것도 몰랐는데 처음부터 끝까지 하나씩 공부하며 알게 되었고 학교 사정을 전혀 몰랐던 나도 발전을 하면서 바뀌었다.

처음에 경기지부에서 공들였던 사람들이 많았다. 이태의 전 대표도 그렇고, 안명자 본부장도 내가 끌어냈고, 다른 이들도 모두 지회별 모임을 통해서 만났고 지금에 이르렀다. 많은 이들이 떠났지만 또 새로운 사람들이 나타나서 그 자리를 메웠다. 이제는 다른 형태의 틀로 가야 한다는 생각을 하는데 내가 움직이지 못하고 있는 상황이라 답답함도 있다. 예전에 무슨 일을 했는지 기억력도 많이 떨어지고(웃음). 하지만 보완하고 노력하면서 경기지부를 새롭게 만들어 가는데 뭔가 방법을 찾아보는 게 내 일이다.

이병수

운동성이 상실된 진보 단체를 정리를 하던 시점에서 교육공무직을 만났다. 오늘날까지 전진해 오던 시기였는데 조직 강화 운동에 파업하고, 승리하고, 연대하고, 학교에서 세상으로 나오는 과정의 모든 일들이 하나하나의 감동으로 내게 남아있다.

비정규직 운동을 평가할 때 비정규직이 차별을 시정해 놓은 뒤 제도를 철폐하지 않고 정규직으로 되어서 민주노총의 부족한 점을 그대로 답습해 가는 것 아니냐는 평가들이 있는데, 우리는 차별을 시정하는 점에서는 진전을 했고 민주노총의 중심으로 우뚝 서게 되었지만 이것이 비정규직 제도를 철폐하는 것으로, 전체 노동자들의 희망으로 나아가지 않으면 다시 암담해질 거라 생각한다. 한 편으로는 충분히 나아갈 수 있을 거라 생각도 하는데 그러기 위해 남은 기간 내가 할 수 있는 게 뭔 지 고민하고 있다.

개인적인 에피소드를 하나 말하고 싶다. 점점 기억력이 떨어져서 고민이었는데 어느 날 스스로 나한테 들어온 것을 다 기억하면 살아남을 수 없다. 그래서 내 머리가 자동으로 차단을 하고 있다는 걸 깨달았다. 그런 이유로 기억하는 게 없다. (웃음)

유유

교육공무직본부는 내 인생이었고…… 여전히 인생이다.

이제 내 나이가 만 54세인데 정년까지 아마도 전력투구하게 되지 않을까 싶다. 워낙 직종도 많고 아직도 해결해야 할 문제가 많기때문에 여유 있게 개인의 삶의 여유를 살펴 가며 활동할 수 있는 곳이 아니다. 노동조합 활동이 3D라면 우리 노조는 그 중에서도 3D가 아닐까.

처음 뛰어들었던 2010년부터 2017년까지는 사생활을 거의 모두 작파하고 활동했던 시기였다. 당시에 내 별명이 월화수목금금금 이었으니까. 앞으로는 체력과 건강 생각하며 해야 정년까지 무사히 할 수 있을 텐데 조직상황이 그렇게 될까 모르겠다.

김영애

나에게 노동조합은 혁명이다.

학교에 가장 후미진 곳, 파란 잔반통과 함께 숨겨진 골방에 있는 남루한 작업복의 급식실 노동자, 과학 실험실 어느 한 켠 위험 물질 시약장 옆 책상에서 근무하는 과학실무사, 교육공무원과 나란히 앉아 있지만 그 자리에도 서열이 있고, 학교장·교감·행정실장·교사 등 관리자들의 말 한마디에 학교에서 쫓겨나는 수많은 비정규직들, 학교가 계급사회인 걸 알리고 학교에 비정규직이란 사람을 알려낸 것, 이것이 노동조합이다. 그래서 노동조합은 혁명이라고 나는 생각한다.

2017년 당시 이언주 바른미래당 국회의원이 급식노동자를 그냥 동네 아줌마로 폄하하는 발언을 해 우리가 항의 집회도 했던 적이 있다. 나는 아직도 노동조합이 특히 여성노동자 집단인 교육공무직본부가 해야 할 일이 많다고 생각한다. 여성운동에도 앞장서야 한다는 것을 조금씩 조금씩 배워가며 알게 된다. 너무 늦은 나이라 아쉽지만 그래도 삶으로 몸으로 배움을 두려워하지 않고 실천으로 체질을 바꿔가려고 다짐한다.

정인용

나에게 노동조합은 삶의 기쁨, 그리고 즐거움이다. 노조 간부 활동이 결코 쉽지도 만만치도 않은 날들의 연속이지만 이 안에서 달라지는 나, 변화하고 발전하는 조합원들을 보면서 기쁨을 얻게 된다. '세상을 바꾸는' 작은 시작이 노동조합이라 생각하고, 그 걸음을 걷고 있다고 생각하니 당연히 즐거울 수밖에.

때로는 좌절할 때도 실망스러울 때도 있었다. '내가 (스스로가) 노동조합'인데, '노조가 해준 게 뭐냐?'고 질문하는 이들을 만났을 때, 노동자들이 모두 힘을 합쳐 함께 투쟁해야 한다고 말해보지만, '내 문제'만 중요하다고 생각하는 이들을 만나면 이따금 자괴감이 들 때도 있다. 그럼에도 '세상을 바꾸는 작은 일'을 하는 더 많은 동지들이 있고 이 힘들을 앞으로도 10년, 또 10년 초심을 잃지 않고 간다면 노동조합은, 교육공무직본부는 꼭 세상을 변화시킬 거라 믿는다.

이시정

민주노총 상황판에 민주노총 조합원 100만 명 중에서 비정규직이 28만 명이라고 써 있다. 그 중에 학교 비정규직 노조가 10만 명, 우리가 민주노총 안에서 4%를 차지하고 있다.

학교 비정규직 전체로 보면 10%이고. 아까 이병수 동지가 말씀했듯이 민주노총이 그 시대를 대변하려면 그 시대의 가장 보편적인 노동자들의 삶을 대변할 수 있어야 한다.

그런데 민주노총 조합원 중 정규직의 다수는 현재 우리 시대 노동자들 중 가장 잘 나가는 노동자들이 되었다. 학교 비정규직 노동자들의 대규모 조직화와 투쟁은 민주노총이 우리 시대 노동자들의 대표성을 갖도록, 일정한 방향을 유지하는데 큰 역할을 하고 있다는 결론이 나오게 된다.

나도 이제 안 좋았던 기억은 스스로 차단시키는데, 그래서 낙천주의자라는 소리도 듣는다. 1980년 노동 야학부터 지금까지 40년 노동운동을 해왔는데 나의 40년 노동운동 역사에서 지난 10년이 가장 찬란했던 시절로 기억되지 않을까.

안명자

눈사람을 만들기 위해 눈을 굴리면 뭉치다 깨지기를 반복한다. 그러다가 어느샌가 뭉쳐서 구른다. 우리의 지난 10년은 구르기 시작한 눈 뭉치와 같다.

앞으로의 10년은 굴리는 동안 얼마나 커질지는 모르겠지만 잘 굴려서 눈사람을 세워야 하는 시기다. 세상 모든 사람들이 이 눈사람을 어디에서든지 볼 수 있게. 어떤 눈사람일지는 모르겠지만, 따뜻한 햇살아래 눈사람이 녹아 없어지는 결말을 기대한다. 진짜 정규직이 되어서 교육의 주체로 잘 살아가고 있는 그런 날이 되었으면 좋겠다.

그래서 먼 훗날 세상이 우리를 기억할 때 저기 음지, 추운 곳에 한 때 눈사람이 있었어. 하지만 지금은 좋은 시절이 와서 눈은 다 녹아 없어졌어, 라고 말할 수 있는 그런 날을 기대한다.

IV

전국 수다방

이게 다 노동조합 때문이다

아프지만 자랑스러운 그 이름 전회련씨

2014년 전국교육공무직본부로 명칭 변경 이후 역사의 한 페이지로 사라진 전회련(전국교육기관회계직연합회)의 초창기, 본인이 회계직인 사람을 제외한 모든 사람들에게 전회련은 낯선 이름이었다. 그건 기자들도 마찬가지.

기자들과 인터뷰를 할 때면 전회련이 무슨 뜻이냐는 질문을 가장 많이 받았고, 학교 회계에서 임금을 주니 회계직이라고 설명을 했지만 정작 기사에는 '전회련씨에 의하면'이라고 이태의 당시 지부장을 '전회련씨'로 소개하는 일이 제법 있었다. 어떤 사람들은 본부장이 남자인데 이름이 여자같다는 말을 한 적도 있었고, 어떤 기자는 '혜련'이라는 여자인 줄 알았다고 농담을 하기도 했다고.

임원회의 할 때 식당을 예약해 놓고 가면 예약자 명단에 어김없이 나타나는 '전회련씨'에 웃기 바빴던 적도 있었고, 기자들이 해련이냐, 혜련이냐, 회련이냐 받아쓰며 짜증낼 때 회계직들만 몰래 웃었던 적도 많았다고 한다. 또 낮밤, 주말 가리지 않고 울려대는 전화기 속 이름 '전회련' 때문에 아내가 바람난 걸로 오해한 수많은 남편들의 이야기도 있다고. 요즘도 택배 수신자 명단에 '전회련'이 가끔 등장한다고.

학교 회계직이란 이름은 학교 회계에서 임금이 지출된다고 해서 교육부가 회계직이라고 부르면서 시작됐다. 2009년 '전국 교육기관 회계직 연합회' 라는 이름을 지을 때 참가자 다수가 비정규직이라고 쓰기에는 자존심이 상한다면서 학교회계직을 선택한 것이다.

학교장에 의해 쓰다 버려지는 존재, 하소연도 하고 싶고 목청 껏 소리라도 지르고 싶었지만 보호받을 수조차 없던 패배감이 만든 이름이 전회련이고, 전회련에 담긴 역사이며 아픔이고, 곧 동료들이라고.

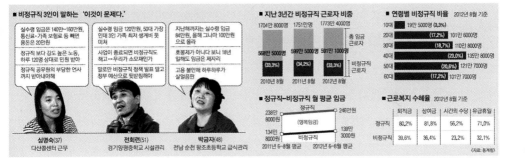

■ 비정규직 3인이 말하는 '이것이 문제다.'

심명숙(37) 다산콜센터 근무
- 실수령 임금은 140만~160만원, 통신료·가족 보험료 등 빼면 용돈은 20만원
- 정규직 보다 강도 높은 노동, 하루 120명 상대로 민원 받아
- 정규직 공무원의 부당한 언사까지 받아내야해

전회련(51) 경기 양평중학교 시설관리
- 실수령 임금 120만원, 50대 가장인데 3인 가족 최저 생계비 못 미처
- 사업이 종료되면 비정규직도 해고…우리가 소모재인가
- 말로만 비정규직 정책 발표 말고 정부 예산으로 뒷받침해야

박금자(48) 전남 순천 왕조초등학교 급식관리
- 지난해까지는 실수령 임금 84만원, 올해 그나마 100만원으로 올라
- 호봉제가 아니다 보니 18년 일해도 임금은 제자리
- 고용 불안에 하루하루가 살얼음판

■ 지난 3년간 비정규직 근로자 비중

2010년 8월	2011년 8월	2012년 8월	
1704만 8000명	1751만명	1773만 4000명	총 임금 근로자
568만 5000명 (33.3%)	599만 5000명 (34.2%)	591만 1000명 (33.3%)	비정규직 근로자

■ 정규직-비정규직 월 평균 임금

정규직
238만 8000원 → 246만원 (명목임금)
비정규직
134만 8000원 → 139만 3000원
2011년 6~8월 평균 · 2012년 6~8월 평균

■ 연령별 비정규직 비율 2012년 8월 기준

10대	19만 5000명 (3.3%)
20대	(17.2%) 101만 6000명
30대	(18.7%) 110만 8000명
40대	(23.0%) 135만 8000명
50대	(20.6%) 121만 7000명
60대	(17.2%) 101만 7000명

■ 근로복지 수혜율 2012년 8월 기준

	퇴직금	상여금	시간외 수당	유급휴일
정규직	80.2%	81.8%	56.2%	71.0%
비정규직	39.6%	36.4%	23.2%	32.1%

〈자료: 통계청〉

2012년 첫 파업 첫 집회 신고, 아무도 가르쳐주지 않은 집회신고의 ABC

학교 비정규직 연대가 2012년 11월 9일 대망의 첫 파업을 앞두고 있던 어느 날, 집회 신고를 하라는 이준형 조직국장의 지령을 받고 안명자(2012년 당시 경기지부장) 지부장은 경찰서로 향했다. 처음이라 물어볼 것이 많았지만 아무 것도 알려주지 않아서 무작정 나선 상황이었다. 하지만 간단할 것 같았던 집회 신고에는 몇 단계의 복병이 숨어 있었다.

1단계, 담당자가 없으니 올 때까지 기다려야 한다.

신고서 작성하며 기다려 보기로 한 안명자 지부장.

2단계, 500명이 넘으면 집회 허가가 나지 않는다.

예상 참가 인원은 1,000명 정도지만 경찰이 안 된다고 함. 다른 노조들의 참가 인원 잘 모름. 1,000명을 500명으로 줄여 쓰는 게 어딘가 찜찜했지만 결국 500명을 쓰기로 한 안명자 지부장.

3단계, 징, 꽹과리, 북, 소고 사용 개수를 쓰시오.

개수? 노조에 없는데 어디서 빌려오지? 도대체 몇 개를 써야 적당한 거야? 우리 학교에 몇 개쯤 있을까? 5개? 너무 적나? 10개? 우리 학교에 없으면 어느 학교에서 빌려오지? 고민에 고민을 거듭하며 항목을 채운 안명자 지부장.

시간은 흘러 어느덧 2시간이 지나고, 징과 북 기타 등등의 개수를 적당하게 쓴 건지 다시 걱정이 모락모락 피어날 때쯤 이준형 국장에게 전화가 걸려왔다. 왜 이렇게 오래 걸리냐며 다짜고짜 소리부터 지른 이준형 국장, 그 소리가 어찌나 컸던지 옆자리 경찰에게 다 들릴 정도였다. 전화를 경찰에게 건넸고 안명자 지부장, 이준형 국장의 항의하는 목소리가 전화기 밖으로 새어 나왔다.

통화가 끝나자 마자 2시간 동안 없었던 담당자가 어디선가 쓱 다가왔고 경찰이 신고서를 들고 가 직접 작성하기 시작했다. 징, 꽹과리 기타등등의 개수는 필요 없다는 경찰, 집회 신고는 그렇게 5분만에 끝났고 속절없이 2시간을 기다렸던 안명자 지부장은 허무하게 경찰서 문을 나섰다.

그 일이 있은 뒤 집회 신고를 처음 가는 사람들에게는 안명자 지부장의 친절한 설명이 항상 곁들여졌다고 한다. 경찰서에서 기다리던 2시간 동안 안명자 지부장을 사로잡았던 징과 북, 기타등등은 어떻게 됐을까? 안명자 지부장이 자꾸 집착하며 사용 여부를 묻자 이준형 국장은 다시 버럭 소리를 질렀고, 겨우 집착에서 벗어날 수 있었다고.

혹시 노란색 조끼에 대해 알고 계시나요?

때는 전회련 시절, 그것도 초창기였던 2010년 즈음 소수였지만 집회에도 참가하고 피케팅도 열심이었던 당시 전회련 경기지부에서 벌어진 이야기.

다른 노조 사람들이 소속 단체의 조끼를 입고 다닐 때 전회련 조합원들은 단체복 하나 없이 사복 차림으로 다녔다. 당시 이를 못마땅해 하던 이가 있었으니 그는 바로 경기지부 수원지회 조덕임 지회장! 답답한 마음을 참다 못해 그가 이준형 국장에게 한마디 했다.

"뭐요? 노동조합 신고는 안 했지만 우리도 단체인데 남들 다 조끼 입고 다니구만, 우리는 뭐하는 거요?"

급할 거 없다며 나중에 나중에 하며 대충 넘어가기를 여러 번, 어느 날 도저히 답답해서 못 살겠다며 조덕임 지회장이 다시 한마디 했다.

"뭐요? 도대체 그 조끼가 얼마나 해요? 좀 알아보세요."

퇴근 후 지부 사무실에 들른 조덕임 지부장에게 장터 가격을 알려준 이준형 국장, 색깔 결정은 여성 동지들에게 넘긴 후 바쁜 일과 속에 조끼 일은 까맣게 잊고 있었는데 어느 날 택배 상자가 도착했다. 상자 속에는 예쁜 노란색 조끼가 가득 들어 있었다.

조덕임 지회장을 비롯 수원지회 사람들이 돈을 모아서 마련한 전회련의 첫 조끼였던 것이다. 단체명도 새기지 않은 그저 노란 조끼였지만,

경기지부 조합원들은 집회에 갈 때도 피케팅을 할 때도 전회련이 가는 곳엔 어디서나 노란색 아래 뭉쳤다. 한 때 전회련 경기지부의 상징이었던 이 노란색 조끼는 그 후 어느 지부에서 빌려간 뒤 어느 순간 모두의 기억에서 서서히 사라졌다.

그리고 2011년, 전회련은 민주노총 공공운수 사회서비스 노동조합 산하 조직이 되었고 그 때부터 연두색 조끼의 시대가 시작됐다.

노란색 조끼 투쟁 (2011.7. 21 국회 앞 결의대회)

이태의씨를 가족청문회에 회부할 증거자료 수집합니다!

2010년 8월 28일, 전회련의 다음 카페 자유게시판에는 '이태의씨를 가족 청문회에 회부할 증거자료 수집합니다!'라는 수상한 제목의 게시글이 올랐다. 청문회, 회부, 증거 자료 등 범상치 않음을 느낀 사람들은 놀란 마음을 진정시키며 수상한 글을 조회하기 시작했다. 전문은 다음과 같다.

안녕하십니까? 전회련 회원 여러분!!!

저는 전회련의 ○○지부장이라는 직함을 가진 이태의라는 사람의 아내인 박경아입니다. 여러 차례의 약속과 회개 시간을 가졌으나 개선의 여지가 없으며 가족으로서 극한의 감정까지 느끼게 되었기에 가족의 직권으로 청문회를 통해 이태의라는 사람의 과거 행적을 낱낱이 파헤치고자 결정하게 되었습니다. 그 청문회의 질의서를 올리오니 질문의 내용에 대해 알고 계신분은 알고 계신 내용을 제게 쪽지로 날려주시기 바랍니다.

첫째, 월급이 대체 얼마인지 낱낱이 밝혀주시고

둘째, 그 월급의 쓰임새는 어찌 되는지 추정에 필요한 자료에 도움을 주시고,(식사, 술, 세미나, 기름값 기타 등등)

셋째, 얼마전 출근 직전에야 들어온 외박 사태에 대해 믿을 수 있는 증거를 말씀해 주시고,

넷째, 가족을 위한 연차 휴가가 얼마나 남았는지 알려주시기 바랍니다.

끝으로 결론을 내릴 참고할 만한 충고를 주시면 감사하겠습니다.

월급 120만 원으로 근근히 버티는 전국의 여러분 승리하는 날까지 이태의와 계속 친하게 지내시고, 가끔 집으로 빨리 돌아가라고 어깨를 쳐주십시오. 그리고 더 가끔 가족의 안부를 물어주십시오. 그리고 아주 가끔 그의 가슴을 적실 감동

과 희망을 같이 공유하고 그리고 어쩌다 한번은 승리의 기쁨을 나누시길 바랍니다. 여러분의 기쁨이 나의 기쁨이 되는 날까지 가족 청문회는 유보될 것입니다만……쫌, 속이 터지겠지요. 그리고 이태의씨, 우리 엄마 아빠 아들 노릇해 주는 것 땜에 내가 참는다, 정말~~~~ 속이 풀리네요.

안녕히계세요. 열씨미!!!!!!!!!

처음엔 놀라서 게시글을 읽어 나가던 카페 회원들의 입가엔 점점 미소가 번졌다. 세상에서 가장 훈훈한 부부전쟁이 게시판에서 청문회를 가장하여 벌어지고 있었기 때문이다. 이태의 지부장은 변명과 핑계로 방어를 하면서도 노골적으로 애정을 과시했고, 카페 회원들 모두 가족의 편에서 응원을 아끼지 않았다. 그리고 이시정 사무총장은 그 와중에 질문에 대한 성실한 답변을 댓글로 달기도 했다.

참사람의 댓글

청문회에 증인으로 자진 출두합니다.

월급내역이야 우리 회계직 샘들 뻔하니까 그렇고…… 두번째 건은 우리 태의 샘 개인 호주머니 털지 않도록 판공비(?)라도 책정해야 할 것 같고…… 세번째 건은 저하고 함께 전주 간담회에 다녀오느라 그렇게 되었답니다. 네번째 건이 문제인데, 우리 연합회의 일이 많아서 반가도 쓰고 연가도 쓰고 해서 얼마 남지 않았을텐데 앞으로도 써야 할 일이 많아서 걱정입니다. 대신 노는 토요일 가능하면 일 못하도록 막을테니 용서해주심 어떨런지요. 대신 제가 잘 아는 지리산 산장지기에게 특별 부탁해서 가족 휴가 한번 다녀오시도록 하겠습니다.(운이 좋으면 산삼주도 한잔 얻어먹을 수도 있답니다.)

전회련 충북 지부 창립식에 나타난 정장 차림의 수상한 남자, 그 정체는 바로!

2010년 10월 29일, 전국교육기관회계직연합회 충북지부 창립식이 벌어지던 충북 종합사회복지센터 회의실, 행사 준비가 한창이던 그 때 정장 차림의 한 남자가 회의실 뒤편을 서성거리며 이 상황을 모두 지켜보고 있었다. 딱 보기에도 공무원 같아 보였던 남자를 노동청이나 경찰에서 온 것이라 의심한 사무처 사람이 다가가 어디서 왔냐고 물었다.

주춤거리다가 '충북 회계사사무소 회장'이라고 자신을 소개한 정장남, 자신도 모르는 창립식이 있다고 해서 무작정 온 거라며 '회계직연합회'는 무슨 조직이냐고 되물었다. 정장남의 대답에 행사를 준비하던 모두가 순간 빵 터졌다. 정장남은 전회련 다음 카페에 공지로 띄워 놓은 안내문을 보고 참석한 것이었다.

회계직과 회계사, 글자 하나 차이 때문에 벌어진 해프닝이었다. 교육공무직을 학교 회계직으로 부르던 시절, 학교 어디에나 있었지만 학교 밖 누구도 학교 회계직의 존재를 몰랐던 그 시절의 웃픈 이야기.

충북지부 창립대회

교장이 남몰래 한 일을 지부장의 달력은 알고 있었다

2012년 파업을 앞두고 바빴던 충북지부 지부장 김미경은 옆 학교 과학실무사에게 소식지를 전달하기 위해 담벼락에서 접선하고 돌아오던 중 발을 접질러 반깁스를 하고 말았다. 그 후 진료가 있을 때마다 학교 옆 정형외과를 다녀오곤 하던 몇 날이 지나고, 평소에도 김미경 지부장을 눈엣가시로 여기던 교장이 외출을 꼬투리 잡아 김미경 지부장을 징계할 계획을 세웠다.

영양사 징계위원회가 열릴 거라며 행정실장이 김미경 지부장을 불렀다. 병원 갈 때마다 구두 복무를 했음에도 불구하고 나이스를 달지 않았으니 무단 외출이라며 징계를 하겠다고 통보했다. 실장의 통보를 가만히 듣고 있던 김미경 지부장은 별다른 반응 없이 알았다는 말 한마디만 하고 일어섰다. 그의 무반응에 더 당황한 건 실장이었다.

자신의 방으로 돌아온 김미경 지부장은 나이스에 교육청 감사관실이라고 외출을 올린 뒤 실장에게 결재를 요청했다. 실장이 감사관실을 왜 가냐며 놀라 물었고 김미경 지부장은 말없이 방에서 가져온 달력을 복사하기 시작했다.

달력, 달력이 도대체 뭐길래 그 위기 상황에서 지부장은 달력을 복사한 것인가!

영양사 징계 사건이 벌어지기 한참 전의 어느 날, 달력 사건은 이미 시작되고 있었다.

김미경을 비롯한 급식실 사람들은 교장의 분위기가 심상치 않음을 느끼고 꼬투리 잡히지 않기 위해 매사를 더 철저하고 꼼꼼하게 관리했다. 급식실 전원에게 배낭도 들고 다니지 말 것을 부탁했고, 모두 손바닥만 한 클러치로 통일한 뒤 보란 듯이 과장되게 돌리며 다니라고도 했다. 지각을 조심하는 것은 물론 복무도 더 철저하게 달았다.

당시 김미경 지부장의 방 바로 앞은 교장 전용 차량 그랜저의 주차 구역이었다. 파업 사태로 급식실에 발을 끊은 교장은 점심 시간이면 밖을 나가기 시작했고 그 방에서는 교장의 그랜저가 나가고 들어오는 게 한눈에 보였다.

시간이 흐른 어느 날, 김미경 지부장은 2시, 3시, 제멋대로인 교장의 귀가 시간이 신경 쓰이기 시작했고 혹시나 하는 마음에 교장의 복무를 달력에 기록하기 시작했다. 출퇴근 시간과 점심 시간, 외출 시간 등 교장의 모든 시간이 달력에 기록됐고, 나이스에 남기지 않고 말없이 안 나온 날엔 X를 그었다. 김미경의 업무용 탁상 달력 옆에는 교장의 복무 달력이 항상 놓여있었고, 그가 위생교육으로 자리를 비우는 날엔 조리사가 챙겼다.

김미경 지부장은 복사한 달력을 실장에게 보여주며 공무원인 교장이 얼마나 교칙을 지키지 않고 있는지를 세세하게 따졌다.

"누가 먼저 징계받는지 봅시다. 저는 감봉되어도 상관없어요. 징계위원회 꼭 여십시오. 저도 가만 있지 않을 거예요. 학교가 지금 저한테 하고 있는 건 엄연한 부당노동행위고요, 제 징계위원회가 열리는 날 노조에서 다 내려오기로 했으니 알아서 하세요."

단호하게 입장을 밝힌 김미경 지부장이 자리를 박차고 일어나자, 행정실장이 다급하게 불렀다.

"김선생, 잠깐만 기다려!"

정년이 코앞이라며 좀 봐 달라는 말을 입에 달고 살던 실장은 주섬주섬 교장실로 향했다. 잠시 후 교장실을 나온 실장,

"어휴…… 그랴, 없던 일로 햐……."

김미경 지부장이 자신의 징계위원회는 없던 일로 하지만 교장의 근무 행태는 감사관실에 보고하겠다며 한 번 더 세게 나가자, 당황한 실장은 그를 끌고 서둘러 급식실로 향했다. 나이든 사람이 고집부리는 거니 한 번만 봐주라며 사정하는 실장, 결국 정년이 얼마 남지 않은 그의 부탁을 못 이기는 척 들어주었고 영양사 징계 사건은 마무리되었다.

구철회 충북지부 조직국장의 짧지만 흥미로운 에피소드 세 가지

1〉2012년 첫 파업 당시 김미경 지부장은 파업 전후 학교와 학부모로부터 여러 고초를 겪었는데 그 중 학부모들이 급식실에 들이닥친 일이 있었다. 뒤늦게 연락을 받고 지부 사무실 사람들이 출동해 '여기서 이러시면 안됩니다'를 외치며 겨우 해산을 시켰다.

그로부터 2년이 지난 후 구철회 국장은 일이 있어 부동산을 방문했다가 부동산 사람을 보고 깜짝 놀라고 말았는데, '여기서 이러시면 안 됩니다'며 말렸던 학부모 중 한 사람이 맞은 편에 앉아 있었던 것이다.

2〉압도적으로 많은 수의 여자들과 아주 가끔 존재하는 남자들로 구성된 전국교육공무직본부, 지부 사무실 사정도 마찬가지다. 여자들 사이에서 일하는 남자의 입장에서 도저히 알 수 없는 '모임을 대하는 여자들의 자세'가 있다는 구철회 국장. 같이 모여 회의를 하고, 또 같이 밥을 먹은 뒤, 항상 차를 마시자고 하는 것에 대해 할 말이 있다고.

"차 한 잔 하러 갑시다"
"무슨 차를 마시러 가요?"
"얘기 좀 하자고요."
"아까 얘기 다 했잖아요."

회의하면서 이야기하고 밥 먹으면서 또 그렇게 말했는데 무슨 할 얘기가 또 남았는지……
남자 구철회는 도저히 알 수 없는 여자들의 세상이라고.

3〉2013년 8월 말 과학실무사의 죽음 이후 교육청을 상대로 큰 투쟁이 연이어 벌어지고 있었던 시기, 전국에서 충북으로 사람들이 몰려들자 교육청은 철문을 잠그고 경찰을 배치했다. 굳게 닫힌 철문 앞에서 분개한 사람들의 의견이 부수자 VS 안 된다로 팽팽하게 갈렸다. 잠시 후 의견을 좁히지 못해 더 분개한 사람들이 찾은 민주적인 해결책은 바로, 철문을 잡고 흔드는 것이었다. 그렇게 그들은 민주적으로 철문을 붙잡고 열심히 흔들었다고.

그 해 11월 투쟁에서 또 교육청이 철문을 닫아걸자, 교육감이 불통이어서 노조를 더 강하게 만들었다며 그 공로를 치하하는 비아냥 공로상 현수막으로 철문을 둘러싸기도 했다고.

충북도교육청 앞 과학실무사 추모 집회

노조와 면담 중에 벌어진 어느 학교 교장의 황당한 헐리우드 액션

돌봄전담사의 처우 개선을 위해 주 40시간 쟁취 투쟁을 벌이던 충북지부, 원하는 조합원에 한 해 학교장 면담을 진행했다. 학교장마다 반응은 천차만별이었지만 유독 그 반응이 황당했던 교장이 한 명 있었다.

노조에 대한 거부감이 심한 교장과의 면담이 시작되고 좁혀지지 않는 의견에 서로의 언성이 높아지려는 찰나 갑자기 교장이 뒷목을 잡으며 일어났다. 교장은 건강 상의 위협을 느낀다며 112에 전화를 걸어 신변 보호를 요청했고, 지부 사람들은 경찰이 올 때까지 기다리겠다며 자리에서 꼼짝 하지 않았다. 눈치를 살피던 교장은 혈압으로 인한 지병이 있다며 119에도 전화를 했다.

잠시 후 경찰이 왔고, 그 뒤에 들것을 들고 119 구급대원이 나타났다. 구급대원은 눈에 보이는 환자가 없자 환자부터 찾았다. 모두 교장을 가리켰고, 구급대원이 교장의 혈압을 쟀지만 정상으로 나타났다. 경찰이 구급대원을 먼저 돌려보내고 교장에게는 공무원이 세금 낭비하는 짓을 하면 안 된다고 따끔하게 훈계한 뒤 교장실을 떠났다.

그 날 이후 노조와 몇 차례 면담을 더 가진 후에야 교장은 돌봄전담사의 주 40시간 근무를 받아들였다.

덧) 어떤 학교의 교장은 찾아갔는데 만나주지도 않아 지부 사람들이 흥분한 나머지 방문을 부순 일도 있다고. 물론 변상도 했다고.

거친 교장 VS 거친 지부 사람들, 해고하려는 자와 해고를 막으려는 자의 대결

2013년 용역 회사들을 상대로 벌인 처우개선 투쟁 이후 전국에서 최초로 대구의 당직들이 노조에 가입했다. 이를 못마땅하게 지켜보던 어느 중학교의 좀 거친 교장이 노조 보란 듯이 당직 1명을 해고했다. 달서구 교장 모임의 리더였던 이 교장은 동료 교장에게 모범을 보이고 싶었던 것이다.

대구지부는 조합원 단 한 명도 해고시키지 않겠다는 다짐으로 6개월간 매일 아침 출근 투쟁을 했고, 학교가 있는 온 동네에 교장을 규탄하는 현수막을 붙이며 맞섰다. 교사의 주도 하에 서명을 받은 학생과 학부모들이 노조에 항의하는 일도 벌어졌다.

결국 교장은 동네 망신에다가 본인의 명예에 완전히 먹칠을 했고, 이 해고 사건은 대구에서 교장이 전국교육공무직본부 조합원을 해고하려면 죽을 각오를 해야 한다는 걸 각인시켰다.

해고되었던 70대의 당직은 어지러움증으로 자주 쓰러지는 병이 있었고 그가 쓰러져 싸움에 지는 건 아닌지 모두 걱정했다고 한다. 하지만 부인이 그렇게 말리는 와중에도 이 70대 당직 조합원은 무시당하는 게 억울하고, 능력 없으니 나가라는 말은 노조탄압이라며 굳은 심지로 버텨 주었다. 6개월이라는 긴 시간 동안, 자신의 편이 한 명도 없는 학교에서 혹독한 스트레스를 감내하며 결국 이겨낸 것이다. 해고 사태가 마무리된 후 그 조합원은 다니던 학교를 떠나 다른 학교에 복직할 수밖에 없었지만 지금도 꾸준히 노동조합 활동을 하고 있다. 그 후 대구에서 당직 해고는 완전히 사라졌다.

대구 당직 투쟁

젊은 지부장의 혈기, 대구 여자의 기개

때는 2018년 5월, 대구의 보선건설이라는 회사의 위탁업체가 학교에 근무하는 간접 고용직 기사와 청소원의 임금을 7개월 넘게 체불한 일이 발생했다. 보선건설은 예산 부족을 이유로 빠져버렸고 위탁업체는 나 몰라라 하던 상황이라 대부분 고령이었던 노동자들은 돈을 못 받고 근무 중이었다. 이들이 노조에 가입하면서 체불 임금 문제를 의뢰했다.

지부가 나서 보선건설 앞에서 집회를 여러 번 열었지만 회사는 아무 반응이 없었다. 그러던 어느 날, 사장이 탄 차를 발견한 이영란 지부장은 고령의 조합원들이 망설이는 사이 마이크를 쥔 채 차 앞으로 뛰어들어 사장에게 소리 질렀다. '돈 내놓고 가라, 돈 내놓기 전에는 못 간다, 여기 사람들 다 굶겨 놓고 니는 배부르나', 이영란 지부장의 절규가 거리에 울려 퍼졌다.

다음 날, 전날 당한 굴욕이 효과가 있었는지 보선건설에서 돈을 지급하겠다며 연락을 했고 교육지원청의 조율 끝에 체불 임금 문제는 해결됐다.

보선건설 체불 임금 지급 촉구 집회

인천지부 지부장 이윤희와 수석부지부장 정현순의 삭발식,

학교 비정규직 노동자들의 눈물과도 같은 잘린 머리카락이 바람에 흩날렸다.

2018년 인천의 지역 교섭은 지부 역사상 가장 잘 된 교섭으로 남았다. 성공적인 교섭이 있기까지 인천지부 집행부와 조합원은 뜨겁게 싸웠고, 그 열기 속에 눈물의 지부장 삭발식도 있었다. 그리고 그 삭발식에 얽힌 비하인드 스토리도 있다.

삭발식을 그리 선호하지 않는 편인 교육공무직본부에서 이윤희 지부장의 삭발식은 이태의 본부장, 광주 신복희지부장, 충북 우시분 지부장 이후 네 번째였다.

2018년 11월, 도성훈 진보 교육감 당선 첫 해의 교섭을 앞두고 연대회의에서 삭발이 거론됐지만 이윤희 지부장은 마음을 완전히 정하지 못한 상태였다.

하지만 이미 모든 것을 용의주도하게 준비한 이가 있었으니 그가 바로 정현순 수석부지부장(이후 수석)이었다. 정현순 수석은 남의 머리 깎던 물건으로 소중한 지부장의 머리를 깎을 수 없다며 직접 새 바리깡을 미리 구입해 충전까지 완료해 놓았다. 당시 정현순 수석은 등나무 아래서 처음 만났던 지부장을 지키겠다는, 인천지부를 꼭 지켜내겠다는 마음 하나로 본인도 삭발을 결의하며 삭발식을 준비해 나갔다.

그러나 예상과는 달리 다른 노조들이 빠졌고 인천지부 단독으로 교육청 앞 마당에서 이윤희 지부장 혼자 삭발식을 강행하게 되었다.

세 살 이후 평생 처음이라는 이윤희 지부장의 삭발, 지부장은 담담했지만 바리깡을 든 정현순 수석은 삭발하는 내내 눈물을 흘렸고, 피켓을 들고 지부장 뒤에 서 있던 인천지부 간부들도 울었다. 삭발하던 도중 정현순 수석은 이윤희 지부장의 어깨에 엎드려 통곡을 했고, 지부장의 괜찮다는 말 한 마디에 겨우 삭발을 이어갔다. 학교 비정규직 노동자들의 눈물과도 같은 머리카락이 바람에 흩날렸다.

이윤희 지부장은 가족들과 미리 의논하지 않았고 삭발 1시간 전 남편에게 겨우 전화했다고 한다. 결심이 선 마당에 여러 소리 듣고 싶지 않았다고. 삭발한 머리로 집에 돌아갔을 때 남편은 딱 한 마디 했다고 한다.

"어허!"

하지만 아들의 예상못한 반응에 가족 모두 웃을 수밖에 없었다고.

"뚱뚱하지 말던가, 삭발하지 말던가, 입술을 바르지 말던가……."

엄마에게서 낯선 이의 흔적을 발견한 아들의 요란한 외침이 저녁 내내 이어졌다고 한다.

덧) 삭발을 결정하기 전 지부장은 본부에 전화를 했다. 본부에서 말려줬으면 하는 마음이 저 깊은 곳에서 요동치고 있었다. 그러나 본부는 이 한 마디를 남겼다. 깎아도 응원하고 깎지 않아도 응원한다고…….

이윤희 지부장 삭발식

사모님들의 화려하고 향기로운 외출

1〉 때는 2011년 인천지부가 막 태동하던 즈음, 부평의 어느 청국장 집에서 진행된 노조 첫 모임, 권형은 당시 조직국장은 참석자들이 노조에 대한 거부감을 느끼지 않도록 송년회 분위기의 식당을 예약했고 열댓명의 사람이 퇴근 후 그 곳으로 모였다. 그 중 사모님 스타일로 단연 눈길을 끄는 두 사람이 있었으니 그들이 바로 미래의 지부장과 수석부지부장이 된 이윤희와 정현순이었다. 스카프 휘날리는 정현순은 강남 사모님 스타일 그 자체였고, 이윤희의 웨이브 머리는 아름답게 곱슬거렸고 굵은 알반지는 유난히 밝게 빛났다고.

권형은 조직국장이 늘 보아오던 노조 사람들과 달라도 너무 다른 모습이라 오래 기억에 남았다고 한다.

2〉 사무실이 생기기 전 공공운수노조 인천본부 사무실을 빌려서 회의를 했던 인천지부 집행부들, 남자들이 대부분인 사무실인데다가 남자 화장실 옆이라 사무실 환경이 그다지 향기롭지 않았다고 한다. 하지만 인천지부 집행부의 회의가 있는 날은 유일하게 좋은 향기가 풍겼으니 그 이유는 집행부들의 분 냄새때문이었다고.

또 이들이 부드럽게 만든 건 사무실의 향기 말고도 더 있었으니, 공공기관에서 오랫동안 근무해온 특유의 친화력으로 사무실 사람들 속에 빠르게 적응했고 노조 활동도 배워가면서 잘 해 나갔다고.

상경 투쟁 가는 당신, 이왕이면 먹고 마시는 것도 맛있게 예쁘게!

1〉인천지부 권형은 조직국장은 첫 상경 투쟁에 평소대로 김밥, 떡, 물 등 단출하게 준비했고 다른 지부 사정도 특별할 게 없이 비슷했다. 하지만 이듬 해 상경 투쟁에서 부산지부가 리본까지 단 예쁜 주머니에 과자, 빵, 캔디, 김밥, 우유, 물 등을 넣은 간식 주머니를 들고 나타났고 전국 조합원들이 그것을 발견하고 말았다. 예쁜 간식 주머니는 부산 유치원, 돌봄 간부들의 아기자기한 솜씨였다고.

그 후 간식 주머니는 전국으로 퍼져 나가기 시작했다. 조합원들은 열광했지만 가뜩이나 바빠 죽는 전국의 사무처 사람들은 그 유행이 달갑지 않았다고. 나중에 알아보니 부산지부 조직국장이 그런 걸 좋아하는 취향이었다고. 간식 주머니는 그렇게 조직 문화의 하나로 자리잡았다.

상경 투쟁 버스와 식사

2〉간식 주머니 못 지 않은 상경 투쟁의 조직 문화가 또 하나 있었으니 그것은 바로 먹거리!

상경 투쟁에 관한 회의를 할 때면 뭘 먹을 것인가를 두고 한참 설전을 벌인다고 한다. 김밥 지겨우니 찰밥을 하자, 엄마들은 찰밥에 김치 하나면 된다, 방앗간 가서 쌀을 찌면 된다, 김치는 내가 아는 맛집에서 사자, 기타 등등 기타 등등. 조합원 대부분이 밥 짓는 게 가장 쉬운 엄마들인데다 지부에 따라 급식실 근무자들이 많은 경우엔 메뉴가 더 화려해진다.

경북지부의 경우 전날부터 국밥을 끓여서 가져간 적도 있고, 다양한 나물을 만들어가 휴게소에서 장갑 끼고 즉석 비빔밥을 만들어 먹기도 했다고 한다. 급식실 사람들이 고생한 덕분에 다른 직종 사람들은 호사를 누렸다고. 안명화 지부장은 급식실 사람들이 고생하는 걸 더 볼 수 없어 본인의 임기부터 주문 도시락으로 통일했다고 한다.

3〉 보통의 노조와 다른 전국교육공무직본부만의 집회 문화가 있는데 그것은 바로 집회 용품 챙기기!

집회에 참가하는 사람들은 각자 알아서 물이나 깔판을 챙기는 게 일반적이지만 전국교육공무직본부는 지부에서 조합원들에게 필요한 모든 것을 챙긴다. 처음에는 물과 깔판 정도였던 것이 점점 조끼가 더해지고 모자가 더해지고, 겨울엔 방한용품까지 더해진다.

연두색 조끼로 시작해 연두색 모자, 연두색 우산, 연두색 손수건, 연두색 응원나팔까지 마치 아이돌 팬클럽의 노조 버전처럼 전국교육공무직본부 사람들은 연두색으로 예쁜 걸 만들기를 즐긴다고. 간혹 간부 중엔 사복으로 연두색을 사는 사람도 있어 주변 사람들을 경악하게 만든다고.

과거엔 연대 집회를 하면 검정색이나 곤색이 가장 일반적이고 튀어봐야 가스 노조의 빨간색이 전부였는데 그곳에 총천연색인 연두색이 처음 등장한 것이다. 연두색은 색깔만으로도 유별났지만 연두색 조끼를 입은 사람들의 면면은 더 특별했고, 그들은 노조 탄생 10년 만에 한국 노동 운동의 중심으로 우뚝 섰다. 그리고 그들은 한가지를 먹어도 예쁘게 맛있게 먹는 것을 좋아하고, 뭘 만들어도 연두색으로 예쁘게 만드는 것을 좋아하는 특유의 조직 문화를 갖고 있다.

전국교육공무직본부 집회의 초록물결

지부장도 며느리, 투쟁도 시아버지 제사도 계속돼야 한다!

2015년 경북의 돌봄 투쟁이 격화되고 있던 당시, 도교육청 앞에서 규탄 집회를 열기로 한 날이 이복형 전 지부장의 시아버지 제삿날이랑 겹쳤다. 지부장이 집회를 빠질 수도 며느리가 시아버지 제사를 빼먹을 수도 없던 상황, 경북지부 집행부들이 회의를 하다가 궁리 끝에 몇몇은 이복형 지부장의 집으로 가 제사 음식을 준비하고 안명화 현 지부장은 대구에서 안동까지 지부장을 차로 데려다 주는 제사 사수 작전을 세웠다.

남편의 동의를 구한 뒤 집에서는 지부 사람들이 제사 음식을 준비했고, 대구에서 집회가 끝나자 마자 며느리 이복형을 태운 차는 제사 시간 내에 도착하기 위해 1시간 30분 정도의 거리를 난폭운전으로 내달렸다. 모두의 수고 덕분에 마침내 시아버지 제사는 시어른들도 모르게 무사히 끝났다.

그 후 난폭운전에 놀란 이복형 전 지부장은 안명화 지부장의 차를 다시는 안 탔다고!

덧) 전국에서 가장 보수적인 양반 동네로 알려진 안동에서 제사 음식을 남의 손에 맡기는 건 드물고도 드문 일이라고 한다.

경북 돌봄 쇠사슬 투쟁

강원지부 이상철 조직국장, 전화 상담 어디까지 해 봤니?

"전화 상담 내용은 다양해요. 학교 생활 중에 생기는 관계의 마찰 문제, 본인의 할 일을 묻는 전화도 있고요, 우리 선생님의 일이 아니라 지인 아들의 퇴직금 문제를 묻기도 하고요. 일 하다가 다쳤을 때 어떻게 해야 하는지를 묻는 전화도 있는데 그럴 때는 민주노총 가입하라고 말해줘요. (웃음) 심지어 지인이 춘천 오는데 맛있는 닭갈비집 어디냐고 전화하시는 분도 있었어요. 춘천 닭갈비집은 다 맛있다고 가르쳐줬답니다."

대전지부 노현진 조직국장, 전화 상담 이렇게까지 해 봤다!

"자동차 사고가 났는데 어떻게 처리해야 하냐고 전화를 하세요. 그러면 보험 회사로 전화하라고 알려드려요. 그런 황당한 전화도 있었어요. 초창기에는 밤마다 술 한잔 마시고 전화하는 분도 있었어요. 술김에 억울하다고 울면서 전화해요. 하소연할 데가 없어 노조에 전화하시는 거죠. 할 말이 다 끝날 때까지 전화를 받았어요. 다 초창기 시절 일이에요. 지금은 많이 나아졌어요."

교육청 투쟁 중에 벌어진 장학사 부부 사건, 남편은 내 편이 아니라 남의 편

평소에도 이벤트나 퍼포먼스를 좋아하는 손두희 경남지부 지부장, 교육청을 상대로 투쟁을 벌일 때도 그의 재미있는 궁리는 다양하게 계속된다. 궁리만 하고 실현하지 못한 퍼포먼스 중엔 교육청 로비에 깃발을 꽂아서 사람들이 피해 다니게 하는 것도 있었다고. 어떻게 하면 교육청 사람들이 열 받아서 반응이 빨리 올까를 고민하는 거라고 한다.

궁리에서 그치지 않고 실행에 옮긴 퍼포먼스도 있는데 그게 영어회화 전문강사 담당 장학사가 근무하는 사무실 로비에서 짝짝이 흔들기였다고 한다. 짝짝이를 들고 들어간 집행부와 조합원들은 최대한 시끄럽게 몇 시간 동안 짝짝이를 흔들었다. 우아하기로 유명한 담당 장학사의 행동이 너무 얄미워 골려 주고 싶은 마음이었다고.

실내에서 몇 십 명이 내는 짝짝이 소리는 흔드는 당사자들도 견디기 힘들어 잠시 멈추자는 말이 나올 정도로 요란했다. 담당 과의 장학관과 장학사, 과장은 사무실에서 꼼짝 하지 않았고 노조 사람들은 김밥을 시켜 먹으며 농성 대오를 유지했다. 그러던 중 부인이 퇴근을 못 하고 있다는 소식을 들은 장학사 남편이 교육청 주차장 옆 도로를 막고 나가는 사람마다 따라다니며 삿대질을 하고 소리를 지르는 일이 발생했고, 먼저 나간 조합원들도 봉변을 당하고 있었다.

교육청 야간 경비의 신고로 경찰차가 출동했고 손두희 지부장이 내려가 말려도 장학사 남편은 폭주를 멈추지 않았다. 소식을 들은 장학사가 주차장으로 다급하게 내려오는 것을 보고 손두희 지부장과 조합원들은 장학사 눈에 안 보이게 숨었다고 한다. 그런 모습을 보이는 게 얼마나 창피한 일인지 같은 여자 입장에서 공감했기 때문이라고.

며칠 뒤 장학사를 다시 만났을 때 그가 남긴 한마디,

"내가 더이상 망가질 게 뭐 있겠습니까?"

교육청에서 이보다 더 우아할 수 없었던 장학사는 한동안 노조 사람들을 피했다고 한다. 경남지부 내에서도 장학사 개인 집안사나 남편사를 입에 올려 구설수에 휘말리지 말라며 단도리를 쳤다고.

노동조합 깃발 아래 더불어 태극기 부대

2017년 대통령 선거가 한창이었던 시기, 서울지부는 용역 직고용 전환을 맞아 조직활동에 여념이 없었다. 설명회나 기자회견을 많이 열었는데 청와대 앞에서 기자회견을 하던 어느 날, 선거에 관한 대화를 나누던 사람들 사이에 시비가 붙었다.

청와대 앞에서 시위 중이던 다른 해고 노동자 한 명이 더불어민주당을 찍어야 한다고 나서자, 조합원 중 한 명이 다짜고짜 달려들며 '너 왜 나한테 더불어 찍으라고 하는 거야.' 하며 욕을 했다. 삿대질을 하며 오가던 언쟁이 순식간에 싸움으로 번졌고, 집행부들이 나서서 말리고 근처의 경찰도 달려왔다.

나중에 알고 보니 달려든 조합원은 바로 태극기 부대였다고. 노동조합 조합원이 되어 기자회견 하러 청와대 앞까지 왔지만 정치적인 문제까지는 용납이 안 되었던 것.

당직 분과 설명회

당직분과 소식지

누가 이빨을 훔쳐 갔다고요??

꽃들이 고개를 들기 시작하는 3월의 어느 날, 옥수수와 감자떡 팔아 만든 돈으로 마련한 지부 승합차가 출고된 역사적인 날, 지루한 교섭에도 급식비 줄 생각을 하지 않는 교육청의 버티기를 참다 못한 강원지부는 이른 아침에 기습적으로 교육청 로비에 자리를 잡고 농성을 시작했다.

오후가 되고 지부 깃발을 가져온 사무국장이 자리 뒤편에 자랑스럽게 깃발을 걸었는데, 순간 어디선가 나타난 총무계장이 지부 사람들 보란 듯이 신경질적으로 지부 깃발을 가져가 버렸다. 지부 사람들이 몰려가 깃발을 내놓으라고 소리를 질러도 총무계장은 무반응이었고, 급기야 사무국장은 112에 도난 신고를 했다.

"저기요, 제가 가장 소중하게 여기는 물건을 누가 빼앗아갔습니다"
"그게 뭔데요"
"깃발이요"
"네? 이빨요???"

긴장감이 감돌던 농성장에 갑자기 웃음이 빵 터졌다. 도난 신고를 받은 경찰은 어쩔 수 없이 교육청으로 출동했고, 노동조합의 깃발이 갖는 의미를 몰랐던 총무계장은 결국 정중히 사과하며 깃발을 돌려줬다.

강원도교육청 로비 농성과 강원지부가 옥수수와 감자떡 팔아 마련한 승합차

신발을 두드리며 비정규직 여성 노동자의 설움도 함께 날려 보냈다

2014년 3월의 어느 주말, 배움과 탐구의 전당인 교육 도서관 종합 열람실에서 남성 공무원이 이용객들이 보는 가운데 강원지부 여성 조합원의 뺨과 몸을 구타하는 사건이 발생했다.

주말임에도 불구하고 충격적인 초유의 사태에 강원 지부 사무처는 홍천 지회에 비상 소집 공지를 내렸고, 지회 조합원들은 순식간에 교육청 앞으로 모였다. 인근 지회 임원들도 참석해 힘을 보탰다.

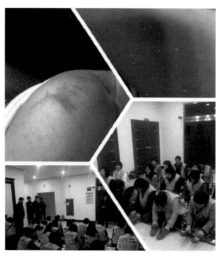

교육장 실 앞에서 신발을 두드리며 강원지부 여성 조합원 폭행 사건에 항의하는
강원지부 조합원들

참석한 사람들은 모두 교육장실 앞에 앉아 교육장 나오라고 소리치며 신발을 벗어 바닥을 두드리기 시작했다. 주말을 맞아 등산을 갔던 교육장은 뒤늦게 사태의 심각성을 인지하고 곧바로 달려와 조합원들에게

사과하며 가해자 처벌 및 재발 방지를 약속해, 분노했던 조합원들은 해산할 수 있었다.

조합원 개인의 일을 자신의 일처럼 분노하며 함께 했던 홍천 지회 조합원들은 그 후에도 똘똘 뭉쳐 강원지부 최강 모범 지회로 꾸준히 성장하고 있다.

경찰 전화 한 통에 겁부터 먹던 시절, 안양 과천 지회장에게 벌어진 유쾌한 소동

노동조합 일이라면 아무도 못 말리는 열혈 김영애 부본부장의(본인 피셜) 성향이 강한 편이 아니었던 안양 과천 지회장 시절, 2013년 6월 22일 총파업대회를 위한 상경 투쟁을 앞두고 지회장이 없는 군포 의왕까지 총괄하며 조합원 조직에 차량준비까지 마치고 최종 점검을 하고 있는데 느닷없이 한 통의 전화가 걸려왔다. 뜻밖에도 전화 건 이는 경찰 정보관이었다.

무척 놀랐지만 하나도 놀라지 않은 척을 하며 왜 전화했냐 따져 물은 김영애 지회장, 상경 차량 출발 장소인 대동문고 앞이 혼잡해서 도와주고 싶다는 정보관은 몇 명이 가냐 직접 나가겠다며 이것 저것 묻기 시작했다. 앞뒤 사정을 잘 몰랐지만 뭔가 감이 온 김영애 지회장, 경찰이라면 경기부터 일으키는 조합원들 걱정에 경찰이 한 명이라도 눈에 띄면 가만히 있지 않겠다 호통치며 전화를 끊었다.

큰 소리는 쳤지만 잔뜩 졸았던 김영애 지회장은 지부에 전화해 연락처가 경찰에게 흘러간 정황에 대해 따진 뒤, 걱정되는 마음을 주체할 수 없어 제주도로 귀농 간 친구에게 전화를 걸었다. 당시 김영애 지회장이 알고 있는 유일한 운동권이 학생운동을 했던 친구 남편이었던 것이다. 남편 생각이 제일 먼저 났지만 아내의 노조 활동이 건강한 권리 찾기 정도로 알고 있는 남편에게 경찰 전화를 상담했다가는 이후 본인의 행동에 제약이 생길까봐 비밀로 할 수밖에 없었다.

학생운동권 출신의 친구 남편은 내용을 듣자 마자 웃음부터 터뜨렸다고 한다. 각목에 쇠파이프 들고 가는 것도 아니고, 대한민국 국민의 한 사람으로서 자신의 목소리를 내러 가는 건데 뭘 무서워하냐는 말이 어쩐지 위로가 되었고 놀란 가슴을 겨우 진정할 수 있었다고.

하지만 문제는 다른 곳에서 터졌다. 군포 의왕 버스 인솔 담당자였던 조합원이 경찰의 전화를 받은 뒤 울면서 김영애 지회장을 찾았다. 공무원 남편에 경찰학과 지원할 아들이 있어 본인이 잘 못 되면 큰 일 난다며 완전히 손을 떼겠다는 조합원, 김영애 지회장의 설득도 소용이 없었다. 버스 인솔 담당이 된 조합원에게 군포 의왕 지회장을 맡기려 했던 김영애 지회장의 부푼 꿈도 동시에 날아가버렸다.

문제는 거기서 그치지 않았다. 안양에서 버스 한 대 정도 조직하던 김영애 지회장은 버스 서너 대에 100명이 넘는 인원을 책임져야 하는 상황에 경황이 없어 수송 문제는 관광버스 회사만 믿고 걱정하지 않았다. 그러나 안양에서 잘 출발했던 버스 한 대가 돌아갈 시간에 나타나지 않은 것이다. 관광버스 회사에 알아보니 차량이 부족해 출퇴근 버스 기사에게 돈 10만 원에 팔아 넘겼고, 그 기사가 말도 없이 내빼는 바람에 40여 명의 군포 의왕 조합원들은 낙동강 오리알 신세가 돼 버렸다.

낯선 서울 거리를 방황하던 김영애 지회장과 40여 명의 조합원들은 겨우 본부 사람들을 만나 저녁을 먹고 집으로 돌아갈 수 있었다고.

도대체 경찰은 차량 인솔자들의 연락처를 어떻게 알고 전화한 것인가! 대한민국 경찰의 뛰어난 정보력? 아니다, 모두가 보고 있으면서 아무도 정답인 걸 눈치채지 못한 것, 바로 카페에 버젓이 게시되어 있는 차량탑승 안내표가 범인이었던 것이다. 이 사실도 경기지부에서 지부 관할 경찰서에 문의해 알아낸 것이라고. 스마트폰도 SNS도 활성화되지 않은 그 시절, 유일한 소통 창구였던 카페 게시판은 너무나 공개적이었던 나머지 원하는 사람은 누구나, 경찰이나 교육청 사람들까지도 열람이 가능했던 것이다.

우여곡절이 많았지만 2013년 6월 22일의 총파업대회는 전국에서 모인 학교 비정규직 노동자들의 함성이 독립문역, 서울역, 시청 광장에 흘러 넘쳤고 한 목소리로 외친 급식비와 호봉제 쟁취는 그 해 급식비 지급과 장기근속가산금 2만 원이라는 성과로 나타났다.

그리고 전국 동시 파업으로 한 자리에 모인 노동자들이 가득 했던 독립문역 광장엔 그 후 광장 한가운데에 커다란 콘크리트 화분이 설치되었고, 총파업대회를 끝으로 그곳에서 더 이상 집회는 개최되지 않았다.

6.22 독립문 집회

운명의 장난은 언제나 불현듯, 예상치 못하는 곳에서 벌어진다

때는 2017년, 장소는 충북지부 사무실. 카페 홈페이지를 둘러보고 있던 김용정 사무국장은 그날 따라 불현듯 잘 들어가지도 않는 방문자 리스트를 유심히 보다가 신입 준회원을 발견하고 노조 가입을 유도하기 위해 전화를 걸었다. 카페 신입을 상대로 조합 가입을 끌어낸 경험이 있었던 김용정 국장은 그 날도 평소와 다름없이 행동한 것이다.

그런데 전화기 너머에서 남자의 목소리가 들려 드문 일이라 생각하며 노조라고 밝히자 남자는 웃으며 자신의 이름을 말했는데, 그는 바로 교육청의 교섭담당 주무관이었던 것. 주무관은 들킨 게 민망해서 어쩔 줄 모르고, 김용정 사무국장은 주무관의 염탐 의도를 파악하고 전화를 끊었다.

그 후 교섭장에서 주무관을 만났을 때 조합원만 들어오는 곳이니 빨리 가입하라고 우스개 소리를 건네자 주무관은 도망치듯 자리를 피했다고.

경기 사서분과장 카톡 계정 정지 사태를 부른 동명이인 소동

2018년의 꽃피는 봄, 고양지부의 사무장이면서 한 달 차 경기 사서분과장 권혜진은 사서분과장의 업무를 본격적으로 시작하기 위해 톡방을 만들고 주소록에 있는 경기도 사서들을 초대하기 시작했다.

그런데 별 문제없는 다른 지역과 달리 시흥의 사서들은 초대를 하면 나가버리는 일이 발생했고, 남들보다 성격이 조금 급한 편인 권혜진 분과장은 답답한 마음에 거듭해서 초대를 날렸다. 급기야 거듭된 초대를 이상하게 여긴 시흥 사서들이 신고를 하고 방을 나가버리는 바람에 권혜진 분과장은 톡방 소개를 해보지도 못한 채 카톡 계정이 일주일간 정지되어 버렸다.

날벼락 같은 계정 정지 사태에 시흥 사서들의 사정을 알아본 결과, 시흥지회 사무분과에 동명이인의 권혜진이 있었고, 육아휴직 중인 권혜진이 톡방으로 초대하는 것을 이상하게 여긴 시흥 사서들의 발빠른 대처가 계정 정지로 이어졌던 것.

일반적으로 조합원들은 지부별, 직종별, 다양한 톡방에 소속되어 각종 소식과 정보를 공유하기 때문에 간부가 되고 직책이 올라갈수록 톡방의 수는 점점 늘어 가기 마련이다. 톡방이 많을수록 바쁘고 그만큼 귀찮은 것. 톡방으로의 초대가 마냥 반갑지 않고 민감하게 반응하는 것도 그런 이유다.

남들보다 조금 급한 성격의 권혜진 분과장은 계정 정지가 풀리기를 기다리지 않고 전화번호를 하나 더 구입해 계정을 추가한 뒤, 시흥 지회 임원에게 연락해 '사서분과장 권혜진'을 적극 알렸다고.

덕분에 두 개의 계정이 생긴 권혜진 분과장은 번호 하나는 고양지회

사무장 용으로 다른 하나는 경기사서분과장 용으로 분리해 사용하고 있다고. 또 새로 톡방을 만들 때는 안내 메시지 첨부를 빠뜨리지 않는다고. 그리고 이름 옆에 항상 '고양사무장'또는 '사서분과장'을 붙이는 게 습관이 되었다고.

2017년 사서 권혜진과 교무 권혜진은 임원 파업에서 만나 인사를 나눈 적이 있다고 한다. 친하게 지내자며 헤어졌지만 직종이 달라 만날 기회가 없었는데 그 해프닝 때문에 교무 권혜진의 존재를 더 크게 느꼈다고.

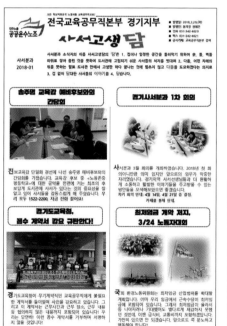

사서분과 소식지

찬바람이 불면 칼바람이 휘몰아친다!

훈훈한 연말에는 덕담 대신 갑질, 월급이 가장 적은 자들의 주머니를 턴 갑질 천태만상

2015년 3월 27일 일명 김영란법인 청탁금지법과 2019년 7월 16일 직장 내 괴롭힘 금지법이 공포되면서, 갑들의 부당한 갑질 행위를 근절하고 세상의 모든 '을'을 보호하기 위한 국가 차원의 제도가 마련되었다. 여전히 법 따로 현장 따로라는 말이 있지만, 그래도 지금의 노동자들에겐 비빌 언덕이라도 생긴 셈이다.

하지만 지금으로부터 겨우 10여 년 전만 하더라도 학교 안은 완전 다른 세상이었다. 특히 학교 내에서 가장 적은 월급을 받으며 해마다 고용불안을 겪어야 했던 학교 비정규직 노동자들에게 학교는 혹독하고 비정한 곳이었다.

"내년에도 근무하고 싶어?" 직장 상사들의 이 말은 곧 '안 잘리고 싶으면 뭐라도 바쳐라'라는 의미였다. 찬바람이 불고 연말이 다가오기 시작하면 학교 비정규직들끼리 몇만 원씩 돈을 걷어 와이셔츠에 넥타이, 홍삼진액, 상품권 등 선물세트를 갖다 바쳐야 겨우 1년을 더 버틸 수 있었다. 어디 돈뿐이랴, 김장철이면 교장 집에 가서 김장을 해주며 몸으로 때운 사람도 있었다.

1〉 2008년 학교에 입사한 어느 분과장이 슈퍼 갑들에게 뺑뜯긴 사연

겨우 월급 70만 원 받는 일용직이던 입사 초기 시절 모 분과장은 교장과 교감의 노골적인 요구에 월급 절반이 털리고 말았다. 지어낸 이야기 아니냐고? 설마 그렇게까지? 믿기 힘들겠지만 이것은 실화다.

찬바람이 불기 시작한 어느 날 교장실에서 호출이 왔다.

교장 왈, "최서방 하고 술 한잔 마셔야지." 교장한테 왜 '최서방'이 되는지 모르겠지만 참고로 최서방은 분과장의 남편이다.

분과장 부부는 어쩔 수 없이 교장과 교감을 좋은 식당으로 초대했고, 교장과 교감은 그곳에서 제일 비싼 음식과 술을 시켜 엄청나게 먹어댔다. 그 날 계산서엔 당시 분과장 월급의 반이나 되는 돈이 찍혀 있었다. 분과장은 속이 쓰렸지만 1년이라도 더 일하기 위해 울며 겨자 먹기로 계산을 치렀다. 하지만 더 기막힌 일은 다음 날 벌어졌다.

호출받고 달려간 교장실, 분과장을 기다린 건 교장과 교감의 대리운전 비용이었다. 술을 마셔서 대리운전을 불렀다는 이 환장의 커플은 그들의 대리비 00만 원을 입금하라며 계좌번호를 분과장에게 알려줬다.

직장이고 뭐고 다 때려치우고 싶을 만큼 불쾌한 마음에 욕이라도 실컷 해주고 그 자리를 나오고 싶었던 분과장, 하지만 그는 솟구치는 마음을 간신히 억누른 채 억지웃음을 지으며 교장실을 빠져 나왔다.

교장과 교감에겐 연례행사처럼 당연한 이벤트였겠지만 모 분과장에겐 인생에서 싹 다 파내서 지워버리고 싶어도 절대 지워지지 않는 끔찍한 순간으로 남았다.

2〉내 차는 물로 가냐!

때는 또 2008년, 모 조합원의 학교 교장은 본인이 외출할 때마다 ○○실무사 조합원을 호출했다. 교육청이나 인근 학교에 출장을 갈 때면 조합원의 차가 교장 전용차가 됐고 조합원은 대리 기사가 되어버렸다. 교장연수라도 있는 날이면 연수 장소까지 태워 갔고, 연수가 끝날 때까지 꼼짝없이 기다리다가 다시 태우고 학교로 돌아오기도 했다.

이미 충분히 교장의 고약한 심보를 짐작하고도 남지만 아직 더 남은고약함이 있었으니, 교장은 그렇게 부려먹으면서도 출장도 달지 못하게했고 기름값도 단 한 번 낸 적 없었다. 교장한테 뭐라 할 수도 없었던 모조합원은 친구를 붙잡고 억울함을 하소연했다.

친구, "너네 교장은 니 차가 물로 가는 줄 아는 거 아냐?"
조합원, "흑흑… 내 차도 기름 넣어야 달린다구!!! 이 날도둑 놈아!!!"

나중에 무기계약으로 전환된 ○○실무사 조합원은 그 뒤로는 업무가 아닌 것은 당당히 거절하는 당당한 '을'로 거듭났다고 한다.

세월이 흘러 2016년에 부임한 여자 교장이 교무실무사를 대리 기사로 부리는 것을 본 모 조합원은 교장의 갑질을 고발하려고 했다. 하지만교무실무사는 본인이 자청했다며 도움을 거절했다. 세상이 바뀌고 자신을 보호하기 위한 방법이 생겨도 변함없이 갑질에 굴복하는 교무실무사를 보며 ○○실무사 조합원은 씁쓸함을 느꼈다고 한다.

3〉 학교는 교장의 왕국, 조리사는 교장의 식모

어느 학교의 교장은 급식실 조리사에게 아침마다 누룽지를 끓여 오라고 했다. 교장의 부당한 요구에 항의조차 할 수 없었던 조리사는 욕지기가 솟았지만 매일 아침 교장에게 누룽지를 대령했다. 학교에서 키우는 유기농 채소들을 뜯어서 급식실에서 조리해 오라는 터무니없는 주문도 당당하게 요구했다.

그 시절 학교가 그랬다. 학교는 교장의 왕국이었고, 학교 안에서 서열이 가장 낮았던 교육공무직은 다양한 장소에서 노예와 같은 취급을 받으며 그 혹독한 시절을 견뎠다.

학교장 채용으로 인한 갑질 행위와 온갖 병폐가 사라지고 교육감 직고용이 되기까지, 채용과 동시에 무기계약이 되는 고용안정을 얻기까지 수많은 학교 비정규직 노동자들은 부당함과 모멸을 견디며 물러서지 않고 투쟁했다. 10년이 지난 지금 교육공무직이 누리고 있는 당연한 권리는 그들의 피와 땀, 희생으로 치열하게 싸워 얻어낸 것이다.

교육공무직 후배들은 잊지 않을 것이다. 그리고 기억할 것이다.
지금 그들이 서 있는 그 자리가 있기까지 누군가는 눈물을 흘려야 했고, 누군가는 더 나은 세상을 향해 포기하지 않았다는 것을.

숨은 조합원 1. 경기지부 조리사 김정애

김정애 조합원은 2004년 급식실에서 근무를 시작해 2018년 2월 정년퇴임을 했다. 근무하던 학교에서 전국교육공무직본부 조합원으로는 최초의 정년 퇴임이었다.

그가 노동조합과 인연을 맺은 것은 조리원이었던 시절, 영양사의 권유로 같이 근무하던 급식실 사람들 3명이 함께 가입하면서부터였다. 학교에 근무하기 전 공단에서 사무직으로 일했던 김정애는 당시 공장 직원들이 파업하는 걸 본 적이 있었고, 정부와 사측이 그들에게 함부로 하는 것에 안타까운 마음을 가졌던 경험이 있었다. 그 뒤로 그는 노동조합이 당연히 필요한 것이라는 인식을 가졌고 가입을 망설일 이유가 없었다.

노조 가입 당시 그의 급여는 겨우 60여 만 원이었고 인권 같은 건 기대할 수 없을 정도의 근무 환경이었기 때문에 처우가 개선되었으면 하는 바람이 있었지만 크게 기대하지는 않았다. 하지만 어느 해인가 11월 상경 투쟁에 처음 간 이후 조합원의 참여가 곧 힘이라고 생각한 그는 그후 노조가 하는 일이라면 빠지지 않고 참석하는 것으로 그의 힘을 보탰다.

퇴임하기 5년 전 서울 상경 집회에는 남편도 함께 참석했는데, 그 후 방송에서 전국교육공무직본부에 관련된 뉴스를 볼 때면 초록 물결이라 말하며 자신의 일처럼 기뻐했다고 한다. 남편은 그 뒤로도 시간이 있을 때면 항상 김정애 조합원의 투쟁에 동참해 왔다고.

노조 가입 후 가장 기뻤던 일은 모두 힘을 합쳐 근속수당을 따낸 것이었고, 또 경기지부가 기본급의 1% 추가인상을 따냈던 짜릿한 승리의 날, 주룩주룩 내리던 비를 그대로 맞으며 교육청 앞에 서 있었던 게 가장 기억에 남는다고 김정애 조합원은 말했다.

그는 자신이 숨은 사람 찾기에 추천된 것을 민망해 했는데 그는 그저 조합원의 의무를 다하기 위해 쫓아다니고 주변 사람에게 권한 것뿐인데 그게 추천 이유가 되는 게 그저 곤란할 따름이라고.

"뭔가를 이루려면 자기 힘을 보태야 하는 것이고 가만히 있으면 변하는 게 없어요. 제 삶에서 노동조합은 힘이 되고 의지가 되었어요. 몰랐을 땐 안 되는 일은 포기했지만 이제는 어려운 게 있으면 노조에 물어보고 바꾸려고 노력하게 됐어요.

퇴임한 후에는 사람들에게 강하게 권유하기가 좀 민망해요. 젊은 사람들이 자신들의 미래를 생각해서 더 열심히 다녀줬으면 하는 바람이에요. 우리 딸이 커서 비정규직이 될 수도 있잖아요, 그래서 제가 정년 퇴직을 했어도 그런 아이들의 미래를 위해 지금도 힘을 보태려고 노력하고 있어요. 예전처럼 100%는 못하고 시간될 때만 하고 있어요."

김정애 조합원은 노조가 자신에게 힘이 되어준 것처럼 본인도 노조의 힘이 되어 주기 위해 지금도 노동조합의 끈을 놓치지 않고 있다. 퇴직한 사람들의 모임을 꾸려 활동할 생각도 갖고 있고, 청소노동자로 취직해서 노동조합 활동을 계속할 궁리도 하고 있다.

김정애 조합원이 전국교육공무직본부에 바라는 것은 한가지다. 새로 생기는 직종, 소수의 사람들에게 좀 더 관심을 갖고 그들이 소외감을 느끼지 않게 해주는 것, 급식실이나 사무직군 위주로 돌아가는 것에 섭섭함을 느끼는 사람들을 설득하고 그들의 의견에 귀 기울이는 것이다.

정년퇴임을 하면서 급식실 노동자로서의 삶은 일단락되었지만 조합원 김정애의 삶은 아직도 끝나지 않았다. 다시 시작될 제 2의 인생에 노동 조합이 언제나 함께 할 것이다.

숨은 조합원 2. 경기지부 조리사 김배옥

김배옥 조합원은 초등학교 급식이 시작되던 1998년 3월 급식실에서 근무를 시작했고, 2020년 8월 퇴임을 앞두고 있다. 급식분과가 있는지도 몰랐던 시절, 행정실의 급식 담당 직원이 급식실의 열악한 근무환경에 안타까워하며 노조 가입을 권유했고 팩스로 온 가입서에 써서 보낸 것이 노조 활동의 시작이었다.

1998년 처음 입사할 당시 2,400명이었던 학생 수가 지금은 1,100명으로 많이 감소돼 조리원 한 명당 식수인원이 많이 줄었지만 노조에 가입할 당시만 해도 1인당 150명이 넘었고, 지금은 기계화된 많은 작업까지 모두 수작업으로 해야 했던 당시의 급식실 노동강도는 살인적이었다.

노조 가입 당시 김배옥 조합원은 급식실이 뭉쳐서 한 목소리를 낸다면 할 말이 있어도 못하던 그런 상황을 바꿔갈 수 있을 거라 기대했고 처음부터 노조에 대한 거부감 같은 것은 없었다고 한다. 본인이 적극적으로 나서서 노조 가입을 권유한 것도 그 힘에 대한 믿음 때문이었다. 당시에 급식비를 내고 있던 삼성초의 급식실 사람들에게 사비로 저녁을 사면서 노조 가입을 권유할 때도 노조가 급식비 면제를 해줄 수 있다며 노조의 힘을 강조했다고.

"노동조합이 지금까지 10년을 오면서 잘 한 것도 많지만 아직도 체계가 잡히지 않은 부분이 있어서 갈 길이 먼 것 같아요. 새로 가입한 사람들, 아직 처우개선이나 고용안정이 필요한 사람들도 많겠지만 우리처럼 오래 된 사람들의 요구도 놓치지 않았으면 해요. 급식실 근속수당 상한이 20년인데 저는 현재 만으로 21년이 지났어요. 여전히 19년 근속으로 수당을 받고 있거든요. 앞으로 저 같은 사람들이 더 늘어날 테니 이런 부분도 신경을 써야 해요.

　그리고 노조를 처음 시작한 저희들이 여기까지 열심히 해 왔으니 젊은 사람들이 동참해서 더 열심히 활동했으면 하는 바람이 있는데 그러지 않는 것 같아 너무 안타까워요. 젊은 사람들의 생각이 더 깨어나서 더 많이 활동하고 더 좋은 환경으로 만들었으면 좋겠어요."

　김배옥 조합원은 노동조합에 가입 후 가장 달라진 것을 묻자 부당한 일에 자신의 목소리로 할 말을 할 수 있는 자신감이 생긴 걸 꼽았다. 임금이 해마다 조금씩 늘어난 것도 빠뜨릴 수 없다고. 더불어 아직도 개선되지 않은 급식실 조리원들의 식수 인원 문제도 짚고 넘어갔다.

　2004년 조리사 한 명당 식수 인원이 150명으로 조절된 것이 15년째 그대로라고. 급식실 노동자들의 건강과 안전을 위해서 조리사 한 명당 100명으로 줄여 나가는 데에 노동조합이 앞장서길 바란다며 당부의 말을 남겼다. 앞으로 급식실에서 근무하는 사람들이 본인 몸을 챙겨가면서 일할 수 있게 된다면 더 바랄 게 없다고.

　20년 넘게 몸이 부서져라 일하고 남은 것은 망가진 어깨와 목뿐이라는 김배옥 조합원. 그는 오늘도 아픈 몸을 이끌고 근무한 뒤 아픈 곳을 치료하기 위해 도수치료를 하러 간다. 그가 노조에 꼭 전하고 싶은 마지막한 마디,

　"20년 일한 사람에게 남은 건 도수 치료뿐이다."

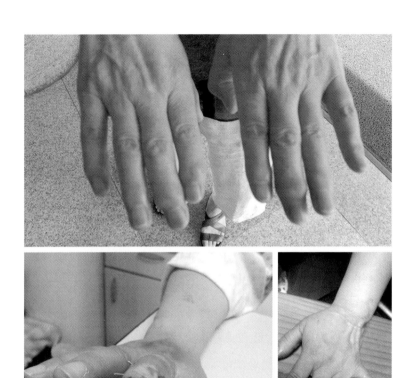

숨은 조합원 3. 강원지부 조리사 김명자

이제 정년 퇴임을 하고 노동조합을 떠나 손자 보는 재미로 살고 있는 조리사 김명자. 더이상 강원지부와 함께 할 수 없지만 조합원 김명자는 영원한 강원지부의 자랑으로 남아 있다.

메르스 창궐로 전국이 뒤숭숭하고 모두가 상경을 꺼리던 때에도 힘든 내색 없이 왕복 9시간 버스를 타고 상경투쟁에 나설 정도로 노조가 하는 일이라면 투쟁도 교육도 빠짐없이 참석했고, 타 노조가 우세를 점하고 있는 급식분과를 살리기 위해 노동자들을 설득해 조합으로 이끈 사람이 김명자 조합원이다.

월급제 시행으로 방학 중에 월급이 지급되지 않아 조합원들의 원성이 쏟아지던 때에도, 조합원 김명자는 노동조합이 있기에 비정규직들이 사람 대접받고 살 수 있는 거라며 조용한 응원과 격려를 아끼지 않았다.

서툰 문자 한 통에 담긴 조합원 김명자의 진심은 지부 사람들에게 큰 힘이 되었고 강원지부는 그의 열정을 여전히 잊지 않고 있다. 그와 같은 전국 수많은 조합원들의 응원과 사랑이 있어 전국교육공무직본부는 존재하고 학교 비정규직 노동자들을 위해 가장 먼저, 언제나, 제일 앞에서 달려온 것이다.

김명자 선생님, 고맙습니다. 오래오래 건강하세요!

학교에 일하려가는 사람들

이철 작가

학교는 단지 학습하는 공간을 넘어 아이들이 자라는 곳이다. 아이들을 먹이고, 학교에 남은 아이들을 돌보고, 여러 예술·체육 활동을 즐길 수 있게 하고 혹시 마음이 다치지는 않았는지도 살펴야 한다. 모두 아이들을 키우는 일이지만 교사가 이 모든 것을 담당하기엔 역부족이다. 학교는 이들을 강사로, 돌봄전담사로, 상담사로, 영양사로, 조리원으로 다루고 세상은 이들을 '아줌마'로 부르기도 한다. 학생과의 관계 속에서 얻는 보람과 학교라는 시스템 속에서 받는 차별 사이에 이들의 삶이 놓여 있다.

〈학교에 일하러 가는 사람들〉은 학교 비정규직 노동의 실제와 의미를 생생하게 보여주려 현장 취재 내용에 문학적 요소를 가미한 르포다. 전국교육공무직본부의 기획으로 이철 작가가 집필한 이 르포는 2018년 4월 12일 급식실 노동자 편을 시작으로 시작으로 6월 15일 영어회화 전문강사 편까지 모두 10편이 한겨레 신문에 게재되었고, 마지막 편인 청소, 당직, 시설 노동자 르포는 2018년 7월 27일 프레시안에 게재되었다. 본 부록은 11편의 르포를 모아놓은 것이다.

이 자리를 빌어 이철 작가의 노고에 다시 한번 감사의 말을 전한다.

코끼리 두 마리 들어 급식을 짓다, 아줌마 아닌 조리사

교직원들은 아이들 앞에서 "아줌마"라는데
아이들은 내게 "선생님 저 초록색 다 먹었어요!"
차별과 천시, 보람과 긍지 사이 학교노동자의 삶

하얀색 면티와 검은색 고무줄 바지로 갈아입은 이동화 씨가 소독고 문을 연다. 위생모와 앞치마, 고무장화와 고무장갑을 꺼낸다. 커다란 앞치마를 둘러매니 밑단 아래로 신발코만 비죽 나왔다. 고무장갑은 팔꿈치를 덮었다. 위생모와 마스크까지 쓰니 물 한 방울 젖지 않을 거 같다. 이동화 씨는 학교 급식실 조리사이다.

"우리가 뜨거운 기름도 다루잖아요. 오븐은 280도나 돼요. 솥에서 물을 끓여서 여기 저기 퍼 나르기도 하고요."

급식실 노동자가 출근 후 처음 하는 일은 '완전 무장'을 갖추는 일이다. 기본적으로 위생을 위해 착용하는 것이지만, 뜨거운 기름과 물이 수시로 튀는 환경으로부터 노동자를 보호하는 장비이기도 하다. 평소 소독고에 넣어 보관하는데, 소독고 자외선 푸른빛에 감싸여 있으면 미래의 기술이 적용된 최첨단 장비처럼 보인다.

"이걸 꺼내 입으면 아, 이제 시작하는구나, 싶죠. 마음가짐이 달라져요. 급식실이 잘 정돈돼 보여도 위험한 게 많거든요. 튀기고 끓이는 건데, 잠깐 한눈팔면 화상은 금방이에요."

삽인 줄 알았던 주걱을 들고 1,900인분 조리
하루에 다루는 무게 8톤… 코끼리 두 마리 체중
학교 외 공공기관의 2~3배 식수 인원 감당

안양 ㅁ초등학교 급식실 노동자가 뜨거운 열기를 견디며 작업하고 있다.

학교 급식실 노동자들이 이렇게 갖춰 입는 건 음식을 세균과 이물질로부터 단절시키는 장치이면서, 내 몸을 위험한 환경으로부터 보호하는 장비이기도 하다. 하지만 어쩔 수 없이 아이들로부터 거리를 만들어내는 장벽이 되기도 한다. 똑같은 옷을 입고 커다란 앞치마로 온몸을 둘러싸면, 내가 어떤 사람인지도 가려진다. 그래도 이동화 씨는 아이들이 예쁘다.

"처음 이 학교에 왔을 땐 막 개교 했을 때라 애들이 300명 정도 됐어요. 그땐 얼굴을 다 알았어요."

나를 가릴 수밖에 없어도 아이들 예뻐하는 마음은 자연스레 드러난다. 졸업한 아이들이 찾아와 급식 한 번 먹게 해달라고 부탁하는 건 음식의 맛 때문만은 아닐 것이다. 그것을 만드는 손길을 정겹게 떠올릴 수 있기 때문일 것이다.

■ 그냥 하는 게 아니다, 무겁고 생각보다 위험하다

오늘 식단은 보리밥과 냉이달래 된장국에 두부 샐러드와 배추김치, 주 반찬은 멘츠카츠이다. 이른 아침에 식재료들이 속속 도착한다. 영양사와 함께 원산지와 제조 일자, 유통기한을 확인한다. 냉장 냉동식품은 물론 채소까지 하나하나 온도를 재고 기록한다. 검수가 끝나면 재료를 씻고 다듬는다.

쏴~아! 개수대의 수도꼭지가 일제히 물을 쏟아낸다. 조리실무사들이 저마다 맡은 재료를 씻고 헹군다. 양상추처럼 생으로 먹는 채소는 소독까지 한다. 통조림 옥수수도 그냥 쓰지 않는다. 솥에서 끓인 물을 부어 씻는다. 샐러드 하나 만드는 데에도 절차가 번거롭다. 식중독 같은 급식 사고 예방을 위해선 반드시 지켜야 할 절차들이다.

"전에 있던 학교에선 1,600명 밥을 했어요. 게다가 고등학교라 애들이 많이 먹잖아요. 고기 양만 거의 300킬로. 거기에 부재료 있죠, 밥을 한번 하면 쌀이 200킬로인데 잡곡까지 넣으면, 230킬로 정도 나왔어요."

양선희 씨는 2001년부터 학교 급식실에서 일했다. 급식실에 들어간 첫날, 삽인 줄 알았던 주걱을 보고 놀랐다. 솥은 1,200명분을 조리할 수 있는 크기였는데, 물을 담아 몇 명이 함께 목욕도 할 수 있겠다고 생각했다. 그때는 하루 1,900명분의 밥을 했다. 이제껏 내 몸이 겪어보지 못한 일들을 하나씩 겪어나갔다. 고기를 양념할 때면 양이 너무 많아, 내 몸이 고기와 함께 양념에 절여지는 것 같았다.

학교 급식실 노동자 1인이 하루 동안 들고 내리는 무게의 총량은 8톤. 대략 코끼리 두 마리의 무게다. 근육과 관절에 무리가 올 수밖에 없다. 열에 아홉이 관련 질환자다. 조리실무사 한 명이 감당하는 식수 인원은 평균 150명. 학교 외 공공기관 평균의 2~3배이다. 여름엔 조리실 온도가 50도 이상으로 올라, '쌀이 익는 건지 사람이 익는 건지, 헉헉 소리가 나는 현장'이 된다. 겨울엔 후드로 더운 공기가 빠져나가 춥고, 바닥은 살얼음판이 된다.

덮개(후드) 청소는 안전 장치도 사용할 수 없는 상황에서 진행된다.

급식실은 무겁고 뜨거운 것을 다룬다. 많은 양의 음식을 육중한 솥에서 지지고 볶고 끓인다. 음식을 솥째로 들어 옮기기도 하고, 현장에서 밧트(vat)라고 부르는 스테인리스 사각 통에 담아 옮기기도 한다. 음식을 채우면 무게가 20킬로를 훌쩍 넘는다. 솥에서 끓인 물을 '다라이'로 퍼 나르기도 한다. 후드에 맺힌 기름을 닦아내기 위해 솥을 밟고 오르기도 한다. 데이는 일, 손목이 욱신거리는 일은 일상이다. 후드를 닦다가 솥에서 떨어지기라도 하면 작은 부상으로 끝나지 않는다.

■ 저마다 사연을 안고 아이들은 자란다

12시 45분. 점심시간을 알리는 종소리가 울린다. 배식 준비를 마친 조리사들의 시선 모두가 식당 출입문을 향한다. 기척이 없다. "왜 안 와?" 세 명의 아이들이 먼저, 서로 질세라 모습을 드러낸다. 서로 잡아끌며 배식대로 달려든다. 이내 아이들의 활기가 출입문까지 이어진다. 아이들은 저마다 할 얘기가 많다. 들뜬 목소리가 급식실에 차오른다.

식판과 수저를 챙겨 든 아이들이 배식대를 지난다. 잘 먹겠다고, 고맙다고 인사한다. 배식대 너머로 인사를 건네는 아이도 있다. 조리사들의 손놀림이 바빠진다. 10여 분 사이 360석 테이블이 가득 찼다.

"밥 먹을 때 등교하는 애들이 있었어요. 11시 40분 정도. 밥 먹으러 오는 거예요. 중학교 3학년 애들은요, 우스개로 어른 흉내를 내며, 저 국 많이 주세요, 속 쓰려요. 이랬어요."

양선희 씨가 지금 학교로 자리를 옮긴 건 2011년, 학교가 개교할 때다. 학생 수가 300명이 채 안 됐다. 전학을 온 아이들이 많았다. 전학 온 아이 중에는 사고뭉치 아이들도 더러 있었다. 중학교까지는 의무교육이라 가장 큰 징계가 전학이다.

"그냥 점심 먹으러 오는 거예요. 다른 거 없어요. 하루 와서 점심 먹고 그냥 잘 놀다 가는 거야. 무상급식이 왜 중요한지 느낌이 안 오세요?"

학교에는 이런저런 아이들이 있다. 교과 공부에 뜻이 없는 아이들도 있기 마련이다. 학교 공부에 노력하는 아이들을 평균값으로 보는 사회에서, 이런 아이들은 좋은 시선을 받기 어렵다. 그래도 이 아이들 또한 학생이다. 점심이라도 먹으러 학교에 오는 아이들. 이런 아이들이 학교 외에 어딜 가야할까.

1996년 학교급식이 본격화된 다음 해, 한국사회는 외환위기를 겪는 다. 대량 실직 사태가 일어나고, 밥을 못 먹는 학생들이 늘어났다. 1999년 법을 개정해 국가에서 급식비용의 50% 이상을 지원하도록 했다. 돈을 내고 밥을 먹는 아이들과 그렇지 않은 아이들이 구분됐다. 아이들 사이에서 밥 먹는 문제로 갈등이 발생하기 시작했다.

비정규직과 임시 고용직 자리가 늘어나면서, 사람들은 양극화라는 사회적 문제를 몸으로 알게 됐다. 이런 사회에서 세상을 시작한 아이들은 미래를 기대하기 어렵다. 그런 탓에 많은 아이가 학교를, '그냥' 다닌다. 이혼율이 증가했고, 국제결혼은 낯설지 않았다. 학교에는 한부모 가정, 다문화 가정 등 저마다 어려움을 지닌 아이들이 늘어났다. 학교에서 먹는 한 끼가 전부인 아이들도 있다.

2009년 경기도 교육감 보궐선거에 김상곤 교육감이 당선됐다. 보편적 교육복지를 실현할 정책으로 무상급식을 공약했다. 복지문제가 해결 안 되면 교육 자체가 불가능하다는 관점에 많은 사람이 동의했다. 급식실 노동자는 한목소리로 말한다. 무상급식은 아이들을 학교라는 울타리로 잡아끄는 중요한 장치라고.

■ 아이들은 학교에서 차별과 천시를 목격하며 자란다

학교는 공부하는 곳이다. 1997년 외환위기를 겪기 전까진, 학교는 오로지 공부만 하고, 교과서만 파는 곳이었다. 그래서 학교를, 교사와 학생이라는 두 축으로 이해해도 무리가 없었다. 오래전 그 시절 학교엔 교사와 학생, 그리고 한두 명의 '소사 아저씨'가 전부였다. 2017년 기준 초중고 전체 교사 수는 43만 명. 급식, 돌봄, 복지, 행정지원 등 아이들을 돌보고 교사들의 수업을 돕고 함께 하는 학교 비정규직은 약 40만 명이다. 정규직인 교육공무원 수는 6만이 전부다. 학교는 공부 그 이상, 이제 아이들을 키우는 곳이 됐다. 그리고 차별을 목격하고, 그것을 알게 모르게 체득하는 현장이 되기도 했다.

"저는 학교가 굉장히 좋은 줄로만 알고 들어가 일했거든요. 내 모교고, 우리 딸이 다니는 학교여서 손잡고 들어갔는데, 학부형이었고 녹색어머니회부터 다 했는데, 선생님 제가 시월달부터 일해요, 여기 급식실에서 일해요, 그랬더니 학부모에서 급식종사자로 딱 신분이 바뀌더라고요."

김영애 씨는 2004년부터 급식실에서 일했다. 그때부터 딸아이의 학예회와 운동회를 못 가게 됐다. 학교 모니터링, 녹색어머니회 등 학부모 참여형 프로그램도 멀어졌다. 그렇게 '가장 낮은 신분'으로 바뀌는 것을 경험했다.

"학교 들어오기 전에는 주부였어요. 시부모랑 같이 사니까 답답하기도 했고 밖에 나가서 일하고 싶었는데, 식구들이 다 가지 말라고 했어요. 그런데 학교는 가래. 그래서 정말 좋은 곳이다 생각하고 왔는데..."

최춘월 씨는 급식실 20년차다. 처음엔 '구정물에 손을 담그고, 먹다 버린 음식에 손을 대는 일'이 창피했다. 학교 안에서 무시당하는 일도 많았다. 그래도 아이들에게 좋은 음식을 제대로 먹이고 싶은 마음이 컸다. 서른아홉 살, 늦은 나이에 대학을 들어갔다. 식품학을 배우고 대학원까지 진학해 식품공학을 전공했다. 그러다 2009년 노조를 만들기로 했다. 월급으로 70만 원 정도를 받을 때였다.

이시정 씨는 당시 민주노총에서 나와 비정규직 문제를 고민하고 있었다. 그들을 만나 얘기를 듣고는 처우 개선이 쉽겠다고 생각했다. 너무나 열악했기 때문이다.

"2008년도에 공무원 조리사 한 분이, 조리 실무사 비정규직 한 분을 데리고 온 일이 있어요. 이거 너무하다고. 그때 얘기를 들어보니까 기가 막히더라고. 내가 그래도 노동 문제 전문가인데, 학교에 비정규직이 있다는 건 알았는데, 그래도 공공기관에 있는 비정규직은 조건이 괜찮을 거다, 막연한 생각이 있었는데 아니야. 얘길 들어보니까 너무나 기가 막혀요."

급여는 기본급이 전부였다. 그것도 일하는 날수로 계산했다. 일은 하루 배식이 끝날 때까지 화장실 갈 시간조차 내기 어려운 중노동이었다. 몸을 다쳐도 대체 인력이 없어 병원에 갈 엄두를 내지 못했다. 천대받는 일이 많았다. 학생들 앞에서 조리종사원을 가리키며 '너네 공부 안하면 저렇게 돼'라고 말하는 교사도 있었다.

■ 지금도 아줌마?! 학교 담장은 여전히 높다

2009년 2월 병점에서 오산 넘어가는 세마대고개에서 급식조리원 10명이 모였다. 한 음식점이었다. 당장 노조를 만드는 것은 부담이 되니, 연합회 형식의 조직을 만들기로 했다. 이시정 씨는 학교비정규직노동자의 정체성을 드러내는 이름을 제안했다. 전국학교비정규직연합회.

"그런데 이게 강력한 반발에 부딪혔어요. 비정규직이 듣기 싫다는 거예요. 자기 정체성을 분명히 해야 하는데 듣기 싫은 거야. 그래서 학교가 그렇게 열악한데도 실태가 안 알려진 거예요. 사람들이 너 어디 다니냐 물으면, 학교요. 그러면 괜찮은 직장에 다닌다고 생각해주니까."

교육부에서 부르는 이름을 쓰기로 했다. '회계직'이었다. 학교 회계에서 인건비가 나간다는 이유로 붙인 명칭이었다. 지위를 보장하는 법적 근거도 없었다. 교육부에서도 이들을 뭐라고 불러야 하는데, 마땅한 명칭이 없었다. 새마대고개의 한 음식점에서 전국교육기관회계직연합 준비위(이하 전회련)가 발족했다.

"우리가 가장 먼저 한 게, 사람들의 자존감을 높여야겠다, 유령 취급받고 그러니까. 우리도 호칭을 선생님으로 부르게 해달라. 돈 들어가는 것도 아니잖냐, 난 굉장히 쉬울 줄 알았어요. 그런데 강력한 저항에 부딪혔어요."

임용고시도 안 본 사람을 왜 선생님이라고 하냐는, 교사들의 항의였다. 전국교직원노동조합의 간부 중에도 같은 얘기를 하는 이들이 있었다. 학교에 들어서는 순간 모든 사람은 교육과 연관된다. 선생님이라는 호칭이 무리가 있는 것이 아니다. 하지만 많은 교사가 시험을 기준으로 자격 문제를 언급했다.

"아이들 앞에서 아줌마! 이렇게 부르시는 교사님도 계세요. 그래서 다시 교직원 회의 시간에 영양교사님께서 그렇게 하지 말아달라 얘기하셔도, 급식실 와서, 아줌마! 또 이렇게 부르시는 거예요."

호칭에 관해 교육청에서 보내는 공문이 학교로 내려가도, 아줌마! 라고 부르는 교사는 여전했다. 18년 차 조리사 심영미 씨는 여러 학교의 홈페이지 살폈다. 급식실 노동자를, 학교를 구성하는 일원으로 생각해주는 학교가 많지 않았다.

안양 ㅁ초등학교 급식실에서 노동자들이 식재료를 국솥에 넣고 있다.

■ 아이들은 안다, 이들이 왜 선생님인지

배식이 끝났다. 아이들이 모두 빠져나가 급식실이 휑하다. 배식 안된 음식들을 따로 담는다. 독거노인들에게 전달할 것들이다. 조리사들이 바삐 움직인다. 후처리실로 세척할 그릇과 도구들이 밀려든다. 이동식 세정대 두 대에 겹쳐놓은 식판을 가득 채운다. 뜨거운 물을 부어 불린다. 버려진 음식을 처리하고 배식에 썼던 도구들을 씻는다. 수저는 따로 모아 끓는 솥에 넣는다. 식판과 수저에 말라붙은 음식 찌꺼기가 부는 그때서야 급식실은 잠시 여유롭다.

"남의 입에다 맥여 주는 게 최고지."

오성희 씨는 22년 차 조리사다. 1995년부터 지금까지 한 초등학교 급식실에서 일했다. 내가 만든 음식을 아이들이 맛있게 먹어준다는 게 보람이다. 아이들 입으로 들어갈 때가 참 좋다. 열심히 일한 결과를 남한테 주는 거라서 그렇다.

"1학년 애들은 교실에서 급식을 하는데 가서 배식할 때면 애들이 '선생님, 저 초록색 다 먹었어요', '선생님, 저 이빨 빠졌어요' 이래요. 얼마나 예쁜지 몰라."

오후 3시. 식판을 세척할 때다. 애벌 세척기와 자동 식기세척기가 모두 가동된다. 애벌 세척기로 식판에 붙은 음식물 찌꺼기를 떨구면, 다음 사람이 식판을 받아 자동 식기세척기에 꽂아 넣는다. 컨베이어 타입에, 길이만 6미터 가까이 된다. 식판이 세척, 헹굼, 건조 구간을 천천히 지난다. 기계는 안에서 뜨거운 물을 뿌려대고 뜨거운 바람을 쏘아댄다. 후처리실이 후끈 달아오른다. 한쪽 끝에서 깨끗해진 식판을 차곡차곡 쌓아 소독고로 옮긴다. 내일 또 다시 아이들은 이 식판에 제 먹을 걸 받아 들 것이다. 이제 조리사들이 하나둘 위생모를 벗는다.

[학교에 일하러 가는 사람들] ② 급식실 살림꾼 '영양사'의 하루

3,500원에 친환경 급식 차리는 나는 '일용잡급직'

10년 경력 영양사는 무기계약, 영양교사는 정규직
학교는 '시험만 잘 치면 된다'고 가르치지 않으면서
임용시험 거치지 않고 근무하는 이들을 차별하는 곳

김치가 도착했다. 배달기사가 검수대에 상자를 내려놓는다. 학교 급식실 영양사 손현아씨가 가운 주머니에서 온도계를 꺼낸다. 삑~! 비접촉식 적외선 온도계이다. 0도씨. 배달된 김치의 표면 온도를 재고 서류에 기재한다. 오늘 쓸 양배추와 마늘의 온도는 8도씨와 6도씨. 원산지는 각각 경상북도 군위와 제주도 서귀포이다.

"저희가 다루는 서류가 굉장히 많아요. 매일 아침 검수서 작성하는 거부터 시작이에요. 이렇게 껍질을 까서 오는 채소는 온도를 재서 기록하고. 조리 과정 중에 체크해야 하는 것들도 많아요."

조리 완료 시간과 배식을 끝낸 시간도 적어야 한다. 조리 완료 후 한 시간 이내에 배식이 시작, 끝날 때까지는 두 시간을 넘기면 안 된다. 육류나 채소류 등 식재료에 따라 칼과 도마를 구분해서 썼는지도 기록 사항이다. 냉장고와 냉동고가 적정 온도를 유지하는지도 살핀다. 냉장고는 5

도씨 이하, 냉동고는 영하 18도씨 이하를 유지해야 한다. 소독고의 설정 온도와 시간도 매일 점검하고 기록한다. 소독고 내 식판의 온도는 71도씨 이상이어야 한다. 그 날 쓴 도마와 칼, 그리고 세정대와 장갑은 소독해야 하는데, 소독제의 제조 시간과 농도까지 서류에 기록한다.

"검수서를 포함해서, '해썹'이라고 들어보셨죠? 학교에서도 해요. 저는 그걸 관리도 하고, 조리실무사님들께 어떻게 작성하는지 교육도 하고."

해썹(HACCP ; Hazard Analysis and Critical Control Point)은 식품 위생을 관리하는 인증 기준이고 방법이다. 식품을 생산하고 유통하는 모든 과정을 살펴서 위생에 안 좋은 영향을 미칠 수 있는 요소를 분석하고, 그것을 중점 관리하는 방법이다. 중점관리대상을 시시피(CCP ; Critical Control Point)라 하고, 일반관리대상을 시피(CP ; Control Point)라고 한다. 학교급식은 중점관리대상 9개 과정, 일반관리대상 2개 과정으로 체계를 갖춰 급식의 위생을 관리한다. 검수는 중점관리대상 세 번째 과정에 해당한다.

손현아씨의 책상은 'CCP3'이라고 적힌 서류철을 비롯해 아직 정리되지 못한 여러 종류의 서류로 인해 어지럽다. 책장에도 서류철이 가득하다. 영양사가 이것들을 관리하는 이유는 분명하다. 급식을 관리하는 책임이 영양사에게 있기 때문이다. 하지만 손현아씨는 무기계약직이다. 정규직인 영양교사와 동일한 책임을 지고 있지만, 권한과 임금은 차이가 난다. 연차가 쌓이면 임금 격차는 크게 벌어진다. 10년 차 영양사 임금은 영양교사의 절반 수준이다.

'영양교사'가 있는 학교에선 영양교육 받을 수 있고
'영양사'가 있는 학교를 다녀 영양교육 못 받는다면
오직 '시험'이 가른 차별은 학생에 대한 차별이기도 하다

급식실 영양사는 아침마다 도착한 식재료를 검수하는 일로 하루를 시작한다.
재료의 온도를 기록해둬야 이어지는 조리 과정에 차질이 생기지 않는다.

■ 3,500원으로 친환경 채소와 한우를 먹이는 기적?

"저학년 아이들은 말 한마디에 식습관이 확 달라지기도 하더라고요.
나물 먹었어? 정말 최고다, 했을 뿐인데, 아이가 그거 때문에 편지를 써
요. 선생님한테 칭찬받아서 제가 이제 나물을 먹어요, 그렇게 편지가 오
면 뿌듯하죠."

최재현씨는 초등학교에서 근무하는 14년 차 영양사다. 방학할 때면
학기 초에 비해 아이들이 무척 자랐다는 걸 느낀다. 학교에서 겨우 한 끼
를 먹이는 거지만, 꼭 자기가 키운 것만 같다. 필요한 영양소에 맞춰 식단
을 작성하고, 좋은 식재료를 구해 아이들한테 먹을 걸 제공하는 일. 그녀
가 생각하는 영양사의 주된 업무다.

좋은 식재료라고 해서 아이들이 잘 먹는 게 아니다. 콩이나 나물을

좋아하는 아이를 보는 건 흔치 않다. 아이들이 잘 안 먹는 재료라고 식단에서 배제할 수는 없다. 음식은 고루고루 잘 먹어야 건강할 수 있고, 식습관은 평생을 가는 교육이기 때문이다. 그래서 레시피 준비에 무척 고심한다. 채소를 싫어하는 아이가 많으니, 야채는 잘게 다져서 쓰는 식으로 말이다.

영양사는 한 달 단위로 식단을 짠다. 학교 밖에선 달랑 한 장짜리 식단표로 생각하지만, 작성되기까지 고려해야 할 것이 무척 많다. 우선 조리 방법을 고려해야 한다. 한 쪽에 튀김 요리가 들어가면 다른 쪽에 볶음을 주는 건 피해야 한다. 무침이 들어가는 게 좋다. 빨간색 파프리카와 소시지를 케첩에 볶은 반찬을 준비했는데, 육개장과 깍두기, 방울토마토를 배치하는 것은 안 될 일이다. 온통 빨간색뿐인 식판을 받아 들고 기뻐할 아이는 없을 것이다.

영양소를 따지는 일도 중요하다. 영양소는 한 주 단위로 관리한다. 식단 관리 프로그램에 주요 정보를 입력하면 탄수화물, 단백질, 지방, 비타민류, 칼슘 등 주요 영양소의 함유량이 산출된다. 탄수화물은 한 주에 55%에서 70% 사이로 관리한다. 요즘은 알레르기가 있는 아이가 많아 관련 정보를 제공하거나, 별도의 식단을 꾸리는 경우도 있다.

예산도 신경 써야 한다. 정해진 금액 안에서 한 달 치 재료를 선정하고, 품목별로 어떤 제품을 쓸지 판단한다. 예를 들어 참깨를 쓰더라도 국산을 쓸지, 외국산을 쓸지 정하는 식이다. 기본적으로 채소류는 친환경 제품을 쓴다. 육류는 국내산을 쓴다.

"예전에 중학교에서 일했을 땐데, 그때 급식비가 3,500원이었어요.

학교운영위원회 위원장님이 그러시더라고요. 3,500원으로 친환경 채소
랑 한우를 먹이는 게 기적이라고. 분식점에서 파는 라면 하나가 3,000원
이 넘는데 이게 어떻게 가능한 거냐, 물으시더라고요."

급식실 살림을 꾸려가는 건 쉽지 않은 일이다. 행주를 구멍 날 때까
지 쓰고, 그걸 걸레로 쓰다가 버렸다. 쓰레기를 버리러 갔다가, 학생 아이
가 내놓은 쓰레기 봉투가 헐거워 보이면 급식실 쓰레기를 옮겨 채웠다.
봉투 하나 아꼈다고 조리실무사와 함께 기뻐했다. 최재현씨는 급식실에
서 일하는 사람 대부분이 크게 다르지 않을 것으로 생각한다. 대부분이
집안 살림에 이골이 난 '엄마'들이기 때문이다.

■ 자세히 들여다봐야 알 수 있는 '무게'

손현아씨는 교직원 중에 제일 먼저 출근한다. 보통 30분 정도 일찍
나가지만, 한 시간 먼저 출근하는 날도 있다. 올해로 12년 차다. 책상에 쌓
인 서류를 정리하고 맞춰보다가, 식재료가 도착하면 조리사와 함께 검수
한다. 조리가 시작되면 틈틈이 위생 관리를 하고, 조리 과정을 확인한다.
조리가 완료되면 검식을 한다. 눈으로 색을 보고, 냄새를 맡은 뒤 맛을 본
다. 사진을 찍어 둬서 학교 홈페이지에 올릴 준비도 한다. 1인분 분량을
보존 용기에 넣어 냉동고에 보관하고, 서류에 기록해둔다. 보존식은 144
시간, 그러니까 6일 동안 보관한다. 식중독 등의 문제 발생 시 원인을 파
악하기 위해서다.

영양사 자신의 점심은 빨리 해결하고 일을 계속해야 한다. 배식이 시
작되기 전 잠시 짬을 낸다. 식판에 음식을 담아 두 평 남짓 영양사실에 들
어간다. 어쩔 수 없이 영양사들은 한국사회 최대의 혼밥족이 된다. 오늘

해결할 서류를 앞에 놓고, 밥 한 숟가락 뜬다. 매일매일 작성하고 점검해야 할 서류가 열 가지가 넘는다. 식당 내에 게시할 식단과 레시피, 학부모 모니터링 운영 및 결과보고는 주별로 작성한다. 월 단위 서류는 열두 가지다. 식생활 교육, 안전점검과 안전교육, 우유 신청, 식재료 품의(기안) 및 입찰자료 등이 포함된다. 6개월 단위, 1년 단위 작성 서류는 모두 다 해서 스무 가지다. 방학 중 조리실은 적막하지만, 영양사실은 서류로 넘친다. 영양교사는 방학 중에 연수를 받거나 쉴 수도 있지만 영양사는 그럴 수도 없다.

**식단은 한달 단위로
알레르기 있는 아이 위한 별도 식단도
일 · 월 · 6개월 · 1년 단위 서류 20가지 넘어
영양사는 방학도 없이 서류에 파묻힌다**

영양사는 위생 사고를 막기 위해 급식 밥을 미리 먹어본다.

"연초에는 급식 운영 계획 짜고, 식중독 비상 대책반 구성하고, 급식 전체 예결산 다 해야 하니까. 700명 급식 규모가 일 년에 5억 정도 돼요. 월별 식단 같은 건 방학 때 어느 정도 미리미리 해놔야지 안 그럼 학기 중에 일을 감당하기 힘들어져요."

교육청에서 특정 자료를 요청하는 날이면 서류를 돌볼 일은 더 많아진다. 위생점검이라도 오면, 그동안 관리한 서류를 모두 꺼내 펼친다. 매일 정해진 시간에 예정된 음식을 내놓은 것도 긴장되는 일이지만, 책임지고 관리할 서류를 매일 챙기는 일도 만만치 않다. 같은 급식실에서 일하더라도 조리사의 노동 강도는 눈에 확연히 보인다. 하지만 영양사의 일은 자세히 들여다봐야 그 무게를 알 수 있다.

"급식밥 먹고 나서 배가 살짝이라도 아프면 걱정부터 돼요. 그냥 속이 안 좋은 걸 수도 있는데, 혹시 잘못됐나, 걱정돼서 조리실무사들께 배 안 아프세요, 안 아파요? 묻기도 하고. 퇴근해서 배가 아프면 전화해요, 조리실무사들한테. 나 지금 배 아픈데 여러분 배 안 아파요?"

최재현씨는 영양사의 일이 걱정하는 일투성이라고 한다. 걱정은 출근길부터 시작된다. 오늘 쓸 물건이 잘 들어오려나, 검수는 잘 됐나, 조리는 사고 없이 잘 끝났나, 배식이 끝나면 배 아픈 아이는 없나, 위생사고 없이 하루가 잘 지나갔나, 걱정하는 일이 1년 365일이다. 내 배만 아프면 상관없다. 하지만 학교 1,200명의 아이 배가 아프고 잘못될까봐 매일 긴장하고 걱정한다. 하얀 가운을 입은 영양사의 걸음이 여유 있어 보여도, 영양사의 마음은 걱정으로 가득 차 있다.

■ 10년이 훌쩍 넘었어도 여전한 차별

학교급식이 본격화된 건 1996년 학교급식법 개정 이후다. 이때부터 도시락 대신 급식 먹는 학교가 큰 폭으로 늘기 시작했다. 여성의 사회 진출과 기업의 외식 산업 확장이 배경이었다. 학교장이 위탁 급식 시행을 결정할 수 있게 했다. 기업들이 학교 급식 사업에 뛰어들었다.

위탁 급식은 문제가 많았다. 단가는 낮고 재료비의 비중은 작았다. 음식의 질은커녕 식재료의 안전도 챙기기 어려운 환경이었다. 2003년 집단 식중독 사고가 발생했다. 13개 학교 1,500여 명이었다. 학부모 등 시민들의 법 개정 요구는 컸지만, 개정은 요원했다.

2006년 6월 또다시 학교 급식 사고가 발생했다. 36개 학교, 3,000여 명의 학생이었다. CJ푸드시스템은 사고의 책임을 지고 93개 초중고, 35개 대학의 급식 사업에서 철수했다. 같은 달 국회는 학교급식법 개정안을 통과시켰다. 교육감이 학교급식 정책을 담당하도록 하고, 학교의 장이 급식을 직접 책임지도록 하는 내용이었다.

이때를 기점으로 학교 급식 운영 체계는 크게 변했다. 위탁에서 직영으로 급식을 운영하는 학교가 늘어났다. 교육감들이 내세우는 정책에 급식 운영에 관한 계획이 포함되기 시작했다. 급식은 장사가 아닌 교육의 문제가 됐다. 하지만 일부 학교장은 급식 및 위생 사고와 관련한 책임을 선뜻 받아들이지 못했다. 혼란스러운 상황에서 교육청과 학교장은 부랴부랴 급식을 담당할 사람들을 뽑았다. 하지만 고용되는 사람들의 지위는 법적 근거조차 없었고 처우는 열악했다.

"우리를 뽑을 때 우리가 이 자리 만들어주세요, 해서 들어간 게 아니에요. 그 자리를 만들어 놓고 들어오세요, 한 거잖아요. 그러니까 뭐가 터졌다고 거길 메꾼 거예요. 그런데 학교에서 모두 다 공부 잘해서, 모두 다 대기업에 들어가야 한다고 가르치지 않잖아요. 각자 자기 역할에 충실한 게 좋다고 교육하는데, 정작 학교에서 저처럼 근무하는 사람은 차별을 둬요."

적은 월급이더라도 학생을 내 아이처럼 생각하면서 열심히 일하면 알아주겠지 하는 기대가 있었다. 보상을 기대한다는 게 내심 부끄러울 때도 있었지만, 일은 많았고 보수는 적었다. 학생들의 식생활을 지도하고, 음식과 영양에 관한 교육을 책임지라고 했다. 하지만 교사들의 영역은 피해야 했다. 잔반량을 줄이기 위한 교육을 해라, 알레르기 있는 아이들을 위해 음식을 따로 마련해 줘라 등등 교육청과 학교장은 때마다 새로운 일을 지시했다. 모두 아이들을 위한 일이라고 했다. 맞는 말이다. 하지만 교육 내용을 마련해도, 새로 맡은 일들을 책임지고 관리해도, 그것에 따른 대우는 없었다. 10년 넘게 일하는 동안 지위는 일용잡급직에서 무기계약직으로 변했다. 보수가 나아졌다고 하지만 차별은 여전히 컸다. 그나마도 조금 나아졌다는 처우는, 노동조합으로 단결해 힘들게 싸워 얻은 성과였다.

■ 그렇다면 이제껏 '무자격자'에게 아이들 급식 맡긴 셈

"오히려 영양사가 일을 더 많이 하는 상황이 생기기도 해요. 저희는 급식의 급 자만 들어가도, 밥 자만 나와도 이건 영양사 선생님이 하셔야 해요, 하면 그걸 다 받을 수밖에 없어요. 하지만 영양교사는 교사들 업무 경감정책이다, 해서 교감 선생님이나 교장 선생님이 일을 커트하는 경우가 있어요. 근데 우리는 막아줄 사람이 없어요."

김필숙씨는 13년 차 영양사다. 교육과 관련한 업무를 맡을 때에는 역할과 처지에서 오는 괴리감이 크다. 영양사 또는 영양 교사가 수행하는 교육은 식생활과 관련된 것이다. 학교급식법에는 학생들에게 식습관과 전통음식에 관한 내용을 지도할 것을 규정하고 있다. 학교마다 교육 방식을 자율적으로 정할 수 있다. 영양교사는 이것을 수업의 형태로 진행할 수 있다.

영양사는 교사가 아니기 때문에 수업 형태로 교육 계획을 세울 수 없다. 교육청이나 식약청에서 주관하는 식생활교육 프로그램, 동아리 운영, 방과후활동 프로그램, 창의적 체험 등 교과 외 활동으로 운영하는 식이다. 영양교사 중에서도 교과 외 활동으로 식생활지도 교육을 진행하는 경우가 많지만, 자격의 차이는 분명하다. 그래서 김필숙씨는 학교가 교권을 왜곡해 차별을 만드는 데 악용한다고 느낀다.

학교에서 일하는 영양사 중에는 교육대학원에 다닌 이가 많다. 학교에서 일한다는 것은 그것이 어떤 형태의 것이든, 교육과 연결될 수밖에 없다고 생각하는 영양사가 많기 때문이다. 영양사들의 고민은 스스로 소양을 닦고, 스스로 자질을 갖추기 위한 노력으로 이어졌다. 하지만 교육대학원을 졸업했어도, 학교에서 10년 이상 일하며 많은 경험을 쌓았어도, 임용시험에 합격하지 않았으면 자격이 없다는 취급을 받는다. 말하자면 시험이 자격 얻는 유일한 경로인 셈인데, 실제 현실과 교육은 그런 점수만으로 검증되는 게 아니다.

"학생들한테도 그게 차별이죠. 교사가 있는 학교는 애들이 영양교육을 받는 거고, 영양사가 있는 학교는 교육을 못 받는 거잖아요. 그러니까 학생들한테도 차별인 거예요."

학교는 학생에게 공부가 최선은 아니라고, 직업에는 귀천은 없다고 가르친다. 모든 아이가 1등을 할 수는 없다. 어느 분야든 어느 정도의 자질을 갖췄으면 적절한 대우를 받을 수 있는 사회가 바람직하다. 그런데 막상 학교에서 일하는 사람들의 처지를 살펴보면, 학교라는 공간엔 귀천이 있다는 생각을 떨치기가 힘들다.

최재현씨는 아이들이 '맛있어요' 말해주는 게 정말 좋다. 서류에 치이고, 관리자에게 치여 일을 그만둘 생각을 하루에도 열두 번 하지만, 아이들이 먹는 게 예쁘니까 견딘다. 아이가 초록색 반찬을 밀치며, 알레르기가 있다고 거짓말을 해도, 그저 귀엽기만 하다. 그래서 아이들이 잘 안 먹으면 속상하다. 대우받는 만큼만 일하자고 다짐하는 때도 있지만, 아이들을 잘 먹여야 하니 휑한 급식실에 혼자 남아 레시피를 개발한다. 퇴근 시간은 한참 전에 지났다.

퇴직금 안 주려고 11개월 '쪼개기 계약'…… 학교 사서는 웁니다

달마다 열리는 독서 프로그램 기획 · 홍보 · 진행…'사서 혼자' 맡아
도서관 · 독서에 대한 대중적 관심 높아졌지만 인력 문제는 '소홀'
겨울방학 때 쉬고 매년 3월이면 재계약…퇴직금 피하려 '꼼수'도

쉬는 시간 종이 울렸다. 도서관 출입문이 열릴 때마다 아이들이 하나
둘 들어온다. 저마다 책을 꺼내 들고 제 자리를 잡는다. 짧은 시간이지만
도서관까지 찾아와 책을 읽거나 쉬는 아이들이 있다. 한 아이가 책을 안
고 대출대 앞에 선다. 건너편에 앉은 김해숙씨가 책과 함께 장미꽃 한 송
이를 아이에게 건넨다. 김해숙씨는 중학교 학교도서관 사서이다.

'오늘이 책의 날이야. 셰익스피어하고 세르반테스, 이름 들어봤지?
햄릿이랑 돈키호테로 유명한 작가들 말야. 이 두 사람이 죽은 날이 같아.
1616년 4월 23일. 그리고 오늘이 성 조지 축일이기도 한데, 스페인에선
이 날을 기념해서 연인들끼리 책과 장미를 선물한대. 책 잘 보렴.' 꽃을 받
아든 아이의 얼굴이 밝아진다.

김해숙씨는 이날 책을 대출하는 아이에게 장미꽃을 한 송이씩 선물
했다. 책의 날을 기념해서 준비한 것이었다. 개인 컵을 들고 오는 아이에
게는 차를 한 잔씩 따라 주고, 따로 마련한 테이블에 앉아 쉴 수 있게 해
줬다. 도서관 한쪽에는 책 속 원화를 인쇄해서 이젤에 올려뒀다. 〈편안하

고 사랑스럽고 그래〉, 〈1cm+〉, 〈소년아, 나를 꺼내 줘〉 등의 원화였다.

권혜진씨와 백승연씨는 초등학교 학교도서관 사서이다. 권혜진씨는 책의 날을 기념해서 번역 작가를 초청했다. 초청 강연 전까지 해당 도서를 도서관 내 잘 보이는 곳에 비치해 뒀다. 게시판도 따로 만들어서 아이들이 작가에게 묻고 싶은 걸 포스트잇으로 써 붙일 수 있게 했다. 백승연씨는 책을 읽고 느낀 것을 그림으로 그리는 독후감상화대회를 진행했다. 상품은 기껏 사탕이나 캐러멜 정도지만 홍보에 공들인 덕에 참가한 학생이 많았다.

"도서관 운영하는 학교라면 책의 날 행사는 다 할 거예요. 행사는 거의 달마다 있어요. 행사 기획하고, 기안해서 품의 받고, 홍보하고 진행하고. 어떨 땐 혼자서 행사 진행하면서 사진도 제가 찍고 그래요."

여러 메모가 적힌 포스트잇과 신간에 부착할 라벨 등이 어지럽게 널려있는
사서의 책상 위 모습이다.

■ 사서의 책상이 어지러운 이유

한 학생이 책을 들고 앞에 섰다. 권혜진씨는 보던 책을 책상 위에 엎어둔다. 추천도서 선정을 위해 살피던 책이었다. 반납 받은 책을 살피니 낱장 하나가 떨어졌다. 학생이 많이 찾는 책은 제본이 허는 일이 많다. 보

조 책상에 올려놓고, 접착제와 시트지를 꺼내 수선할 준비를 한다. 대출증을 잃어버렸다고 찾아오는 학생도 있다. 포스트잇에 학년, 반, 이름을 적어 모니터에 붙여 놓는다. 그때마다 재발급하기에는 일이 너무 많아 일주일에 한 차례씩 새로 만든다. 연체된 책이 있는데 학생은 책을 반납했다고 말하는 경우도 있다. 책 제목을 적어두고 짬이 날 때 서가에서 찾아본다.

새로 들어온 책도 등록해야 한다. 바코드를 출력해서 라벨링 할 준비를 해둔다. 지난달 학생들이 도서관을 얼마나 이용했는지 통계도 내야 한다. 이용 통계는 매일 관리하고 달마다 정리해 게시한다. 공공도서관과 협력해서 진행하는 프로그램도 신경 써야 한다. 도서관 활용 수업의 스케줄을 확인하고 조정하는 일도 사서 몫이다. 특정 주제와 관련한 참고 자료 목록을 요청받는 경우도 있다. 도서관 사서의 주요 업무 중 하나인 참고 봉사이다.

"예를 들어 수업 시간에 서양 중세 농노의 생활상을 살펴보고, 그걸 바탕으로 아이들이 농노의 입장에서 일기를 쓰는 활동을 계획한 교사가 계세요. 그러면 저희한테 관련 자료를 준비해달라고 부탁하시는 거죠. 그럼 도서관에 자료가 얼마나 있는지 찾아보고 없으면 구매도 해야 하는 거고. 이런 걸 참고 봉사라고 불러요."

도서부 아이들의 활동을 챙기고, 신입생들에게 도서관 이용 교육을 진행하는 일도 학교도서관 사서의 일이다. 창의적 재량 활동, 도서관 연계 수업 등에서 수업을 직접 진행하는 경우도 있다. 방학 전후와 방학 중에는 '도서관학교' 프로그램을 운영한다. 일은 많은데 도서관에서 혼자 일하니 알아봐 주는 사람도 없다. 하지만 보람도 많다.

"1학년 모두에게 도서관 이용 지도를 하니까 급식실에서 만나면 사서 선생님, 하고 인사를 해요. 교장 선생님이 계셔도 저를 먼저 알아봐요. 5, 6학년 아이들이 진로수업 받을 때 많이 찾아와요. 인터뷰하겠다고요."

한 번은 1학년 여자 아이가 도서관을 찾아와 항의한 적이 있었다. 도서부에 들고 싶은데 5학년부터 가입 가능한 이유를 따졌다. 권혜진씨는 아이가 이해할 만한 답을 찾다가, 도서부 활동을 하려면 위험할 수도 있으니 북 트럭(책을 옮기는 이동식 테이블) 꼭대기의 책이 보여야 한다고 말했다. 아이는 집에 돌아가 엄마에게 학교 급식 우유를 두 개 시켜달라고 부탁했다. 우유를 많이 먹어야 키가 큰다는 것이었다. 이런 일을 겪을 때마다 권혜진씨는, 도서관과 책이 아이들에게 어떤 영향을 줄 수 있는지 새롭게 알게 된다.

■ 도서관·독서에 대한 대중 관심 높아졌지만 인력 문제는 '소홀'

20년 전만 하더라도 학교도서관은 대부분 문이 잠겨 있거나 야간 자율학습의 장소 또는 독서실로 이용됐다. 많은 학생이 도서관과 독서실을 명확하게 구분하지 못하던 시절이었다. 당시 전국 각급 학교에 도서관 시설이 설치된 비율은 초등학교 58.0%, 중학교 79.1%, 고등학교 92.0% 수준이었다.

학교도서관에 대한 사회적 관심은 '학교도서관 살리기 국민연대'가 출범한 2000년부터 늘기 시작했다. 비슷한 시기 '책 읽는 사회 만들기 국민운동'은 책 읽기 문화를 정착시키는 데 노력했다. 모두 시민운동의 형태였다. 개그맨 김용만과 유재석이 진행한 '책책책, 책을 읽읍시다'란 예능 프로그램은 크게 인기를 끌었다. 도서관과 책이 대중적 관심의 대상이 됐다.

2003년 정부는 '학교도서관 활성화 사업(2003~2007)'에 착수했다. 이 사업으로 전국 학교는 도서관 공간과 시설 등을 갖출 수 있게 됐다. 하지만 도서관에 전문 인력을 배치하는 문제에는 소홀했다. 2007년 학교도서관 진흥법이 제정됐는데, 법은 전문 인력의 배치를 의무 조항이 아니라 임의 조항으로 규정했다.

"급여가 60~70만 원 정도였어요. 학교를 갓 졸업하고 간 거라, 가서 배우자는 생각이었어요. 급여가 적으니까 그렇게 생각할 수밖에 없었죠. 게다가 방학 땐 그것마저도 못 받았어요. 근무 시간도 동절기, 하절기 달랐고."

김해숙씨는 2003년부터 학교도서관에서 근무했다. 당시 행정실 실장이 면접을 봤다. 실장은 출근해서 문을 열고, 근무시간 동안 도서관을 지키면 된다고 말했다. 그때 김해숙씨는 저분이 사서의 역할을 잘 모른다고 생각했다. 학교는 학교도서관의 기능도, 도서관 전문 인력의 역할도 잘 몰랐다.

"단순히 건물 짓고 책 사는 거 자체에 매몰돼 있었어요. 사서들 연수 프로그램으로 북아트를 하기도 했는데, 이런 이벤트성 행사를 진행해서 도서관에 사람만 불러 모으면 된다고 생각했던 거예요. 인력은 도서 대출과 반납만 하면 된다고 생각했구요."

2017년 교육부 자료에 따르면, 전국 초중고 11,700여 학교 중 정규

직 사서 교사가 배치된 곳은 6.3%뿐이다. 기간제 사서 교사와 무기계약
직 등의 사서가 배치된 학교까지 포함하면 36.8%의 학교만이 도서관 전
문 인력을 갖추고 있다.

"그 해에 도서구입비 예산이 5천만 원 내려왔어요. 도서관 담당교사
가 어떤 단체, 지역, 교육청 같은 데서 만든 추천 도서 목록을 줬어요. 거
기서 책을 골라 사라고요. 퇴근하면 서점에 갔어요. 책을 보고 좋은 책을
직접 골랐어요. 일 년 동안 겨우겨우 5천만 원 책을 다 샀어요."

■ 학교도서관 세우기에 15년, 사서는 여전히 비정규직

2008년 정부는 '1차 학교도서관 진흥 기본계획(2008~2013)'을 세우
고 지속해서 시설 확충에 힘을 썼다. 도서관 내 장서를 확충하는 일에도
관심을 쏟았다. 시설을 세우고 장서를 확충해서 학교도서관 이용 저변
을 확대하는 것이 목표였다. 2014년에는 '2차 학교도서관 진흥 기본계획
(2014~2018)'을 마련했다. 이때부터 학교도서관은 창조적 인재 육성이라
는 교육 목표를 실현할 교육 공간으로 주목받기 시작했다.

창조성 혹은 창의성이라는 것은 스스로 설정한 문제의식에 따라, 서
로 다른 분야의 지식을 자유롭게 융합할 수 있는 능력을 뜻하는 것이었
다. 학교도서관은 교과별 수업 중심의 학교 교육을 보완할 수 있는 대안
공간이 될 것 같았다. 하지만 정부는 도서관을 운영할 전문 인력을 크게
고민하지 않았다. 권혜진씨는 2013년에 경기도에 있는 중학교로 면접을
보러 갔다. 출퇴근에 두 시간이 걸리는 곳이었다.

"거기서 계속 고용할 계획이라고 그랬어요. 그 전까진 서울에서 근

무했어요. 근데 서울은 퇴직금을 안 주려고 11개월씩 계약했거든요. 방학 때 한 달 쉬다가 3월부터 다시 계약하는 식이었어요. 집 근처에 있는 학교들을 11개월씩 일하면서 계속 돌았어요."

학교도서관 사서의 근무 형태와 처우는 지역별로 천차만별이다. 오히려 서울의 도서관 운영이 가장 열악한 편이다. 예산 탓으로 보이는데 대부분 방학 중엔 도서관 문을 닫는다. 경기도는 방학 중에도 근무하지만, 인건비를 지자체와 교육청, 학교에서 나눠 부담한다. 학교가 부담하는 예산은 대개 목적사업비에서 책정한다. 목적사업비란, 목적이 다 하면 종료가 되는 사업의 예산이다. 무기계약직으로 고용돼 있어도 사업이 종료되면 계약 또한 종료될 수 있다. 즉 해고가 되는 것이다.

"그런데 학교에서는 교육청에서 예산을 내려줄 거로 생각하고 있었는데, 그 해 예산이 모두 소진됐다는 거예요. 학교에서 다음 예산이 책정될 때까지 한 학기만 쉬고 다시 나오라고 그러는 거예요. 저로서는 말이 안 되잖아요."

2015년 경기도 사서들이 독서동아리 운영 지도, 협력수업 지원 및 협업, 독서캠프 지도 등에 따른 수당 지급을 요구한 적이 있었다. 교육청은 사서들에게 '수업권이 없다'며 수업 협업 및 학생 지도와 관련한 모든 일을 못 하게 했다.

"교사가 아니니까 그런 걸 하지 말라는 거는, 저희 처우를 개선해주기 싫어서 그런 거예요. 전 그렇게 생각해요. 사실 지금 현장에서 교사가 아닌 사람들이 수업을 많이 하잖아요. 학교 바깥 세계가 빠르게 변하고 있고, 4차 산업혁명 이러면서 난리잖아요. 교사들은 그걸 다 따라가기 힘드니까 밖에서 전문가가 와서 수업해요. 학교 직업군에선 저희가 그런 역할을 많이 해요. 하지만 교육청은 저희한테 그렇게 대응하는 거죠."

한 초등학교 아이들이 '책의 날' 행사 기간에 열린 '독서골든벨'에서
자신의 정답이 적힌 칠판을 머리 위로 올려 보이고 있다.

학교도서관 사서가 독서동아리 지도를 하는 경우는 많다. 중학교의 경우 진로교육이나 책과 관련한 지도를 맡기도 하는데, 학생 활동에 대한 평가서를 작성할 때도 있다.

"그런데 그걸 사서가 직접 입력할 수는 없어요. 사서 선생님이 작성하면 담당 교사가 입력하는 거예요. 수업을 해도 교사 이름으로 수업 일수가 올라가지 우리 이름으로 올라가지는 않아요."

■ 우리도 어느 누군가의 제자였을 텐데
책을 읽는다는 것은 여러 감각을 동원해야 하는 특별한 활동이다. 독서가 갖는 의미는 문자를 읽어내는 행위만으로 설명되지 않는다. 책을 맛보고 냄새 맡아보고 피부로 느껴볼 수 있다는 것은 단순한 비유가 아니다. 책 읽기를 통해 내가 경험해보지 못한 세계를 체험한다는 것은 거짓이 아니다. 하지만 이런 읽기를 위해서는 상상력과 오감을 동원하고 관련 자료를 찾아야 한다. 그러니 책을 천천히 읽을 수밖에 없다. 몇 해 전부터 이런 방식의 책 읽기가 '슬로리딩'이라는 이름으로 소개되고 있다.

학교에서도 이것을 도입해 교육에 활용하고 있다. '온 책 읽기'라고 부른다. 한 권의 책을 정해서 교사와 학생이 조금씩 읽어나간다. 교사는 학생이 책의 내용을 감각적으로 체험하고 깊이 있게 이해할 수 있도록 여러 보조 자료를 준비한다. 이때 학교도서관 사서의 역할이 필요하다. 하지만 '온 책 읽기' 또한 평가라는 학교의 고유한 역할로 인해 본래의 취지를 잃는 경우가 있다. 백승연씨는 책을 다양하고 깊게 읽는 일의 가치가 학교에서 외면당하는 것이 무척 안타깝다.

학교도서관에서 진행 중인 '테마도서' 코너이다. 학기 중이든, 방학 중이든
대부분의 도서관 프로그램은 사서가 혼자서 맡는다.

"온 책 읽기를 하는데 똑같은 책을 30권씩 사요. 1학년부터 6학년까지 사면 180권을 똑같은 거로 사는 거예요. 근데 그걸 교과혁신 예산에서 사는 게 아니라, 도서구입비로 사게 되면 도서관에서 다양한 책을 접할 기회를 잃게 되는 셈이에요. 그런데 이런 얘기를 교사들한테 듣기도 해요. '다 다른 책을 읽히면 평가를 어떻게 한다는 거야?', '그 많은 책을 내가 어떻게 다 읽어?' 온 책 읽기라는 개념은 좋아요. 천천히 한 챕터를 읽으면서 관련한 텍스트를 또 읽거나, 그래야 하는데 아무 것도 없이 한 챕터만 한 시간 내내 읽고만 있으면 그게 무슨 의미가 있겠어요."

내가 직접 체험하지 못한 것을 책을 통해 이해하고 나아가 간접적으로라도 체험해 보는 것은, 처지가 다른 사람을 이해하는 태도로 확장된다. 책을 읽는다는 것은 책 속의 인물에게 공감하는 행위이다. 그리고 책을 쓴 이의 생각과 사상을 이해하는 행위이다. 이것이 몸에 밴 사람은 나와 다른 처지에 놓여 있는 사람을 이해하는 감각 또한 섬세하다. 그래서 책 읽기는 다양성을 인정하는 사회로 다가가는 길로 여겨진다.

"여전히 학교에서는 공부를 못하면 좋은 대학을 못가고 취직도 못한다고 가르치고 있어요. 그런데 이게 안정적인 삶을 누리는 기성 세대와 요즘 세대와의 간극 같은 거랑 비슷해요. 요즘 세대를 몰라. 신문도 안 읽고 기사도 안 읽고 너무 몰라. 안정적인 자기 생활에 갇혀서 비정규직 현상을 모르는 거야. 자기들 제자가 나가서 비정규직 밖에 못 된다는 걸 몰라요. 공부만 잘하면 누구라도 정규직이 될 수 있다 그렇게 믿고 계세요."

학교에서 벌어지는 비정규직에 대한 차별, 그리고 정규직과 비정규직 사이의 차이를 임용시험과 공무원시험 합격 여부로 단순화시키는 현상도, 책을 읽지 않는 분위기, 책을 읽어도 평가를 위한 읽기가 되는 환경과 무관하지 않을 것이다. 책 읽기가 멀어질수록 다른 이의 처지를 이해하는 감각은 무뎌진다.

"되게 놀랐던 게 뭐냐면 저희가 다른 나라에 있다가 이민 온 사람이 아니잖아요. 다 이 나라에서 누군가의 제자로 학교 다니고 성인이 됐는데, 저희 선생님이었을 수도 있잖아요. 그런 사람들이 저희가 단지 비정규직이라는 이유로 자기의 제자였을지도 모르는 사람인데 함부로 대하세요. 내 업무가 아닌 일을 지시하고, 일한 만큼의 대우를 마련해주지 않으면서 그 이유가 지금 자라고 있는 아이들 때문이라는 거예요. 봉사하라는 거예요. 그런데 이걸 바꾸지 않으면 그 아이들도 자라서 결국 비정규직이 될 수밖에 없잖아요."

■ 도서관에서 배울 수 있는 것

도서관은 책과 시설, 그리고 사서가 만들어내는 특별한 공간이다. 대중에게 책을 대출해주는 서비스는 도서관의 기능 중 극히 일부에 속한다. 도서관은 체계적으로 정리된 정보에 접근할 수 있는 통로이다. 장서의 분류 체계는 지식이라는 체계 그 자체이기도 하다. 누구에게나 열려 있다는 점, 그리고 여러 책과 다양한 정보를 같은 수준으로 다룬다는 점에서는 민주주의와 연결된다.

"정치하는 분들이 기회의 평등, 과정의 공정함을 얘기하시는데, 저는 그걸 들을 때마다 너무 쉽게 말씀하신다는 생각을 해요. 그건 수천 년이 흘러도 도달하기 어려운 문제거든요. 우리는 태어날 때부터 기회를 평등하게 가지고 태어나지 않아요. 유전자라는 것만 해도 그렇잖아요. 기회가 평등하지 않는데 과정이 어떻게 공정해요. 오히려 우리 사회가 다양한 걸 인정하는 법을 배우는 게 중요하다고 생각해요. 아이들이 도서관에서 그걸 배울 수 있어요. 다양한 책들이 있다는 거, 다양한 것들이 모여 커다란 체계를 만들어낸다는 거, 거기에 누구나 접근할 수 있다는 거, 그래서 공공성이라는 걸 강화해야 한다는 거. 도서관에서 아이들이 이런 것들을 상상할 수 있어야 한다고 생각해요."

백승연씨가 도서관 전등을 끈다. 아무도 없는 곳에서 책은 그저 종이뭉치일 뿐이다. 하지만 내일이면 다시, 아이들은 도서관을 찾아와 책을 뽑아 들 것이다.

음식물쓰레기로 곰팡이도 키워야 돼요, 비정규직이니까

과학실에는 행정실무사 책상조차 없었다
교무실에서 일하다 수업 때만 가면 된다나
무엇보다 불안했다, 교구 깨지고 아이들 다치고……
나, 점심시간 텅 빈 교무실 비울 수 없는 한 사람

치이익. 치이이익. 모래를 뚫고 불꽃이 솟구친다. 모래 속에서 급격한 화학반응이 일어나고 있다. 검푸른 재가 불꽃이 이는 자리에서 뿜어져 나온다. 불꽃은 세차고 재는 끝도 없이 쏟아질 것 같다. 보안경을 쓴 아이들은 환호한다. 재가 쌓여 산을 이뤘다. 불꽃이 솟은 자리가 움푹 파여 있으니 화산과 같은 모양이다. 실험이 진행되는 동안 이은영씨는 과학실 한쪽에서 긴장을 놓지 않고 있다. 사고는 언제든 일어날 수 있다. 이은영씨는 초등학교 과학실무사 13년 차다.

오래 전 초등학교 과학실에선 중크롬산암모늄을 이용한 화산 실험을 했다. 모래를 파헤치고 붉은색을 띠는 중크롬산암모늄을 정해진 양만큼 넣는다. 그 위에 모래를 살짝 덮은 뒤에 석유나 알코올을 적당량 붓는다. 여기에 불을 붙이면 중크롬산암모늄이 타들어 가면서 불꽃이 일고 재가 솟아오른다. 이 과정이 화산이 만들어지는 모양과 같아서, 모형 화산 실험이라고 했다. 이은영씨의 일은 학교 과학실에서 진행하는 실험을 준비하고, 진행 과정을 돕고, 안전을 챙기고, 사고를 대비하는 일이다.

"1985년에 처음 생겼어요. 교사들이 요청해서 만들어진 자리예요. 선생님이 실험을 준비하고, 뒤처리까지 하려면 학생들 수업을 할 수가 없거든요. 아이들 교육을 위해서 생긴 거예요. 그런데 지금은 과학실험을 거의 안 해요. 왜냐면 저희가 행정업무를 하느라고 실험 준비할 시간이 없어요."

관리하는 과학실험 교구만 800종
식물 채집도 산 타며 직접, 돌도 깬다
하지만 이젠 과학실험도 거의 안 한다
행정업무 하느라 준비할 시간도 없다
행정실무사 통합 뒤 '권한 없는 책임'만

한 과학실무사가 채집해 온 돌멩이를 직접 쪼개고(왼쪽),
수업 뒤 화학물질이 남은 실습용기를 씻고 있다.

처음엔 과학실험보조원이었다. 그러다 과학실험 조교로, 그리고 과학실무사로 불렸다. 이제는 행정실무사가 공식적인 명칭이다. 2010년을 전후로 해서 교육부와 지역교육청은 교원행정업무경감이라는 이름의 정책을 추진했는데, 이 정책이 추진되는 과정에서 이은영씨는 본래의 업무와 동떨어진 직종명을 얻게 됐다. 교원행정업무경감 정책은, 교사가 과도한 행정 업무를 처리하느라 교육이라는 본연의 업무를 수행하기 어렵다는 문제의식에서 출발했다.

학교 현장은 교사들의 업무를 줄여주기 위해 행정실무사란 직종의 비정규직 일자리를 늘려갔다. 경기도교육청은 2012년 학교 내 다양한 직종의 비정규직 노동자들을 행정실무사로 통합했다. 과학실무사뿐 아니라 교무실무사, 행정실무사, 전산실무사 등이 대상이었다. 처음엔 명칭 통합이라고 했다. 하지만 이은영씨는 행정실무사라는 이름으로 불리게 된 후부터 과학실험실 운영과 과학수업 지원이라는 본래 업무에 정보, 학교운영위원회, 교무와 관련한 여러 업무를 떠맡게 됐다.

■ 행정업무에 떠밀려 실험수업 못하는 과학실험실

"10년 넘게 한 학교에서 근무하다가 처음 전보를 가게 됐어요. 2012년에 행정실무사 제도가 생겼을 때 일이에요. 그런데 과학실에 제 책상이 없는 거예요. 왜 책상이 없냐고 물었더니, 너는 행정실무사니까 교무실에서 행정업무를 보면서, 과학실은 수업이 있을 때만 가라고 하더라고요. 제가 해봤어요. 그랬더니 과학실이 난리가 나는 거예요. 아이들 다치고, 실험 도구 깨지고. 무엇보다 안전이 불안해지더라구요."

교무실에서 일을 하다가 실험이 있으면 업무 파일을 복사해서 과학실험실 컴퓨터로 옮겼다. 실험이 끝나면 다시 파일을 복사해 교무실로 가져왔다. 업무는 업무대로 진행이 더뎠다. 이렇게 일 년 넘게 근무하다가 관리자에게 고충을 털어놨다. 어렵사리 과학실험실로 자리를 옮길 수 있었다. 하지만 다른 학교로 전보를 가자 같은 상황이 반복됐다. 관리자는 행정업무를 맡아주길 원했다. 모두 받아들이기로 했다. 대신 과학실에 책상을 두겠다고 부탁했다.

이은영씨의 일은 의외로 많다. 보통 1교시부터 6교시까지 실험이 진행된다. 아침에 출근하면 준비물을 챙기고, 차시마다 모둠별로 분류해서 바구니에 담는다. 실험 전 안전교육을 진행한다. 실험이 끝나면 사용한 실험 도구를 설거지한다. 모든 실험이 끝나고 과학실 청소까지 마치고 나면 행정 업무를 시작한다. 과학실에 혼자 근무하는 탓에 그의 일을 알아주는 사람이 많지 않다.

틈틈이 실험에 쓰이는 교구와 소모품을 관리한다. 관리하는 교구만 800종이다. 필요한 재료를 직접 마련하는 경우도 있다. 음식물 찌꺼기를 구해서 곰팡이를 키우고, 뒷산을 뒤져서 관찰 실험에 필요한 식물을 채집해온다. 암석에 산성 용액과 염기성 용액을 떨어뜨려 반응을 관찰하는 실험이 있을 땐, 돌을 구해와 적당한 크기로 쪼갠다. 시약을 관리하고 실험에서 발생한 폐수를 처리한다.

"산소를 만드는 실험이 있어요. 이산화망간하고 과산화수소로 하는 실험인데, 이게 잘못하면 서로 반응하다가 거품이 천장까지 튀는 일도 있어요. 아이들은 이런 실험을 되게 좋아해요. 6학년 가면 나오는데, 실험의 꽃이거든요. 아이들이 너무 신기해하죠. 집기병에 산소 모아보고, 꺼져가는 불꽃을 대면 확 불이 일어나니까 너무 신기하잖아요."

이은영씨는 학교에 많은 실험이 없어졌다고 안타까워했다. 2005년 한 초등학교에서 과학실무사 없이 화산 실험을 하던 중 사고가 일어났다.

운동장 모래밭에서 실험을 진행하던 중 반응이 일어나지 않자 교사는 알코올을 부었고, 순간 폭발한 것이다. 지켜보던 아이 7명이 화상을 입었다. 교육부는 화산 실험을 금지하는 지시를 내렸다. 실험 중 간혹 사고가 발생했다. 학부모가 소송을 제기하기도 했다. 학교는 위험한 실험을 피했다. 화산 실험은 소다와 식초를 이용한 안전한 실험으로 바뀌었다.

■ "여기 복사용지가 떨어졌네?" 교사들 사이에서 살아남는 법

"처음에 교사 행정을 경감해주겠다고 할 때, 일반직 공무원을 뽑아서 교무실에 배치했어요. 모든 학교는 아니고 시범학교부터요. 근데 일반직들이 일 년을 못 버티고 교무실에서 다 행정실로 내려갔어요. 왜냐하면 교사들 허드렛일을 해야 되는 거예요. 교사들이 무시를 한 거예요. 교사들 행정을 하러 왔다고 해서. 그래서 그 사람들이 전부 행정실로 오고, 행정실에 있던 행정실무사들이, 그땐 학교회계직이라고 했는데, 다 교무실로 올라갔어요."

권혜경씨는 교무실무사 7년 차다. 처음엔 교무보조, 교무실무원 등으로 불리다가 직종 통합 후 행정실무사가 됐다. 교무실무사의 업무 중 가장 힘든 일은 '업무 쳐내기'다. 잠시라도 긴장을 놓고 있으면 교사가 부담을 느끼는 일을 넘겨받게 된다. 교육청은 종종 학교에 새로운 정책을 내려보낸다. 교육적 가치가 담긴 정책들이지만, 그것이 일선 학교로 넘어오면 일이 된다. 새로운 업무를 놓고 교사들이 모여 회의를 한다. 누가 담당할지 의논하는 것이다. 새로운 업무는 교무실에서 일하는 사람 중 가장 약자인 교무실무사에게 넘어온다. 이런 경우가 많다.

"품의 아세요? 학교에서 물건 살 때 기안 쓰는 걸 품의라고 해요. 볼펜

하나도 품의를 받아야 해요. 일단 사와서 영수증 넘겨주는 시스템이 아니에요. 먼저 품의를 올리고 지출하는 거예요. 근데 교사들이 이걸 하기 싫으니까 실무사보고 하라는 경우가 많아요. 그래서 한 번은 제가, 부장님 제 업무분장에 품의가 없는데요, 업무분장에는 각자의 품의는 각자가 하라고 쓰여 있는데요, 말한 적 있어요. 이러면 관계가 불편해지잖아요."

**교육청은 사적 업무나 허드렛일 지시 금지했지만
교사는 16년 경력 행정실무사에게 "달력 좀 떼지"
신참 교사 앞에서 7년차가 들은 말 "와서 복사해"**

과학실무사 이은영씨가 한 초등학교의
과학실험실에서 수업 준비를 하다 말고 또 다른
행정업무를 처리하고 있다.

학교 내 여러 비정규직 직종을 통합해서 행정실무사라는 이름으로 일원화시킨 이유는 분명했다. 방과후 학교, 교과교실제, 혁신학교 등 정규수업 외 교육 활동이 늘어난 것이다. 이들 정책을 추진하는 데 행정 업무가 발생할 수밖에 없고, 이것을 담당할 인력이 필요했다. 경기도교육청은 직종 통합을 추진하면서 행정실무사의 업무 전문성을 보장할 것을 일선 학교에 요청했다. 교사가 사적인 업무를 지시하는 일과 허드렛일을 도맡게 하는 일도 금지했다.

"교무실에서 신규 교사가 와가지고 복사하는데, 교감 선생님이 이렇게 말한 적도 있어요. 어머 선생님, 선생님이 왜 복사를 해, 이 고급인력이? 권 실무, 권 실무 이리 와봐. 와서 복사해."

교무실무사는 교감이랑 같은 공간에서 일한다. 교감이 교사의 인사와 교강사 채용과 관련한 업무를 지시하는 경우도 있다. 이것들은 교감의 고유 업무이다. 신규 임용된 교사의 호봉을 책정하는 일을 떠맡기도 한다. 호봉을 확정하는 일이다. 교사 임용 전 학원에서 일한 경력도 30% 인정해주는 등 법적 기준이 마련돼 있다. 방송업무를 담당하는 일도 흔하다. 방송업무는 방송부 아이들을 지도해야 하므로 교사가 맡아야 할 일이다.

연초가 되면 학교에선 업무분장이 이뤄진다. 권혜경씨는 직종 통합이후 교사와 정규직 등 책임 있는 자리에서 담당할 일까지 비정규직에게 넘어오는 경우가 늘었다고 말한다. 행정실무사들이 모여 교육청에 항의도 해보았지만, 정책 추진의 당사자였던 교육청은 권한이 없다고 대답할 뿐이었다. 업무분장은 학교장 재량이라는 것이다. 복사용지가 떨어졌다고 실무사를 부르고, 프린터기에 잉크가 떨어졌다고 실무사를 찾는다. 권한도 없고 존중도 없는 곳, 교무실무사의 노동현장이다.

■ 권한과 책임이 필요한 일까지 떠맡는 일이 흔하다

"생활기록부 점검하는 일까지 시켜요. 생기부가요, 너무 많이 틀려요. 창의적 체험활동이나 동아리 활동, 이런 게 시간을 다 기록해야 해요. 학생이 전학을 가거나 할 때 생기부 점검을 하는데, 전학 가는 애들이 있을 때마다 문제가 생기는 거예요. 사실 생기부 점검을 하는 건 우리 일이 아니에요. 봐서도 안 되는 거잖아요. 그런데 열두 권 쌓아놓고 점검을 하는 거야. 제가 이 일을 3년이나 했어요."

은현진씨는 구 육성회직 17년 차다. 학교 비정규직이 양산되기 전까지 주로 학교 행정실에서 일반직 공무원의 업무를 보조했다. 손님 접대와 차 심부름 같은 허드렛일을 도맡기도 했다. 은현진씨가 학교에서 처음 들어왔을 때까지만 하더라도 비정규직이라는 용어는 생소했다. 상용직 아니면 일용직이었다. 그 시절엔 육성회직에서 공무원으로 특채되는 경우도 흔했다. 구 육성회직이라는 명칭은, 과거 학부모가 학교에 납입했던 육성회비(중고등학교의 경우 기성회비 혹은 학교운영지원비로 부름)에서 임금을 지급해줬다고 해서 붙인 이름이다.

직종통합이 된 후 '행정실무사' 옆에 괄호를 열고 '구 육성회'라고 적는다. 그리고 괄호를 닫는다. 과학실무사인 경우엔 '행정실무사(과학)', 교무실무사는 '행정실무사(교무)'라고 적는 식이다. 임금 체계는 다른 실무사와 다르다. 공무원처럼 호봉제 임금이다. 하지만 경기도에서 일하는 구 육성회직 600여 명 중 500여 명은 5호봉이다. 호봉 제한을 둔 것이다. 그래서 경력이 20년인 사람도 5호봉이다. 이런 경우 연봉제로 신규 채용한 행정실무사보다 받는 임금이 적다. 그렇다고 행정실무사의 임금이 높은 것도 아니다. 7년 이상을 일해야 최저임금을 넘어서는 임금 수준일 뿐이다.

"행정실은 행정실만의 일이 있어요. 실장에서부터 계약, 예산, 지출, 방과후랑 급식비 징수, 교직원 급여, 이런 업무로 나뉘어 있어요. 비정규직은 어떻게 보면 같은 일을, 인정을 덜 받고 하는 거예요. 저는 올해부터 급여업무를 하고 있어요. 작년엔 세입 업무를 했어요. 그러면 다른 주무관님(교육행정직 공무원)이 제가 작년까지 하던 업무를 하시는 거예요. 근데 이분과 나의 처우가 너무 다르죠."

정수연씨는 행정실무사 7년 차다. 새로 세입 업무를 맡은 공무원은 일이 미숙했다. 하지만 정수연씨는 이것이 문제라고 생각하지 않는다. 업무 능력에 따라 임금에 차이를 둬야 한다는 생각에 동의하지도 않는다. 하지만 비정규직이라는 자격이 기준이 돼서 같은 일을 하는 데도 큰 차별을 두는 것은 의아하다. 차별은 임금 수준만이 아니다. 공무원과 행정실무사라는 자격의 차이가 시험이라는 것에 있다면, 애초부터 행정실무사라는 직종을 편성해서 사람을 뽑지 말아야 했고, 공무원들이 책임져야할 일을 맡기지 말았어야 한다고 생각한다.

노현주씨는 행정실무사(구 육성회직) 16년 차다. 행정실에서 교육급여, 저소득층 학비 지원, 세입, 일반 용역 지출, 출장비, 재산, 운영위원 선출, 방과후 강사료 등의 업무를 맡고 있다. 한 사람이 맡기엔 지나치게 많은 일이다. 처음부터 이렇게 많은 일을 맡은 건 아니다. 하지만 경력이 늘어날수록 일을 처리하는 시간이 짧아졌다. 일을 빨리 끝낼수록 관리자는 일이 없다고 판단하는 듯했다. 그렇게 일이 늘었다.

"교육급여는 주민센터에서 맡다가 학교로 내려와서 갑자기 맡게 된 일이에요. 상시 업무예요. 교육비 지원도 상시. 운영위원 선출하려면 선거해야 해요. 그리고 급여 담당자가 오더니 급여 통계까지는 못한다고 해서, 또 익숙한 사람한테 오는 거예요. 재산도 마찬가지로 공사 많이 하면 증감 다 해야 해요. 학교 창고 하나 지으면 등기까지 다 해서 교육청에 보고해야 하고. 교육청 가서 도장 받아야지, 등기소 가지, 건축물대장 등록하지, 엄청 복잡하잖아요. 재산은 공무원이 담당해야 하잖아요. 그런데 공무원은 나 일 많아 하고 딱 쳐내는 거예요. 전 이걸 다 해도, 너 일 없지. 여기 달력 있는 거, 달력 좀 떼지, 이러고. 달력 떼는 거조차도 우릴 시켜요."

■ **차별을 고민하는 일이 학교를 고민하는 일이다**

2010년 경기도교육청은 학생인권조례를 공포했다. 2년 뒤 서울시교육청이 뒤따랐다. 이전까지 학생은 지도의 대상일 뿐이었다. 학생에게도 인권이 있다는 시각은 낯설었다. 하지만 지금은 많은 사람이 학생 또한 고유한 인격을 지닌 존재라는 생각에 동의한다. 학교 내에서 학생끼리 분쟁이 발생했을 경우 교사는 상황을 일방적으로 판단하지 않는다. 당사자들의 애기를 듣고 적절한 절차에 따라 갈등을 조정한다. 부모의 직업이나, 그들이 얻은 시험 점수와는 상관없이, 그들을 같은 권리를 지닌 인격으로 여기기 때문이다.

"요즘엔 교사도 학생을 인격적으로 대해요. 그런 게 교육이니까요. 교육이라는 걸 왜 해요? 사회에 나가서 그런 태도를 갖춰야 하니까 하는 거잖아요. 그런데 그런 교육을 하는 사람이 저한테는 말을 함부로 해요. 자신이 가르쳤던 학생이 내 자리에 들어올 수도 있는 건데. 그러면 교육은 학교 밖에 보여주기 위한 거로만 남는 거잖아요."

행정실무사, 사서, 영양사, 조리실무사 등 교육공무직을 향한 불편한 시선이 많다. 지난해 발의된 교육공무직 법률안을 계기로 촉발됐다. 법안을 놓고 교사, 교육공무원, 교사/공무원 지망생이 반발했다. 교육공무직 노동자들이 시험도 치르지 않고 공무원이 되려고 한다는 소문도 만들어졌다. 비정규직이 특혜로 정규직이 되려 한다며, 여론은 공무직 법안을 정유라법이라고 몰아댔다. 법적 근저조차 없어 학교회계직이라 불리던 사람들한테 쏟아진 성난 비난은 대단했다. 하지만 법안에 담긴 문제의식은 학교에서 비정규직으로 일하는 사람이 많은데, 그들의 지위와 관련한 법적 근거가 전혀 없다는 점이었다. 이 문제는 우리 사회가 함께 논의할 문제였다. 법안은 논의조차 되지 못하고 철회됐다.

"우리가 공무원을 시켜달라고 한 것도 아니고…… 학교문화를 잘 모르기 때문에 그런 얘기가 나온 게 아닌가 싶어요. 우리 사회가 한 달에 200만 원 남짓 되는 돈을 버는 직업을 갖는 데 너무 많은 에너지를 들이고 있다고 하잖아요. 예전에 학교에서 일하시던 분들을 기능직 공무원 전환할 때, 또 일반직으로 전환할 때는 이러지 않았어요. 사람들이 공무원을 그리 원하지 않았을 때였던 거죠. 그때는 분위기가, 그래 10년 이상 일한 사람들 공무원 시켜줘야지 이런 분위기였어요."

이제는 많은 사람이 공무직 정도만 돼도 안정적인 직장으로 생각한다. 임금 수준이 낮더라도 60세까지 정년이 보장된다는 것을 큰 이점으로 여기기도 한다. 그렇기 때문에 이들이 원하는 처우 개선을 이기적인 태도로 받아들이기도 한다. 하지만 이들이 어떤 하루를 보내고 있는지 알지 못한다. 어떤 처우에 놓여 있는지는 더욱 알지 못한다. 점심시간이 돼 모두 자리를 비운 교무실에 교무실무사가 혼자 자리를 지키고 있다. 교무실을 비울 수 없기 때문이다. 방학이 다가와 해외여행 계획을 세우며 들떠있는 교사들 사이에서, 방학 때마다 백수가 되는 처지를 걱정하는 공무직도 있다.

이들의 처우를 고민하는 일은 학교를 고민하는 일과 같다. 같은 노동을 수행해도 자격에 따라 처우에 큰 차이가 발생한다면, 그 사회는 민주적인 사회가 아니다. 이런 차별과 격차에 아이들이 매일 노출되고 있다. 시험 성적에 따라 자신의 사회적 지위를 가름하는 생각의 방식이 극복되지 않는 이유는, 어찌 보면 학교 내에 있는 것인지 모른다. 학교 안의 비정규직 일자리를 정규직 일자리로 만들어내는 것은, 아이들을 위한 것이기도 하다. 미래에 일할 괜찮은 일자리를 만들어내는 일이기 때문이다. 내 아이가 공부를 잘할 것이라는 기대가 실현되는 일은, 겨우 3%일 뿐이다.

장애학생 곁에…… 교사보다 가까운 '그림자 돌봄' 8천명의 이름

등하교 · 학습 · 급식 · 용변부터 또래 관계까지 보살핌
아이가 뛰면 나도 뛴다, 내 자리는 항상 '아이 옆'

■ 아이를 돕고 아이의 관계까지 마음 쓰는 사람

통학버스가 학생을 내린 지 이미 오래다. 모두 제 교실을 찾아갔지만 정호(가명)는 건물 밖에 남았다. 오늘따라 바람이 부드럽다. 아이는 그게 좋다. 바람이 아이의 볼을 쓸어주고 있는 게다. 김경애씨는 곁에 앉아 이 아이가 느끼고 있을 기분을 그려본다. 두 번째 수업 종이 울린다. 김경애 씨는 아이가 마음을 돌리길 기다리고 있다.

"바람이 좋으면 그게 좋아서 계속 있고 싶어 하는 학생이 있어요. 담임 선생님한테 전화해서, 아이를 다독여서 올라가겠다고 하죠. 어떨 땐 3~4교시까지 기다려야 할 때도 있어요."

김경애씨는 특수교육실무원 5년 차다. 지난해부터 특수학교에서 일한다. 일반학교에서 장애학생을 돕다가 전보를 왔다. 알록달록한 옷을 좋아하지만, 학교에선 운동복을 입고 운동화를 신는다. 아이가 언제 어디로 달려갈지 모를 일이다. 마음을 끄는 게 있어 아이가 달리면, 김경애씨도

뛰어야 한다.

이제 비장애 · 장애학생 함께하는 통합교육 방향
장애학생은 원래 소속된 반과 특수 학급을 오간다
'특수교육 동선'을 책임지는 이름, 특수교육실무원

일반 학교에 마련된 통합수업 교실의 모습이다.

하루 첫 일과는 아이를 맞는 일이다. 통학버스가 들어오면 담임교사
와 함께 아이들을 챙긴다. 지적 장애, 자폐성 장애, 정서 · 행동 장애 아이
들이다. 다섯 명 남짓 아이가 한 반이다. 교실로 가는 길에 한 아이가 멈추
거나 자리에 주저앉으면 김경애씨가 남는다. 아이에 따라 이유는 다양하
다. 마음을 돌리는 방법 또한 아이마다 다르다.

학생이 모두 자리를 잡으면 교사가 시간표를 알려주는 것으로 하루
수업을 시작한다. 교사는 수업을 이끌고 특수교육실무원은 아이의 학습
을 돕는다. 김경애씨의 자리는 항상 아이 옆이다. 아이가 글자 쓰는 걸 힘
들어하면 연필 잡은 손을 붙잡고 같이 써 준다. 제 이름도 쓰기 어려워하
는 아이가 적지 않다. 힘이 좋은 아이를 도울 땐 두 손으로 잡아도 힘에

겁다.

특수교육실무원은 장애학생의 학습, 교내외 활동, 등하교, 급식, 용변 처리 등을 돕는다. 또래와 어울릴 수 있도록 아이 주변을 신경 쓰기도 한다. 아이의 건강과 안전에 주의를 기울이는 것도 주요한 업무다. 학교 생활에 잘 적응할 수 있도록 아이를 보듬는 것도 특수교육실무원의 역할 중 하나다. 먹고 공부하고 이동하는 일부터 아이의 관계를 신경 쓰고 마음을 돌보는 일까지, 특수교육실무원의 일은 아이와 밀착돼 있다.

2017년 교육통계에 따르면 8천여 명의 특수교육실무원이 특수교육 현장에서 일하고 있다. 사회복무요원이 배치된 현장도 많은데, 이들 수까지 더하면 1만 1,000여 명 규모. 특수교육 교사는 기간제 교사를 포함해 1만 9,000여 명, 장애학생 수는 8만 9,000여 명이다.

■ 분리교육에서 통합교육으로, 특수교육실무원이 필요한 이유

김원실씨가 초등학생 아이들과 교실 바닥에 둘러앉아 공기놀이에 열중하고 있다. 4단까지 한숨에 끝냈다. 아이들은 이럴 줄 몰랐다며 난리다. 이건 사기라고 외치는 아이도 있다. 이제 꺾기가 남았다. 다섯 개의 공기알을 던져 손등에 올린 뒤, 그것을 다시 띄워 되잡아야 한다. 수진(가명)이는 기분이 좋다. 자신을 돌보는 실무원 선생님이 오늘따라 대단해 보인다. 왁자지껄한 또래 아이들의 기운도 즐겁다.

"원반에 가면 원반 선생님하고도 잘 지내야 해요. 원반 아이들 이름도 빨리 외워야 하고요. 우리 아이가 거기서 아이들하고 지내야 하니까 우리 아이를 이해시키는 것도 저희 역할이에요. 이 아이가 왜 그래요? 물어보면 우리가 답해야 하고 어떤 도움이 필요한 친구인지 말해줘야 하는

거죠."

김원실씨는 2012년에 특수교육실무원이 됐다. 2년 전까지 초등학교
에서 근무하다가 현재는 중학교에서 일한다. 모두 일반학교다. 이제는 일
반학교도 장애학생 교육을 책임지고 있다. 장애학생과 비장애학생을 통
합하는 게 교육정책의 큰 틀이 됐기 때문이다. 장애학생은 원반과 특수학
급을 오가며 수업을 듣는다. 원반은 원래 소속된 반이란 뜻이다. 비장애
학생과 함께 수업을 받는다고 해서 통합반이라고 부르기도 한다.

일반학교에서 운영하는 특수교육은 협력학급 방식이 일반적이다.
원반과 특수학급을 별도로 두고 특정 교과목 시간에만 부분적으로 분리
해서 수업을 듣게 하는 방식이다. 국어, 영어, 수학 같은 주요 과목은 특수
학급에서 수준에 맞게 공부한다. 음악, 미술, 체육 등 체험 위주의 과목은
원반에서 비장애학생과 함께 수업을 받는다. 통합교육의 한 유형에 속한
다. 통합교육은 간단히 설명하면 장애학생과 비장애학생의 교육 공간을
분리하지 않는 걸 말한다.

특수학급을 운영하는 일반학교는 초·중·고 7,000여 곳이다. 전체
학급수는 9,500여 개, 해당 학급 학생 수는 4만 4,000여 명이다. 전일제 통
합학급을 운영하는 학교도 상당하다. 장애학생이 모든 수업을 통합반에
서 듣는 경우다. 6,200여 곳, 1만 3,000여 학급, 해당 학급 학생 수는 1만
3,800여 명이다. 통합교육의 개념은 언어와 민족, 인종과 종교, 사회경제
적 지위나 문화적 차이 등 모든 차별적 요소를 극복하는 데까지 확대된다.

1960년대까지 특수교육의 방향은 장애학생을 비장애학생과 분리해
교육하는 데 있었다. 통합교육은 1971년 대구 칠성국민학교에 특수학급
을 설치하면서 시작됐다. 30명의 학생 규모였다. 통합교육이 본격화된 건

1994년 특수교육진흥법이 전면 개정되면서다. 개정 내용에 일반학교에서 특수교육대상자를 교육하는 문제, 특수교육에 필요한 교재 교구 등을 마련하는 것, 별도의 화장실이나 경사로 등 특수교육대상자에게 필요한 편의시설 설치 등이 포함된 것이다.

수진이(가명)가 원반에 갈 때마다 담임선생님은 학생들 모두를 수진이에게 인사하게 한다. 수줍어하는 아이도 있고, 귀찮은 아이도 있다. 반가워하는 아이도 있다. 아이들이 인사하는 법은 천차만별이다. 수진이에게 새롭게 궁금해진 일을 묻는 경우도 있다. 아이들은 사람마다 지닌 차이를 이해하는 일에 빠르다. 김경애씨는 담임선생님이 고맙고 아이들도 고맙다.

■ '중도중복반'의 경험, 아이들은 차이를 빨리 이해한다

아이의 숨소리가 끊기 시작했다. 아이는 호흡 장애로 기관을 절개했다. 목에 기관 튜브가 삽입돼 있어 때가 되면 가래를 빼주어야 한다. 안혜자씨는 아이의 가래 흡인을 담당하는 활동 보조원에게 상황을 전했다. 석션이 끝나자 아이의 숨소리가 편안해졌다. 아이는 뇌병변 장애 정도가 심해 몸을 움직이지 못한다.

안혜자씨는 학교에 근무한 지 9년 됐다. 지금은 중도중복반에서 아이를 돌본다. 장애의 정도가 무겁고 여러 장애를 중복으로 지닌 아이가 속한 반을 이렇게 부른다. 대개 침대에 누워서 생활하는 아이들이다. 석션을 하고 아이의 상태를 보여주는 기계를 점검하는 일은 별도의 인원이 맡고 있다. 기저귀를 갈거나 음식을 먹이는 일은 안혜자씨의 일이다.

아이는 골다공증도 갖고 있다고 했다. 침대에 누워만 있으니 뼈도 약해졌다. 아이를 처음 만나고 3~4개월은 기저귀를 가는 게 겁이 났다. 잘

못해서 뼈가 부러질까 두려웠다. 그 기간 동안 담당 교사가 기저귀 가는 일을 도맡아줬다. 석션하는 걸 지켜보는 것도 무서웠다. 안혜자씨는 학교에 들어오기 전까지 장애인 복지관에서 일했다. 장애인을 돌본 경력이 10년을 넘지만 이런 아이를 만나본 적은 없었다.

"중도중복반에 처음 왔을 때 굉장히 심란했어요. 솔직히 일반학교에 이런 반을 만든 이유도 모르겠더라구요. 그런데 아이가 눈짓으로 표현을 해요. 항상 물어봐야 해요. 말을 못해도 최소한 서너 가지 연필을 집고 빨간색? 주황색? 물어봐요. 이 아이가 제일 좋아하는 게 분홍색인데, 분홍색? 하면 눈으로 좋다는 의사를 표현해요. 아니다 싶으면 눈을 올리고."

원반 수업을 올라갈 때면 석션 담당과 안혜자씨가 따라간다. 수업 도중 석션을 하는 경우도 있다. 안혜자씨는 이런 상황이 원반 교사에게도 부담이 될 것이라고 생각한다. 하지만 비장애 어린 학생들은 이 아이를 받아들였다. 친구라는 것이다. 아이들을 생각하면 정도가 무겁든 가볍든 통합교육은 필요한 것이다.

"아이들을 본다는 건 즐거운 일이에요. 에너지를 많이 쓰기도 하지만, 같이 지내는 시간이 워낙 길다 보니 오만가지 정이 다 들어요. 이 아이 때문에 웃을 때가 있고, 또 화가 날 때도 있고, 막 왔다갔다 해요. 이 일이 힘들다고 하는데 아이들하고 관계는 다 감수해요. 다 감수해야 하는 일이기도 하구요."

■ 아이들 탓을 하려는 게 아니었다

특수교육실무원 제도는 2000년 인천에서 3개월간의 시범사업으로 시작됐다. '실업여성 고용창출을 위한 장애아동 공익보조원 지원사업'이라는 명칭이었다. 특수교사에겐 혼자 여러 명의 장애학생을 대상으로 개별화 교육을 진행하기 어렵다는 고충이 있었다. 일반학급에선 장애학생의 학습, 학급 활동, 교실 생활 적응을 도울 사람이 절실했다. 이후 정부는 2004년 '특수교육보조원 제도'라는 이름의 정책을 추진하고, 그해 전국 특수교육현장에 2,000명의 특수교육실무원을 배치한다.

인권감수성 절실해도 체계적 교육은 없다
교사는 방학중 연수, 실무원은 방중 비근무자
통합교육 기조 '모든 아이는 우리 모두의 아이'
'우리 모두'에 특수교육실무원도 들어 있을까

중도중복학생이 휠체어나 침대로 이동할 때 사용하는 이동용
리프트(왼쪽)와 학교비치용 휠체어가 교실 한 켠에 세워져 있다.

처음엔 특수교육 보조원으로 불렸다. 지금은 지역별로 특수교육실무사, 특수교육지도사, 특수교육실무원 등으로 불리고 있다. 교육부는 특수교육 보조 인력이라는 명칭을 고수하고 있다. 실무원들은 특수교육지도사로 명칭을 공식화해줄 것을 바라고 있다. 학생이 학교생활에 잘 적응할 수 있도록 특정행동을 유도하고 지도하는 게 이들이 담당하는 일을 잘 드러내준다고 여기기 때문이다.

특수교육실무원의 역할은 특수교사의 업무를 보조하는 일이라지만 둘의 업무 영역이 같을 경우가 있다. 수업이나 평가, 상담은 교사의 고유 업무임이 분명하다. 하지만 학생을 돌보는 데 필요한 여러 일에서 역할 영역이 겹친다. 예를 들어, 장애학생의 용변을 치우는 일을 교사가 수행하면 신변 처치 지도가 된다. 같은 일을 실무원이 하면 신변 처치 지도 보조, 혹은 용변 처치가 된다. 특수교사와 실무원은 파트너쉽이 필요한 관계지만, 서로 마음 상하는 일이 벌어지기도 한다.

2014년 11월 교육공무직본부는 특수교육실무원을 대상으로 한 정책토론회를 열었다. 이들의 일과 노동환경을 알리기 위해서였다. 지적장애를 가진 아이가 실무원을 할퀴고 무는 일이 종종 있었다. 실무원이 말할 때 아이는 그 떨리는 목청이 좋아 실무원의 목을 덥석 집어 잡는 경우도 있었다. 한 실무원은 아이가 밀어 계단을 구른 적도 있었다. 아이가 던진 식판에 맞아 눈 밑이 함몰된 사례도 있었다. 정서 장애를 지닌 아이가 있을 땐 특수교사와 실무원은 날카로운 물건부터 치웠다.

아이들 탓을 하려는 게 아니었다. 다치면 학교는 학부모와 해결하라고 했다. 개인적으로 가입한 보험이 없냐고 되묻기도 했다. 교사는 연금공단에 신청하면 비록 공상처리로라도 보상받을 수 있지만, 실무원은 개인적으로 산재 처리하는 방법이 유일했다. 학교와 교육청은 아무런 지원을 하지 않았다. 실무원의 일은 아이와 밀착해서 아이를 돌보는 일이었다. 그들이 겪은 사고와 고충은 그런 조건을 드러내야 설명 가능했다.

큰 잘못을 저지르기도 했다. 실무원의 고충을 설명하기 위해 아이의 용변을 돕는 사진을 사용한 것이다. 토론회에 와있던 학부모들은 마음에 큰 상처를 받았다. 많은 학부모가 이 일을 알게 됐다. 아이들의 학부모는 아이를 위험한 존재로 묘사한다고 여겼다. 학부모들은 분노했다. 장애학생의 인권을 세심히 살피지 못했다며 학부모들에게 사과했지만, 학부모에게 실무원은 장애학생의 인권을 고려할 줄 모르는 사람이 돼버렸다. 이날 이후 실무원들은 자신의 고충을 털어놓는 게 자신이 돌보는 아이의 일과 연결돼 있다는 걸 알게 됐다. 그리고 자신의 일을 세상에 알리는 일이 여러 관계와 얽혀 있는 일이란 것도 알게 됐다.

지난 2015년 전국교육공무직본부 대전지부 조합원들이
'특수교육실무원의 배치기준'에 항의하는 모습이다.

■ 아이가 예쁜데도 '경계'할 때가 있다

유독 예쁜 아이가 있다. 같이 지내다 보면 예쁜 아이가 생긴다. 몸을 뒤틀고 팔을 휘젓는 것으로 제 불만을 드러내는 아이인데 그렇다. 중도중복반 아이들은 말을 전혀 안 하지만, 눈짓으로라도 제 뜻을 드러내면 그 아이와 관계 형성(라포르 형성)이 이뤄진다. 안혜자씨는 이 아이가 중학교에 갈 때 따라가야겠단 마음을 먹고 있다. 그렇게 예뻐서, 눈이 참 예쁘다 싶어 보고 있으면 그 순간에 확, 할퀴거나 목을 조르기도 한다. 특수교사도 겪는 일이다.

"어느 날은 제가 교사 선생님을 잡고 울었어요. 선생님, 내가 이렇게 예쁘고 그런 애를, 애가 다가오면 내가 피한다는 사실이 너무 서글퍼요, 내가 이게 진짜 뭐 하는 짓인가 하는 생각이 들어요, 하면서."

아이를 돌보다가 문득, 아이가 예쁘다는 느낌과 아이를 경계하는 반응이 내 마음에서 충돌하고 있다는 사실을 발견할 때가 있다. 그럴 때마다 감정은 소진된다. 고충을 알아주는 사람도 없다. 특수교사도, 학부모도 아이와 함께 같은 상황을 겪고 있다. 그래도 교사들은 교육청에서 운영하는 치유프로그램에 참여할 수 있으니 마음을 다잡는 게 상대적으로 수월할 거 같다.

교사에게 제공되는 여러 연수 프로그램에도 눈길이 간다. 중도중복반처럼 새로운 유형의 장애학생이 학교로 들어오는데, 교육은 기초적 수준에 머물러 있다. 언제 호흡이 멎을지 모를 아이를 돌보는 실무원도 있다. 그러다가 만에 하나라도 큰 불상사가 날지도 모른다는 가능성을 늘 염두에 둔다는 건 상당한 긴장감을 불러일으킨다. 불행히도 그런 상황이 발생한다면 어떤 조처를 취해야 하는 걸까. 그리고 이런 생각에서 오는 극심한 긴장을 어떻게 해결해야 할까. 학교는 귀띔조차 없다.

장애학생의 유형이 다양해지고 장애의 정도는 무거워지는 상황에 학교도 어려워하고 있다. 석션을 해야 하는 학생은 들어왔는데 학교는 석션을 의료행위로 봐둘지, 교육행위에 포함할지 판단을 미루고 있다. 전체

학생 수는 줄고 있다는데 장애학생 수는 매해 늘고 있다. 통합교육이라는 방향이 제 틀을 갖춘 덕에, 집과 병원에 있던 아이들도 세상 밖으로 나오게 됐다. 2007년 장애 학생 수는 6만 5,940명이었다. 10년이 흐른 2017년 장애 학생 수는 8만 9,353명이 됐다.

인권 교육도 절실하다. 학교 내 다른 비정규직 직종과 달리, 학생과 밀착해 그들을 돌보는 일이 특수교육실무원의 일이다. 그렇기 때문에 어떤 직종보다 인권 감수성이 중요하다. 하지만 체계적 교육은 없다. 교사들처럼 방학 중에 연수를 받는 일은 언급조차 어렵다. 이들은 방중 비근무자이기 때문이다. 현장에선 이들이 아이에 밀착해 그들을 몸과 마음마저 돌보고 있는데, 교육부는 그저 이들을 보조 인력으로만 여길 뿐이다.

■ 학교는 우리의 인권을 고민할까요?

"엄마 아빠가 다 일해서 다른 집보다 상대적으로 돌봄을 많이 못 받는 아이가 있어요. 그럼 저희가 빨래도 하고 샤워도 시키고 그래요. 몸은 다 큰 남자애를 샤워시키기도 해요. 우리에게도 인권이란 게 있는 거잖아요."

김원실씨는 학교가 장애학생의 인권뿐 아니라 그들을 돌보는 특수교육실무원의 인권도 고려할 줄 아는 기관이 되길 바란다. 올해 교육부는 제5차 특수교육발전 5개년 계획을 발표했다. 통합교육이라는 방향에 맞춰 '모든 아이는 우리 모두의 아이'라는 기조를 내세웠다. 김원실씨는 '우리 모두'에 특수교육실무원이 배제된 것 같아 안타깝다. 학교 현장에서 실무원은 '모든 아이'를 곁에서 돌보고 있지만 이들의 고충은 세상이 다뤄주질 않는다.

김경애씨의 손톱은 알록달록하다. 주기적으로 손톱을 관리한다. 손톱마다 색색으로 꾸민다. 김경애씨가 돌보는 아이는 곁에 있는 사람의 손톱을 만지고 누르는 버릇이 있다. 아이가 자꾸 손톱을 누르다 보니 손톱이 깨지고 상하는 일이 많아 관리를 시작했다. 아이는 이제 빨강 노랑 초록 손톱이 신기하다. 아이는 발달장애를 갖고 있다. 아이는 김경애씨의 손톱을 만져보고 살펴보는 게 즐겁다.

선생님, 비밀인데…… 급한 아이가 1주일 기다려야 하는 한 사람

매년 초·중·고 떠나는 학생 6만 명
그래도 학교에서 상담받는 아이는
"선생님, 저 잠깐 있다 가도 돼요?"
더 큰 위기로부터 잠깐은 멀어진다

아이는 학교에 다녀야 할 이유를 찾지 못했다. 가고 싶던 특성화 고등학교에 떨어지고 떠밀리듯 일반계 고등학교에 들어왔다. 한 학년을 아무 일 없이 보냈다. 결석한 적도, 지각한 적도 없었지만, 수업을 따라가지 못했다. 1년을 조용히 제 자리만 지키며 보냈다. 가만히 앉아 있기도 했고, 멍하니 창밖을 내다보기도 했으며 때로는 엎드려서 자기도 했다. 2학년이 되자 아이는 자퇴를 결심했다. 학교 밖으로 나가 기술을 배우는 게 좋겠다는 생각이었다.

"불안했구나. 많이 힘들었겠다."

가만히 아이의 말을 듣던 김하영씨(가명)가 한마디를 건넸다. 아이가 느꼈을 감정을 이해한다는 뜻이었다. 아이는 주변에 마음을 터놓을 친구가 없었다. 고등학교에 진학하면서 가깝게 지내던 친구들과 떨어졌다. 이후 새로운 친구를 만들지 못했다. 학교에서는 작은 흥미를 찾을 수도 없었다. 학교 다니는 보람이 없으니 다른 아이에게 관심이 생기질 않았다. 김하영씨는 아이가 말하는 동안 아이의 표정과 몸짓, 그리고 말에서 묻어나는 분위기까지 수첩에 적었다. 김하영씨는 전문상담사 7년 차다.

비정규직 전문'상담사' 3,800여 명
정규직 전문'상담교사' 1,800여 명
정신건강 · 또래갈등 · 진로문제까지
상담교사는 한 학교에서 아이 만나지만
상담사는 두 학교 오가며 '보따리 상담'

Wee클래스 전문상담사가 자살위기 및 정서행동특성검사 관심군
학생들을 선별해 놓은 자료들이다.

김하영씨는 아이의 불안과 외로움을 이해했다. 많은 아이가 겪는 문제였다. 아이에게 생각할 시간이 주어진 것이 참 다행이었다. 아이는 학업중단 숙려제를 통해 학교를 잠시 쉬고, 자기 문제를 고민하는 기간을 갖고 있었다. 졸업 후 진로로 불안해하는 아이에게 위탁교육이라는 게 있다고 알려줬다. 3학년이 되면 자신이 원하는 분야의 기술교육을 받을 수

있다는 조언이었다. 가깝게 지냈던 친구들에 관해서도 물었다. 그들과의 관계가 특별할 수 있었던 이유와 쌓은 추억을 떠올려 보게 했다.

학업중단 숙려제는 학교를 자퇴하려는 학생에게 생각할 시간을 주는 제도다. 최소 2주 이상의 시간을 준다. 이 기간에 학교를 나오지 않아도 되지만, 대신 한 주에 두 차례 상담을 받아야 한다. 전문상담사가 심리검사를 진행하고 상담을 진행한다. 가정불화, 또래 갈등, 정신 건강, 진로나 진학, 학습 무기력 등 문제 유형은 다양하다. 학교에 적응하지 못하면 자퇴로 이어지는 경우가 많다. 상담사는 학생에게 예체능 활동이나 진로체험 등 심리적 부담과 불안을 덜어줄 프로그램을 마련해주기도 한다.

학업중단 숙려제는 2011년 경기도교육청에서 처음 시행했고, 다음 해 전국으로 확대됐다. 매년 초·중·고 학생 6만여 명이 학업을 그만둔다. 고등학교에서만 34,000여 명의 학생이 학교를 떠난다. 학생이 학교를 떠나면 학생에게 위기가 닥쳐도 학교는 도울 방법이 없다. 일주일에 한 번이었던 상담 횟수는 얼마 전부터 두 번으로 늘었다. 인천 초등학생 살해 사건이 계기였다. 주범 김 양은 학교를 자퇴한 학교 밖 청소년이었다. 학교가 학생을 돌보는 건 사회를 돌보는 일로 연결된다.

숙려 기간 중인 학생 상담이 끝나갈 무렵 누군가 상담실 문을 두드렸다. 학교에 오면 가슴이 뛰고 손발이 차가워져서 교실에 들어가기 힘들어하는 아이였다. 동네 병원에선 공황장애가 의심되니 큰 병원에 가서 정확한 진단을 받아보라고 했다. 이 아이는 다른 아이들이 등교하는 시간을 피했다. 아주 일찍 움직이거나 1교시가 시작한 뒤에 학교에 왔다. 아이들이 많으면 모두 자신을 쳐다보는 느낌이 들고, 누군가가 자신을 공격할 것 같은 불안감에 휩싸였다.

"선생님, 저 지금 왔어요. 잠깐만 있다가 가도 돼요?"

1교시가 끝나갈 무렵이었다. 아이는 Wee클래스에서 다른 학생들을 피해 있다가, 2교시 종이 치면 교실로 들어갈 생각이었다. Wee클래스는 전문상담사의 사무공간과 개인 상담실, 그리고 집단 상담실로 나뉘어 있다. 아이는 학교에 늦게 오는 날이면 바깥쪽 집단상담 공간에서 시간을 보내다 교실로 들어가곤 했다. 김하영씨는 상담을 끝내고 공황장애 증상을 보이는 아이와 쉬는 시간을 보냈다. 아이가 겪는 증상에 변화가 생겼는지 물었고 증상을 이겨내려는 작은 실천들을 듣고 크게 격려했다.

2교시 일정은 틱 장애를 겪는 1학년 아이를 상담하는 일이었다. 틱 장애는 의지와 상관없이 몸 일부를 반복적으로 빠르게 움직이거나 독특한 소리를 내는 질환을 말한다. 심리적으로 긴장되면 증상이 심해진다. 2교시에 만나게 될 아이는 운동 틱 장애와 음성 틱 장애를 함께 갖고 있었다. 지난번 만났을 땐 다면적 인성 검사(MMPI)를 진행했다. 이번 상담에선 문장 완성 검사(SCT)가 예정돼 있었다. 아이의 상태를 객관적으로 파악할 필요가 있을 때 상담사는 이런 검사를 실행한다.

아이가 검사 도중 울음을 터트렸다. 아이는 학교를 그만두고 싶다고 했다. 담임 선생님에게도 피해를 주고, 반 아이들에게도 피해만 주고 있는데 어떻게 학교에 다녀야 할지 모르겠다고 했다. 수업 중에 소리를 내게 되면 뒤돌아보는 아이들이 있었다. 때론 수업을 진행하던 선생님이 하던 말을 멈출 때도 있었다. 이럴 때 어떻게 해야 하는지, 아이의 부담은 컸다. 그리고 며칠 후 2박 3일의 수련회가 예정돼 있었다. 아이는 그 기간 자신이 소외될 것이 너무나 두려웠다.

상담은 3교시까지 이어졌다. 아이는 이미 아빠에게 자퇴하겠다고 문자를 보냈다. 등굣길에서였다. 상담실로 전화가 왔다. 아이의 엄마였다. 빨리 가도 6시가 될 텐데, 그때 찾아봬도 될지 물었다. 김하영씨는 기다리겠다고 답했다. '네가 두려움이 있는 만큼 다른 아이들도 같은 크기의 두려움이 있을 거야. 지금은 누구나 새로운 관계를 맺어야 한다는 상황에 똑같이 놓여 있거든. 자퇴하더라도 우선은 네가 가진 두려움을 다른 친구들에게 말해보기는 해야 하지 않겠니?' 아이는 상대가 느낄 두려움에 대해서 생각해 본 적이 없었다. 아이의 마음이 조금 누그러지는 것 같았다.

김하영씨는 4교시에 점심을 먹는다. 점심시간엔 Wee클래스를 보드 카페로 운영한다. 점심을 먹은 아이들이 몰려와 쉬기도 하고 보드게임을 즐기기도 한다. 대부분 상담을 받았던 아이들이다. 아이들은 김하영씨 자리 앞에 둘러서서 '사건' 이후의 일을 편안하게 얘기한다. 자신이 처한 상황을 극복하는 방식은 제각각이지만 힘겨워하는 건 모두 같다. 아이가 겪는 어려움을 들어주는 것만으로도 아이는 스스로를 돌볼 힘을 얻는다.

아픔은 전이되기 쉬워요
상담사를 공격하기도 하죠
그래도 아이가 제겐 선생님

Wee클래스 전문상담사가 진행하는 집단 상담과 힐링 프로그램의 한 장면.

김미경씨(가명)는 초등학교에서 일한다. 일주일에 3일은 거점학교로, 나머지 2일은 순회학교로 출근한다. 전문상담사 대부분이 두 개 학교를 담당한다. 김미경씨가 출근하는 두 개 학교 학생수를 합하면 2,500여 명이다. 1년 동안 진행한 상담 사례를 모으면 300건이 넘는다. 상담사례 1건당 2~4회기 상담이 일반적이지만, 20회기 이상 상담을 진행하는 경우도 있다.

"오늘 처음 만난 아이는 주의력결핍 과잉행동장애(ADHD)인 거 같고, 폭발적 품행 장애도 의심되는 아이였어요. 화가 나면 연필을 씹어서 뱉어내고, 날카로운 물건으로 다른 친구를 공격하는 시늉을 한다는 거예요. 담임선생님하고도 얘길 나눴는데, 감정 소모가 많으셨어요. 아이 어머니와 아이 얘길 어떻게 풀지 고민도 많으셨고요."

두 번째 상담은 11살이었다. 아이는 자살하고 싶다고 말했다. 아이는 5학년이 돼서 엄마와 아빠가 이혼했다는 사실을 알게 됐다. 7살 때부터 아빠를 보는 게 어려워졌다. 1년에 한두 번 만났다. 아빠가 어디 있는지 물으면, 엄마는 외국에 출장을 가 있다고 답했다. 지난겨울 아빠를 만났을 때 아이는 무척 행복했다. 하지만 이혼했다는 사실을 알게 된 후부터 아빠를 다시는 못 만날 것 같은 불안감에 휩싸이게 됐다. 엄마는 일이 바빠서 밤 열 시가 넘어야 집에 들어왔다. 아이는 자살할 생각으로 아파트 옥상에 올라가 봤다고 얘기했다.

세 번째 상담은 학기 초에 전학을 온 12살 아이였다. 아이는 학교에 나오지 않았다. 상담만 나와도 출석이 된다고 설득했다. 하지만 번번이 약속을 어겼다. 오늘도 아이는 오질 않았다. 아이 엄마에게 전화를 걸어 상황을 물었다. 아이가 머리 모양을 다듬는데 제 마음대로 안 된다며 짜증을 내고 있다고 했다. 시간을 뒤로 미뤘다. 오후 늦게 엄마와 함께 아이가 Wee클래스에 나타났다. 아이는 머리를 내리고 엄마 뒤에서 서 있었다. 시선을 피하고 말을 거의 안 했다.

네 번째 상담도 12살 아이였다. 이 아이도 자살을 입에 올리던 아이였다. 외국에서 살다가 한국에 온 게 7살 때였다. 한국말이 익숙하지 않아 또래에게 놀림 받는 날이 많았다. 아이는 상담 시간 내내 속상했던 일들을 얘기했다. 김미경씨는 가만히 들으며 간간이 장단을 맞춰줬다. 아이는 제 말을 통해 마음에 맺힌 감정을 풀어내는 것 같았다. 김미경씨는 오늘 박카스를 두 병이나 마셨다.

"제가 만나는 아이들이 다 마음이 아픈 아이들이에요. 상담을 하다 보면 아이들의 아픈 말들이 제게 옮겨와요. 듣는 것만으로도 감정적 소모가 엄청나요. 우리도 상담이 필요한데 교육청의 지원이 따로 없으니까 상담사끼리 역할을 바꿔가며 상담을 해요."

Wee클래스는 위기 학생을 지원하기 위해 2008년도에 만들어진 상담 지원 프로그램을 뜻하면서 학교 내 학생들의 상담이 진행되는 공간을 가리키기도 한다. Wee클래스는 운영하기에 따라 학생들이 교실에서 얻은 긴장감을 풀고 학업과 또래 관계로부터 받은 스트레스를 해소하는 쉼터 같은 역할을 한다. 2017년도 교육부 자료에 따르면 3853명의 비정규직 전문상담사가 학교에서 아이들을 만나고 있다. 학교에 상주하는 정규직 전문상담교사는 1,872명이다. 전문상담사는 2개교를 다니며 학생을 상담한다. 반면 전문상담교사는 보통 1개교 학생을 맡는다.

상담사도 상담이 필요한데
교육청 지원이 없으니까
상담사끼리 상담을 해요

"학교에 마음이 아프거나 마음이 힘든 아이들이 많아요. 천 명에 한 명 정도가 아니고 20명에 한 명 정도 돼요. 저는 상담해야 할 자해 학생이 거점학교에만 열 명 정도 밀려 있어요. 순회학교는 화, 목 이렇게 가는데 '이상 심리'가 나타나는 아이들을 매일 4명 이상씩 만나요. 학교폭력도 벌써 4건 발생해서 학교 폭력 대책위원회에도 들어가야 해요."

최선희씨(가명)는 거점학교인 중학교와 순회학교인 고등학교에 출근한다. 학기 초에는 학교 부적응, 새학기증후군, 학교폭력, 자살, 자해 관련 학생을 집중적으로 상담한다. 전교생을 대상으로 Wee클래스를 홍보해야 하고 처리해야 할 행정 업무도 만만치 않다. 상담 내용을 기록하고 보고하는 일만 해도 벅차다. 게다가 정서·행동특성검사와 관련한 행정 업무를 떠맡는 경우도 흔하다. 대상 학생을 상담하는 일은 고유 업무에 해당한다지만, 지속적 관리 업무를 포함한 제반 행정까지 맡으라는 건 상담사의 고유 업무를 벗어난 일이다.

"오늘은 거점학교에 출근하는 날이었는데 학교가 뒤숭숭했어요. 제가 순회학교에 출근해서 자리가 빈 날에 자해 사건이 발생한 거예요. 자해 사건은 굉장히 중요한 사건이에요. 자해가 자살로 이어질 수 있거든요. 다섯 명의 아이가 파자마 파티를 한다고 한 집에 모여서 커터 칼로 팔을 스무 번 그은 거예요. 세 명이 그렇게 긋고, 나머지 애들은 무서워서 두 번씩 긋고. 그리고 그걸 SNS에 올린 거죠. 아침부터 위기관리위원회가 열렸어요."

최선희씨는 이날 4교시까지 자해한 아이들을 상담했다. 일을 주도한 아이가 자해를 시작한 이유는 스트레스 때문이었다. 자신의 신체에 상처를 낼 때 느껴지는 고통이 답답하고 억눌린 기분을 풀어주는 것 같았다. '너도 해볼래?' 아이는 다른 아이들에게도 권유했다. 나머지 아이들은 이들 관계로부터 소외되거나 버려질 것이 두려웠다. 이런 사건이 발생했을 때 아이들 관계를 강제로 해체하면 더 큰 문제가 될 수 있다. 같은 행위를 숨어서 이어가기 때문이다.

아이 하나는 초등학생일 때 따돌림을 당한 경험이 있었다. 다른 두 명의 아이는 부모가 이혼한 경험이 있었다. 아이의 마음 깊숙한 곳에는 자기도 버려질 거란 불안이 있었고, 엄마와 아빠가 헤어지는 걸 자신이 충분히 말리지 못했다는 죄책감도 있었다. 모두 자신을 옭매는 개인사가 있었다. 아이들은 과거의 경험을 현재 겪고 있는 상황에 대입하고 있었다. 과거의 일을 현재 상황에 대입하는 과정에는 오류가 발생할 수 있다. 상담은 이런 과정을 스스로 검토할 수 있게 도와주는 일이다.

최선희씨의 오후 일정은 방과 후 특별교육이었다. 학교폭력 가해학생을 대상으로 한 교육이었다. 최선희씨는 전화 한 통을 받고 특별교육 일정을 연기했다. 한 학생이 자해했다는 전화였다. 아이가 힘들어 하는 일에 공감을 해주는 건 중요하다. 아이는 이해해주는 사람이 있다는 사실로부터 자신을 변화시킬 힘을 마련한다. 하지만 주변 어른들은 사는 게 바빠 아이의 말을 들어줄 시간이 없다.

학교 못 다니겠단 아이한테
'학교 관두면 돈 안들고 좋지'
마음에 없는 말은 마세요

"지난해 상담하다가 학생이 저를 공격한 적이 있어요. 조현병을 앓거나 경계선 성격장애인 경우 그런 일이 일어나기도 해요. 과거의 일을 떠올리다가 아이가 당시 느꼈던 감정을 다시금 겪는 거예요. 그때 중요하게 개입된 어른을 제게 투사시키는 거죠. 일종의 전이 현상이에요. 그게 부모님인 경우가 많아요. 그런 반응이 일어나면 상담하던 중에 자해한다든지 상담사를 공격한다든지, 위험한 상황이 일어나는 거죠."

상담사는 자신이 앉을 자리를 상담실 입구 쪽에 마련한다. 학생이 앉을 자리는 책상 너머, 입구에서 먼 쪽에 배치한다. 위험한 상황이 발생하면 언제든 달려 나갈 수 있어야 하기 때문이다. 상담사는 아이들을 만나 아픈 얘기를 듣다 보면 정서적으로 감염되기도 한다. 상담하는 일 자체가 감정적 소진이 큰일인 만큼 상담사는 지친 일상을 보내는 날이 많다. 이런 상황이 빈번해도 하소연할 데가 마땅치 않다. 이와 달리 정규직인 전문상담교사는 방중 연수의 기회가 보장돼 있다. 하지만 비정규직 상담사는 연수비 예산 40만 원을 청구하는 것도 눈치가 보인다.

"아이들을 만나는 일을 한다는 게 좋아요. 상담하는 과정 중에 제가 치유되는 걸 경험하기도 해요. 제가 어린 시절에 겪었던 상실을 떠올리게 되고, 그때 겪었던 우울감을 되새기게 되는 경우가 있어요. 그리고 그게 내 자녀와 내 가족과의 관계에 어떻게 영향을 끼쳤는지, 나를 이해하는 끊어진 고리가 이어지는 경험으로 확장되기도 하고요. 그럴 땐 아이가 내

선생님 같기도 해요."

　김하영씨는 저녁 6시에 틱 장애를 지닌 학생의 어머니를 만났다. 아이가 괴로운 마음에 학교를 그만두겠다고 말하면, 아빠는 '그래 그만둬라, 네가 학교를 그만두면 돈도 안 들고 좋겠네'라는 식으로 대응했다고 했다. 겉으로 드러난 의미와 속으로 숨은 의미가 서로 다른, 이중적 의미의 언어를 아이에게 쓰는 건 피해주시는 게 좋을 것 같다고 부탁했다. 저녁 7시 30분. 상담을 마친 김하영씨가 퇴근을 서둘렀다.

경찰차 3대 오던 학교의 변화…… 근데 샘! 올해까진 있어요?

"교실에선 문짝에 붙어만 있는데……"
복지실 와서 말한다 "그거 해볼래요"
학교폭력 · 절도 · 자해 · 문신 · 무단이탈
아이 문제행동엔 숨은 욕구가 있다

"한 아이가 문신을 하고 학교에 왔어요."

월초. 날은 아직 쌀쌀했다. 아이는 저 혼자 반소매를 입고 학교에 들어섰다. 팔뚝에 새긴 문양은 선명했고, 살갗은 발갛게 부어있었다. 제 교실로 향하던 아이들의 무기력한 발걸음에 변화가 일었다. 몇몇 아이는 걸음을 멈췄고, 몇몇 아이는 방향을 틀어 교문 쪽으로 뛰었다. 날카롭게 새겨진 문양에 여러 아이가 몰려들었다. 어떤 아이는 감탄했고, 어떤 아이는 호기심 가득한 질문을 던졌다. 아이가 4층까지 오르는 동안 학교 중앙 계단엔 여느 날은 찾을 수 없었던 활기가 가득했다.

"자기도 하고 싶다고 한 친구들이 있지 않았겠어요? 함께 무단으로 학교를 나갔어요. 페이스북 메시지로 수소문해서 아이들이 어디 있는지 찾았어요. 달려가서 그 아이들을 데려오면서, 따라나선 친구들이 문신을 했는지 안 했는지 살피고, 문신 한 애는 어디서 했는지, 혹시 터무니없는

돈을 낸 건 아닌지 점검하고, 혹시 모르니까 병원도 데려가고, 부모님께
연락드려서 귀가시키고. 그리고 사례회의……."

　김태연(가명)씨는 중학교에서 일하는 교육복지사다. 기관에서 10년
을 사회복지사로 일하다가 학교에 들어와 일한 지 4년째다. 교육복지사
는 아이가 놓인 문제 상황과 그것으로부터 비롯된 아이의 욕구와 필요를
찾아내는 일을 한다. 남다른 보살핌이 필요한 아이는 많다. 무단이탈, 학
교폭력, 절도, 자해, 자살 등등. 제지하고 처벌한다고 문제가 해결되는 것
은 아니다. 아이의 문제 행동에는 배경이 있다. 가정불화, 가난, 학교 부적
응, 또래 갈등, 무기력 등등. 부모의 경제력과는 무관하게 아프고 힘든 사
연을 짊어진 아이가 많다.
　교육복지사는 아이의 이런 '문제'를 다룬다. 아이가 일으킨 '문제'에
서 아이를 챙기기도 하고, 아이가 처한 '문제'로부터 아이를 보호기도 한
다. 아이가 무단이탈 같은 문제 행동을 했을 땐 무엇보다 아이를 찾아내
는 게 우선이다. 아이가 가난과 같은 문제에 처해 있다면 도움 받을 수 있
는 자원과 제도에 연결해준다. 가정폭력과 같은 문제 상황에 부닥쳐 있다
면 부모를 만나 부모가 스스로 경계하게 하며, 아이의 상황이 위급하다면
쉼터와 같은 청소년 보호시설로 아이를 피신시키기도 한다. 그리고 아이
의 '문제'를 파악하기 위해 주변을 살피기도 한다.

　"자신이 하고 싶은 것을 적은 쪽지를 남긴 아이가 있었어요. 만나서
얘길 하는데 말투와 느낌이 이상한 거예요. 게다가 자기가 어디에 쓰러져
있다가 깬 적이 있는데 이유를 모르겠다고 하더라고요. 그래서 주변 조사
를 시작했고 학교에선 평범한 학생으로 인식하고 있었어요. 알고 봤더니

복지카드를 가진 장애 학생인 거예요. 뇌전증이 있는. 걔가 2학년인데 1년 동안 학교는 그걸 모르고 있던 거죠."

책상에 엎드린 아이를 이해하는 일은
우리 사회의 구조를 이해하는 일이다
복지사가 학교 안에 있어야 하는 이유

한 교육복지사가 가족 관계 개선을 위한 가족 프로그램을 진행하고 있다.

교육복지사의 일을 한마디로 정리하면, 아이가 기댈 수 있는 '어른'이 되어주는 일이다. 이런 역할은 1990년대까지 학교 밖에서 이뤄졌다. 지역 아동센터, 청소년 센터, 청소년 쉼터, 청소년 회관 등이 중심 현장이었다. 어른들이 말하는 '사고를 친' 아이의 보호자가 되어주고, 배고픈 아이에게 끼니를 챙겨주며, 끼와 재능을 펼칠 기회를 만들어주는 일이 주요 활동이었다. 믿을 만한 어른의 관심과 기대는, 아이가 자신을 아끼고 존중할 힘을 얻는 계기가 된다.

사회복지 사업의 한 갈래였던 청소년 지원 활동이 학교로 들어오게 된 건 2003년도의 일이다. 우리 사회가 가난의 대물림과 학교폭력, 그리고 이로 인한 자살 등을 심각하게 받아들이면서다. 정부가 시범사업으로 시행한 '교육복지투자우선지역지원사업'이 시작이었다. 주로 저소득층 밀집 지역의 학교를 지원 대상으로 삼았다. 학교와 지역의 반응은 아주 좋았다. 45개교였던 대상 학교는 7년 뒤인 2010년 575개교로 늘었다. 2010년엔 관련 사업에 관한 법률적 기반이 마련되면서 학교 사회복지 사업은 교육복지 사업이라는 개념으로 재조정됐다.

2011년도에 지원 사업은 전국 규모의 사업으로 확장됐다. 명칭도 교육복지우선지원사업으로 바뀌었다. 가난을 바라보는 시각이 달라진 것도 이때다. 이전 시대에 가난은 학생 개인이 처한 사적 문제, 혹은 가정 문제였다. 하지만 사회적·경제적·문화적 자원의 양극화가 깊어진 시대에서 가난은 사회 구조적 차원의 문제였고, 상대적 박탈감으로부터 비롯되는 사회적 문제이기도 했다. 유럽의 여러 국가는 이미 빈곤이란 말을 대신해 사회적 배제(Social Exclusion)라는 개념을 사용하고 있을 때였다.

"학교는 학교이기 때문에 의미가 있어요. 지역기관은 각 기관마다 고유한 성격이 있지만, 학교는 모든 아이가 다 오는 곳이에요. 아이들이 성장하는 중요한 통로잖아요."

이주희(가명)씨는 지역교육청에서 일하는 교육복지조정자다. 교육복지조정자는 지역과 학교, 학교와 학교를 연결하는 역할을 한다. 교육복지사가 일차적으로 학생을 대상으로 삼는다면, 교육복지조정자는 학교와 지역사회를 대상으로 삼는다. 이주희(가명) 씨는 한 아이에게 한국 사회의 구조가 응축돼 있다고 말한다. 수업 시간에 책상에 엎드린 아이를 이해하는 일은 우리 사회의 구조를 이해하는 일과 맞닿아 있다. 그리고 이것이 교육복지사가 학교 밖이 아니라 학교 안에 있어야 할 이유라고 강조한다.

학교는 또래가 모여 저들끼리 어떻게 어울리며 살아갈지 배우고 익히는 사회화의 현장이다. 교육학자 이경숙은 자신의 책 〈시험국민의 탄생〉에서 모든 것을 가진 사람들과 어떤 것도 갖질 못한 사람들 사이에선 민주주의를 실현할 가능성이 적다고 말한다. 소통할 이유도 없고 소통할 통로도 막혀 있기 때문이다. 그래서 '불평등은 민주주의를 훼손한다'고 말한다. 하지만 학교는 다르다. 저마다 배경은 달라도 서로 소통할 가능성이 열려 있다. 또래와 어울리며 저와는 다른 처지를 경험하고 이해한다. 학교가 학교이기 때문에 의미 있는 것은 그런 이유에서다.

"너희들은 어떤 걸 하고 싶니, 하고 잘 물어봐야 해요. 근데 사실 아무도 안 묻거든요. 특히 요즘은 더 안 물어봐요. 우리 애들이 가장 화를 내는 게 왜 아무도 자기에게 묻지 않느냐는 거예요."

교육복지사가 아이들과 일상적으로 만나는 공간은 교육복지실이다. 강보민(가명)씨는 교육복지실을 아이들이 주인인 공간이라 말한다. 특별한 용무가 없어도 부담 없이 찾을 수 있는 곳은 학교 내에서 교육복지실이 유일하다고 한다. 보민씨는 학교에서 일한 지 10년째다. 기관에서 청소년을 만난 이력까지 합치면 15년 차다.

"여긴 내가 주인인 공간인 거예요. 교실은 애들이 주인이 아니에요. 내 반이고 내 교실이지만 교실 문짝 앞에 붙어 있어요. 다른 반 학생 들어

오면 선도. 얼마나 삭막해요."

김희선(가명)씨는 복지실이 학생 아이가 자기 모습 그대로 편하게 있을 수 있는 공간이라고 말한다. 희선씨는 학교사회복지사 14년 차다. 아이가 복지실에서 스스로 그런 상태를 이어가는 게 좋아서 복지실 내 특별 활동을 마련하기도 하고, 그것에 흥미를 보이는 아이들이 모여 동아리로 확장하기도 한다. 모두가 아이들의 자발적 활동이다. 때론 복지실에 와 제 안 좋은 감정만을 풀고 가는 아이도 있다. 교사가 흥분한 아이를 복지실로 보내는 경우도 있다.

"이 공간이 얼마나 많은 변화를 일으키냐면, 우리가 특별히 하는 게 없어도 아이들끼리 어떤 흐름을 만들어내기도 해요. 역동적인 걸 만들어내기도 하고요. 복지사 선생님은 복지실에 온 아이한테 그냥 '잘 있었어?', '뭐 먹었니?' 일상적인 말을 건넬 뿐이에요. 하지만 이런 대화에서 나오는 변화들이 커요."

김미연(가명)씨가 사례 하나를 소개했다. 폭력성이 짙었던 아이에 관한 이야기였다. 중학생인 아이였다. 아이는 만나는 교사마다 삿대질을 하면서 싸웠다. 수업엔 관심이 없었다. 미연씨가 이 아이를 알게 된 건 아이가 3학년에 올라가기 직전이었다. 아이의 집에서 의자에 궁둥이라도 붙여보겠다며 피아노를 배우게 한다는 얘길 들어 알고 있었다. 미연씨는 아이에게 지나가는 말로 물었다. 피아노를 칠 줄 아니 밴드를 해볼 생각이 있냐고. 정말 가볍게 던진 말이었다.

아이들 첫마디 "선생님은 언제까지 있어요?"
교육청 지원받는 학교엔 무기계약직 복지사
시·군 지원받는 학교엔 1~2년 계약직 복지사
복지사업 궤도에 2~3년, 그렇게 흐름은 끊긴다

교육복지 사업을 논의하기 위해 교육복지사들이 모여 회의를 진행하고 있다.

"사업비도 없었어요. 근데 같이 노는 애들까지 싹 다 모아서 왔더라고요. 밴드 하고 싶다고. 교장 선생님한테 부탁드렸어요. 어떻게든 이 아이를 졸업시키겠다고 다짐도 드렸어요. 공모 사업 찾아서 아이 이름으로 지원서 쓰고, 외부 강사 영입해서 연습시키고, 연습 장소 알아보고, 애들이 설 수 있는 무대도 찾았어요. 그러더니 아이가 수업에 참여한다는 얘기가 들리기 시작하더라고요."

졸업할 때가 되자 아이의 점수는 30점대에서 70점대로 올라 있었다. 아이 주변의 기대가 달라지면 아이도 달라진다. 미연씨는 무엇보다 아이에게 보내는 작은 관심이 가장 중요하다고 생각한다. 미연씨는 학교에서 복지사로 8년째 일하고 있다. 외부 경력까지 합치면 14년 차다.

학교 복지사의 전문성은 아이의 문제 원인을 찾아 체계적으로 관리하고, 문제 유형에 따라 지역 인프라를 학교에 끌어오는 능력에 있다. 핵심은 '아이로부터 출발하는 것'이다. 그렇지 않으면 자칫 어른들의 안도감을 위한 일에 지나지 않을 수 있다. 아이로부터 출발하면 아이가 필요로 하는 자원이 무엇인지 알게 된다. 그러면 지역 네트워크를 통해 아이가 필요로 하는 적절한 자원을 아이와 연결해 준다. 학교에 교육복지사가 상주하는 이유다.

보민씨의 하루는 일찍 시작해 늦게 끝나는 날이 많다. 조식 사업이 있는 날이면 새벽같이 학교에 나간다. '샘, 샘, 샘!' 온종일 아이들이 자신을 부르는 소리가 끊이질 않는다. 아이들 뒤치다꺼리를 하다 보면 서류 업무는 아이들이 학교를 떠난 시간 뒤에나 시작된다. 집은 잠만 자러 들어가는 '숙소'가 된 지 오래다. 학교에서 일한 지 10년이 됐지만, 보민씨는 여전히 비정규직이다. 고용은 1년마다 공개채용 방식으로 갱신되거나 그 과정에서 해고되기도 한다.

학교 교육복지 사업은 교육청 지원사업과 시·군 지원사업으로 나뉜다. 사업 내용과 학교에서의 역할은 동일하지만 예산의 출처에 따라 교육복지사의 고용 형태는 다르다. 경기도의 경우 예산의 출처가 도교육청이냐, 시·군 지원예산이냐에 따라 '사업학교'와 '협력학교'로 구분되는데, 사업학교의 교육복지사는 무기계약직이지만, 협력학교의 교육복지사는 1년 내지 2년짜리 계약직이다. 경기도의 무기계약직 교육복지사의 수는 117명, 한 해 또는 두 해마다 고용을 갱신하는 교육복지사의 수는 141명이다.

온 마을이 한 아이 키우지 않으면
그 마을은 망한다고요

"아이들한테 '내년엔 선생님이 없을지도 몰라', 얘기하는 게 죽도록 싫어요. 학교 복지 사업이 제 궤도에 오르려면 2~3년이 걸려요. 근데 이제는 애들도 알아요. 1~2년 있다가 떠날 사람이라는 걸요. 새로 학교에 가면, '선생님은 언제까지 있어요?', '올해까지 있어요?' 애들이 이것부터 시작해요. 복지실 담당자가 바뀌면 오던 애들은 안 와요. 왜냐면 그 전에 있던 선생님에 대한 신뢰가 있기 때문에. 의리라고 생각해요. '내가 의리가 있는데 이 사람한테 내 마음을 줄 수 있어? 절대 안 해.' 그렇게 흐름이 끊겨요."

학교는 여전히 교과 중심의 교육을 중요하게 여긴다. 교사와 교육공무원의 처우는 분명하지만, 교과 외의 영역에서 학생과 관계를 맺고, 학생을 돌보는 역할은 비정규직 수준의 처우에 머물러 있다. 겉에서 보면 학교는 교과를 중심 삼아 아무 문제없이 돌아가고 있는 것 같다. 하지만 그런 교육 과정에서 떨어지고 밀려나는 학생이 많다. 성적이 학생의 존재감을 드러내는 주요 수단이라면 자신을 증명할 방법을 찾지 못한 학생의 수는 엄청날 수밖에 없다. 학교는 이런 학생에게 어떤 의미가 있을까.

"어떤 학교는 복지사가 들어가기 전까지만 해도 경찰차가 항시 세 대씩. 교문 앞에 말이에요. 또 어떤 학교는 복지사가 들어가고 나서 지역 주민한테 감사 전화를 받았다고 해요. 이젠 빨래를 널 수 있게 됐다고. 그 지역 지구대에선, '몇 년 동안 그 학교 아이들이 우리 단골 고객이었는데 처음입니다. 이 달에 한 명도 없습니다.' 그렇게 전화했다고 하잖아요. 애들이 항상 차바퀴를 빼고, 사이드미러 떼어 가고 그랬어요. 애들이 범죄자라는 게 결코 아니라 그만큼 학교와 지역사회에 흥미 있는 게 없었던 거고, 시·군 지자체까지 학교 복지 예산을 배정하고 확대한 이유가 있었던 거예요."

지난해 한국학교사회복지사협회의 자료에 따르면 학교와 교육청, 교육지원청에서 일하는 복지사의 수는 2,000여 명에 불과하다.

복지사가 학교 들어간 뒤
지역주민들 학교로 감사 전화
"이제 빨래 널 수 있게 됐어요"
지구대도 "이번달 그 학교 0명"
성적 중심 교육과정에서 밀려나도
학교 · 사회가 흥미와 필요 찾아줘야

방과후 동아리에서 재능을 익힌 학생들이 마을 잔치에서 공연을 선보이고 있다.

"기다려 주는 한 사람이 있다는 건 아이들한테 정말 큰 힘이 돼요. 그 사람이 힘이 있든 없든 그게 중요한 게 아니라 돌아봤을 때 기다려주는 사람이 있는 거 말이에요. 중학교에서 복지실이고 뭐고 다 필요 없다고 하던 애가 있었어요. 중간에 다른 학교로 전학 갔는데, 이 친구가 스물한 살이 돼서 문자를 보냈어요. '선생님 잘 지내요?' 만났어요. 지금 저를 만날 수 있는 게 엄청난 행운이라고 그러더라고요. 아빠가 때려서 창문을 깨고 도망쳤다는 거예요. 발에 깨진 유리가 박히기까지 했고. 하지만 진짜 잘 뛰었대요. 그러고는 '선생님 저 잘했죠?' 이러는 거예요. 근데 그게 불쌍하지 않았어요. 전혀. 그렇게 힘 있게 제 삶을 꾸려간 거잖아요. 그리고 성인이 돼서 엄마도 찾았어요. 지금 스물두 살인데, '선생님 저희 뭉칠 때 되지 않았어요?' 이래요."

보민씨가 노조에 가입한 건 2년 전이다. 10개월씩 고용을 갱신하던 시절도 있었다. 한 달에 20만~30만 원을 받던 때도 있었다. 매일 같이 아이들에게 닥친 시급한 문제를 해결하다 보면 자신의 처우는 고려할 문제가 아니었다. 집에 돌아오면 녹초가 돼서 제 처우를 고민할 여력이 없었다. 그러다 노조 가입을 결정하게 된 건 자신을 찾아온 학생 때문이었다.

"아이가 찾아와서 하는 말이 자기는 사회복지사가 될 거래요. 선생님 보면서 사회복지사를 꿈꿨다는 거예요. 그래서 내가 '굳이 왜?', '이렇게 힘든 일을 왜?'라고 답했죠. 근데 자기는 사회복지사가 되는 건 고민이 아니래요. 자기는 할 건데 그다음이 고민이라는 거예요. 자기가 가만히 지켜보니까 복지사 선생님 월급도 많지 않은 거 같고, '선생님은 어떻게 이 일 하나만 하면서 생계를 유지해요?' 묻는 거예요. 자기 생각엔 투잡을 해야 할 거 같다고. 그럼 이 일에 집중하지 못할 텐데 어떻게 해야 하냐고."

그 순간 보민씨는 자신이 위태로운 사람이라는 걸 깨달았다고 말했다. 그리고 선배로서, 다음 세대가 세상에 나올 때는 사회복지사의 일이 안정적인 일자리가 되게끔 해줘야겠다고 마음먹었다. 하지만 노조 활동은 녹록한 일이 아니었다. 경기도교육청은 시·군 지원 학교 복지 사업의 규모를 축소하려고 했다. 어제까지 헌신하며 일했던 동료가 하루아침에 해고됐다. 지자체에 사업 축소 의견을 내는 일도 있었다. 학교와 지역을 연결해 교육복지 사업을 운영하는 담당자에게는 사업을 확대하지 말라는 지시를 내렸다. 비정규직의 인력 규모를 관리해야 한다는 게 이유였다. 경기도교육청에 소속된 비정규직은 35,000명에 달한다.

지난해 경기도의 한 교육지원청에서 일하던 40대의 교육복지 조정사가 뇌출혈로 사망했다. 한 달씩 세 차례에 걸친 감사를 받은 후였다. '2016년 학교사회복지사업'을 확대했다는 것, 유치원 사회복지사를 확대 채용하는 사업을 진행했다는 것, '경기도교육복지협회 발족식'에 참여를 독려하는 출장공문을 사회복지사들에게 발송했다는 것 등이 감사 이유였다.

"저는 복지사 선생님들이 세상을 지키기 위해서 일하고 있다고 생각해요. 교육복지 사업은 무한 경쟁 구도와 승자독식이란 환경 때문에 시작된 거예요. 이런 환경에서 아이들이 수없이 낙오되고 있으니까. 교육복지의 목표는 '단 한 명의 아이도 포기하지 않는 교육'이라는 선언 속에 있어요. 이제 교육 현장을 지키지 않으면 우리 사회에 미래가 없는 상황이 됐어요. 아이들이 점점 줄어들고 있잖아요. '한 아이를 키우려면 온 마을이 필요하다'란 말이 있는데, 이제는 이걸 다시 생각해봐야 해요. 온 마을이 나서서 한 아이를 키우지 않으면 그 마을은 망한다고요."

남상준(가명)씨는 교육복지사 6년 차다. 작년까지 학교 현장에서 일하다가 교육지원청으로 자리를 옮겼다. 학교에서 아이를 만나며 일하는 걸 좋아하지만, 학교가 처한 위기가 크다는 생각에 학교 외곽에서 학교와 지역을 연결하는 역할을 맡기로 했다. 그는 지난해 고인이 된 선배가 바라고 애쓰던 것이 분명했다고 생각한다. 그것은 '세상이 안 망하는 길'이었다. 상준씨는 고인의 뜻이 가치를 지닌 것이라면 후배들이 그것을 지키기 위해 함께 움직여야 한다고 말한다. 상준씨가 학교에서 교육지청으로 자리를 옮긴 이유일 것이다. '착한' 사람은 '착한' 사람이 품은 마음과 기운을 고개 돌려 외면하지 못한다.

"유치원에서 7년 넘게 아이들 돌봐도 경력 인정 못 받아요"

2012년 유아교육법 개정…유치원 종일제가 방과후 과정으로 변경
국공립 유치원 정규 수업은 임용 교사, 방과후 과정은
방과후 전담사가 맡아
2014년부터 교육감 직고용제…근무 시간·처우는 여전히 제각각
일부 교사 "학부모들과 대화 자체를 하지 말라" 지시하기도

기역은 감자, 니은은 나비, 디귿은 다리….

점심을 먹은 아이들이 퍼즐 교구를 활용해 놀이하듯 한글을 배운다. 36명 원아 중 26명의 아이가 남아 오후 일정을 시작했다. 30분간 한글 공부가 끝나면 자유놀이 시간이다. 쌓기 영역에 모인 아이들이 진지하다. 자기 주변을 블록으로 둘러싸고는 그것이 자동차라고 뿌듯해하는 아이, 블록을 높이 올려 로켓을 만들고는 우주를 꿈꾸는 중인 아이, 저마다 블록을 쌓아 제 상상을 현실 세계로 끌어낸다.

역할 영역에 모인 아이들은 바쁘다. 드레스를 입고 공주가 된 아이는 손끝에서 만들어진 얼음으로 제 성을 만드는 중이다. 소방관이 된 아이는 화재 현장 한가운데서 화마와 싸우고 있고, 가수가 된 아이는 자기 춤을 완성하느라 진지하다. 언어 영역에 앉아 조용히 책을 읽는 아이도 있

다. 아는 글자가 몇 개 없지만 그림으로 읽는 이야기는 충분히 매력적이다. 수 영역에선 몇몇 아이가 퍼즐을 맞추고 있고, 미술 영역에 모인 아이들은 그림 그리기에 한창이다.

제 놀이를 찾지 못한 아이도 있다. 엄마, 아빠의 아침 출근길에 유치원으로 왔으니 지칠 때가 됐다. 엄마가 언제 오냐며 훌쩍이는 아이도 있다. 하지만 엄마, 아빠가 오려면 한참을 더 있어야 한다. 아침 일찍 하루를 시작해서 늦은 저녁까지 유치원에 남아 있어야 하는 아이가 많다.

"두 세 시쯤 되면 아이들도 지쳐요. 어디선가 울음소리가 나요. 가서 보면 울고 있고…. 엄마 보고 싶어요, 그럼 하나씩 둘씩 울기 시작하거든요. 한 명씩 안아줘요. 그럼 아이도 안정을 찾죠."

'푸른숲 친구들, 선생님이 클레이를 준비했어요.' 심윤경씨가 아이들을 불러 모았다. 클레이는 아이들이 좋아하는 재료다. '선생님, 오늘은 뭘 만들어요?' 아이들의 눈빛에 기대가 가득하다. '연필꽂이를 만들 거예요. 만들기 어려울까요?', 아이들이 저마다 외친다. '쉬워요', '누워서 떡 먹기예요', '식은 죽 먹기!'.

윤경씨는 초등학교 병설 유치원에서 일하는 방과후 전담사다. 국공립 유치원의 경우 정규 수업은 오전 중에 끝난다. 점심을 먹고 난 이후에는 방과후 과정을 운영한다. 맞벌이 부부의 자녀 등 늦은 시간까지 기관의 돌봄이 필요한 아이를 위해 마련된 과정이다. 정규 수업은 임용 시험을 거친 교사가 맡고, 방과후 과정은 주로 방과후 전담사가 맡는다. 방과후 전담사는 대부분 대학에서 유아교육을 전공해 2급 정교사 자격을 갖추고 있다.

"저희 역할이 커져야 할 필요가 있어요. 사회가 변했잖아요. 엄마, 아빠가 사회생활을 해야 하는데, 맞벌이라는 게 더 많아지면 많아졌지 줄어들진 않을 거란 말이죠. 그러니까 아이를 돌보고 가르치는 일에 국가가 더 관심을 두어야 하는 거죠."

"유치원이 12시까지 아이를 돌보던 게 90년대 중반까지일 거예요. 2000년대 들어서서는 유치원에서 점심을 먹이기 시작했어요. 아이들 점심 먹일 때 도울 사람이 필요하니까 저희를 고용하기 시작한 거죠. 그땐 근무 시간도 짧고, 보조의 이미지도 강했어요. 우리가 수업을 하고 있다고 생각할 정도로 일이 늘지도 않았고요."

장연숙씨는 공립 유치원에서 일하는 방과후 전담사다. 2004년부터 공립 유치원에서 일했다. 처음엔 유치원 종일제 보조원으로 불렸다. 종일제를 운영하는 국공립 유치원이 늘던 시기였다. 사립 유치원은 맞벌이 부부 등의 요구에 발 빠르게 대응해 이전부터 종일제를 운영하고 있었다. 하지만 사립 유치원을 이용하려면 경제적 부담이 컸다.

1995년 교육법이 개정되면서 유치원은 종일제 운영을 시작했다. 이후 20여 년간 취학 전 아동에 대한 사회적 책임의 내용과 범위는 크게 달라졌다. 국공립 유치원에서 처음 종일제를 운영하게 된 이유는 맞벌이 부부의 필요 때문이었다. 이들은 아이를 돌봐줄 기관이 절실했다. 당시만 해도 유치원 종일제는 부모의 퇴근 시간까지 아이를 돌봐주는 일에 충실할 뿐이었다. 그러다가 영유아에 대한 사회적 책임과 투자가 국가 책임으로 거론되기 시작했다. 유아의 보육과 교육을 공공의 일로 여기는 분위기는 국제적 흐름이기도 했다. 세상은 사회적 경제적 문화적 양극화로 심각한 불평등 현상에 놓여 있었고, 출산율은 갈수록 떨어졌다.

2012년도에 유아교육법이 개정되면서 유치원 종일제는 방과후 과정으로 이름이 바뀐다. 2012년은 '만 5세 공통과정', 즉 '누리과정'이 시행된 해이기도 하다. 누리과정은 취학 전 아동의 보육과 교육에 대한 국가의 책임을 구체화한 정책이면서, 보육과 교육을 통합한 교육과정을 뜻했다. 누리과정은 어린이집이 담당하던 보육 기능과 유치원이 제공하던 교육의 기능을 통합했다. 그래서 유치원 종일제가 방과후 과정으로 바뀐 것은 단순히 명칭만 바뀐 것에 그치지 않았다. 보육과 교육의 통합은, 교육이 곧 아이를 돌보는 일이라는 사회적 인식의 변화를 반영한 것이었고, 방과후 과정은 '정규 교과 과정을 심화하고 확장'하는 교육 과정이 됐다.

유치원 방과후 놀이시간에 한 전담사가 아이들과 함께 클레이(왼쪽)와
음률 놀이를 즐기고 있다.

"제가 유치원에서 일한 지 15년째예요. 처음에는 아이들 점심 먹이고, 하원을 돕는 일을 했어요. 그때는 제가 정교사 자격증이 있다고 유치원에서 마음이 놓인다고 했어요. 그러다가 오후 두 시 반까지만 있다가 보내세요, 그리고 나중에는 오후 간식까지 먹여서 보내세요, 그러면서 하나씩 맡기던 게 지금은 방과후 과정이라는 걸 통째로 넘겨받게 됐어요. 이제는 부모 퇴근 시간 맞춰서 여섯 시, 일곱 시까지 일해요."

연숙씨가 공립 유치원에서 일한 15년 동안 유치원 종일제는 방과후 과정으로 개편되고 기능 또한 크게 달라졌다. 연숙씨는 아이를 돌보는 일을 보조하는 역할로 취업했지만, 이제는 방과후 과정을 맡아 아이 교육하는 일을 하게 됐다. 하지만 연숙씨의 처우는 15년 전과 달라진 게 별로 없다.

"저는 12시에 출근해요. 출근하자마자 아이들 급식을 도와요. 그리고 수업을 준비해야 하는데, 방과후 전담사는 개인 컴퓨터조차 없다 보니 공용 컴퓨터를 돌아가면서 써요. 30분씩 돌아가면서. 1시 반부터 오후 활동이 시작되는데, 어제는 색종이로 장미를 접었어요. 요즘이 장미가 한창 필 때잖아요. 봄이라는 주제에 맞춰서 봄에 피는 꽃들을 살펴보고, 그중에 장미에 관해서 얘길 해요. 실제 영상도 보여주고요. 그러고 나서 장미 접는 법을 알려줘요."

류청수씨는 방과후 전담사 7년 차다. 청수씨는 오후 활동에 앞서 계획된 일과를 아이들에게 설명하는 일부터 시작한다. 남은 일과가 아이 머릿속에 그려지면 아이는 불안해하지 않고 안정을 찾는다. 장미 접기처럼 아이들의 집중도가 올라가는 수업 뒤엔 바깥 놀이처럼 아이들의 기분을 풀어주는 활동을 연결한다. 이런 날이면 아이들은 교정 울타리에 핀 장미를 보곤 아는 체를 하기도 한다.

정규 교사는 오전에 교과를 운영하고 점심시간에는 급식 지도를 한다. 이후 4시 반 퇴근 전까지 행정 업무를 돌보고 수업을 준비한다. 방과후 전담사는 아이들 점심 시간 전후로 출근을 해서 하원 시간까지 아이들을 돌본다. 4시간부터 8시간까지 근무 시간은 제각각이다. 학교장이 채용하던 시절 학교 사정과 필요에 따라 계약을 했기 때문이다. 2014년도부터 교육감 직고용제로 바뀌었지만 근무 시간과 처우는 여전히 정리되지 못한 채 제각각이다.

"보조원으로 취업을 했으니까 정규교사 쫓아다니면서 돕는 일을 하는 줄 알았죠. 그런데 방과후를 맡으라는 거예요. 수업을 하라는 거예요. 그래서 했죠. 그렇게 1, 2년 지나니까 의문이 생기더라고요. 우리가 하는 일이 경력으로 인정이 안 되거든요. 방과후 과정은 유아교육법에 근거가 마련돼 있어요. 그런데 방과후 과정을 맡은 우리의 지위는 법에 없어요. 교사나 외부 강사에 관한 것만 있지 우리는 없어요. 법적으로 우리는 없는 사람들인 거죠."

방과후 과정은 수익자 부담이라는 형식으로 운영된다. 학부모에게 받은 비용을 어떻게 사용했는지 투명하게 알리는 일은 중요하지만, 전담사의 임금이 고스란히 노출되는 건 문제다. 누구나 일을 하고 임금을 받는다. 하지만 자신의 임금이 비용의 일부로 취급되어 학부모들에게 공개적으로 노출되는 건 자존심 상하는 일로 그치지 않는다.

"필요한 물품을 말씀드리면 우리 인건비로 다 나가 사줄 수 없다고 말씀하시는 원감 선생님도 계세요. 떳떳하게 일하는 사람한테 어떻게 그렇게 말해요. 또 우리 임금이 다 공개돼 있는 셈이어서 어떤 학부모는 임금 수준으로 우리의 지위를 판단하시기도 해요."

컴퓨터가 없는 책상에서 한 방과후 전담사가 행정 업무를 보고 있다.

임용 시험을 통과한 사람의 자격과 그렇지 못한 사람의 자격에 차이가 있다고 여기는 건 합리적이다. 하지만 그 차이가 차별을 만들어내는 바탕이 되는 건 불합리한 일이다. 모두가 평등하다는 걸 가르치고, 민주주의 기본 원리가 인간 개개인의 동등한 눈높이에서 시작된다는 걸 배우는 학교에서, 자격의 차이가 차별의 바탕이 되는 일이 빈번하다.

"아예 대화를 못 하게 하시는 분도 계세요. 안녕하세요, 이 말 외에는 못하게 하는. 나이가 좀 있으시거나 부장급 올라가시는 분 중에 그렇게 지시하는 분들이 좀 계세요."

상담은 교사의 고유 업무다. 하지만 집으로 돌아가는 아이가 현관에 나와서 신발을 신는 순간 부모는 아이가 하루를 어떻게 지냈는지 묻고 싶다. 교사는 4시 반에 모두 퇴근을 했으니 아이를 돌본 사람 중 유치원에 남은 어른은 방과후 전담사뿐이다.

"학부모님이 물으시면 오전 선생님하고 통화해 보세요, 그랬어요. 제가 얼마나 매정한 사람으로 보였겠어요. 나 그런 사람 아닌데."

노조가 만들어지고 교육청에 차별을 시정해줄 것을 지속적으로 요청한 결과 예전보다 상황이 많이 나아졌다. 그래도 여전히 방과후 전담사에게 '학부모들과 얘기하는 사람이 아니다'라고 말하는 일부 교사가 있다고 한다. 담당 교사 외의 학교 관계자가 아이의 일에 말을 보태는 건 학교와 학부모 간에 오해와 불신을 일으키는 계기가 될 수 있다. 조심해야 할일이지만 '대화 자체를 하지 말라'고 지시하거나, '당신은 학부모와 얘기하는 사람이 아니다'라고 말하는 건 상대방의 인격을 하찮게 여기는 태도에서 비롯된 말이다.

유치원 방과후 놀이시간에 한 전담사가 인형극 수업(왼쪽)과 글자 카드놀이를
진행하고 있다.

"취업했던 이유가 그런 거였어요. 공공기관이고 학교니까 나에게 절대 불합리한 대우나 부당한 처우를 하지 않을 거라는 기대가 컸어요. 그리고 2013년도에 처음 들어간 학교가 정말 좋았어요. 2년 정도 있었는데, 교사분들도 인간적으로 저를 동등하게 대우해 주셨고, 굉장히 좋았어요."

심윤경씨는 학교를 옮기면서부터 자신이 합리적인 대우를 받는 건

지 의문이 들었다고 했다. 한 달 만근을 한 뒤 손에 쥔 월급이 78만 원이었다. 뭔가 이상하다 싶었다. 6시간 근무자이기는 하지만, '매일 단정하게 옷을 갖춰 입'고 출근했다.

"그때는 주는 대로 받았어요. 주차가 발생하는지, 월차가 생기는지 그런 걸 몰랐죠. 정근 수당이니, 자격 수당이니 그런 것도 몰랐고요. 그리고 무기계약직이 아니었던 시절엔 학교를 옮기면 이전 학교와 계약이 끝나는 거였거든요. 그럼 퇴직금을 받아야 하는데 저는 퇴직금도 10년 정도를 못 받았던 거예요."

장연숙씨는 이런 사실을 노조에 가입하게 되면서 알게 됐다. 하지만 그때는 이미 퇴직금을 신청할 수 있는 3년 기한을 넘긴 때였다. 연숙씨는 퇴직금을 받을 수 없었지만 뒤늦게 퇴직금을 산정 받은 전담사도 있었다. 6백만 원이 넘는 돈이었다.

연가를 쓰기 어려운 상황도 답답하다. 경기도교육청은 '행복한 울타리'라는 이름으로 방학 중 프로그램을 운영한다. 거점이 되는 단설 유치원으로 인근 지역 유치원 아이들이 모인다. 방학 중에는 방과후 전담사가 온전히 아이들을 맡는다. 여러 유치원에서 아이들이 모이니 아이들은 새 학기처럼 새로운 아이들과 처음인 공간에 적응해야 한다. 방과후 전담사 또한 힘들어하는 아이들을 다독이느라 힘에 겹다. 새 학기를 준비할 시간 따위는 없다. 대체할 인력은 마땅치 않으니 연가를 사용하는 건 엄두도 못 낼 일이다.

"저는 오늘 중점 활동으로 명화 감상을 했어요. 이중섭의 〈길 떠나는 가족)을 아이들과 같이 봤는데, 그게 한 남자가 아이를 태운 소달구지를 끌고 가는 그림이잖아요. 그림을 보여줄 때마다 어떤 그림인 거 같냐고 물어봐요. 오늘 어떤 애는 저거 소도둑 같다고. 아이들의 반응은 정말 날 것 그대로예요. 깜짝깜짝 놀랄 때가 많아요. 애들이 답하고 나면 그림에 얽힌 작가의 이야기를 들려줘요. 이중섭 작가가 아들한테 보내는 편지도 보여줬어요. 일본어로 쓴 건데 아이들이 무슨 글자예요? 물어보죠. 근데 한 아이가 이거 일본어인가 봐요, 하더라고요."

하정심씨는 5년 차 방과후 전담사다. 그는 방과후 전담사에게 연수의 기회가 제공되는 것이 매우 필요한 일이라고 생각한다. 아이들이 미디어를 이용하는 일은 일상화됐고, 또래들과 어울릴 기회는 줄어들었다. 사회가 변하면 아이들의 심성 구조도 변하는 법이다. 시대가 바뀌었으니 아이의 요구도 바뀌었다.

"전 동산으로 뛰어다녔지만 지금 아이들은 다른 환경에서 자라고 있어요. 그래서 현장 선생님들이 가장 원하시는 연수가 아이들과 소통하는 법이에요. 아이의 마음을 더 잘 알고 싶고, 아이한테 좀 더 따뜻한 말로 위로하는 법을 배우고 싶어 하세요."

교육부와 지역교육청이 유치원 방과후 과정을 강조하고 있다지만, 정작 유치원 방과후 과정은 수익자가 부담한 비용으로 운영되고 있다. 그리고 방과후 과정을 담당하는 인력에 대한 교육 기관의 투자는 찾기 어렵다. 시대의 변화와 사회적 필요에 따라 새로운 정책을 마련하고 추진하겠다는 말은 많다. 하지만 그것을 떠받칠 인력을 고려하는 정책은 찾기 어렵다. 유치원 방과후 과정도 마찬가지 경우였다. 교육과 보육을 통합하고 아이들을 저녁까지 돌보는 일을, 확대된 교육으로, 유아에 대한 국가의 투자로 언급했지만, 교육 현장에서 어떤 사람이, 어떤 대우를 받고 일을 할지 사회는, 또 정부는 고민하지 않았다.

1990년대 중반 이후 20여 년간 학교의 기능은 확장됐다. 학교가 다양한 역할을 책임지게 되면서 학교엔 새로운 역할을 맡아줄 사람이 필요했다. 그때마다 임시변통으로 사람을 쓰는 일이 반복됐다. 그들이 역할에 따른 부당한 대우를 문제 삼으면 학교는 매번 임용 시험을 기준으로 한 자격의 차이를 들어 무마했다. 학교는 합리적인 언어를 가르치는 곳이라지만, 학교에서 일하는 비정규직이 거기서 어떤 대우를 받고, 어떤 처우에서 일하는지 살펴보면 학교가 얼마나 불합리한 언어와 친밀한지 알게 된다.

학부모 '만족도 1위' 그 교실에 있네, 파리목숨 선생님

8, 6, 5, 4시간 그리고 초단시간
같은 돌봄교실에 다른 고용 형태
"학교 간접고용의 가장 큰 문제요?
소통을 못 하는 것, 외부 사람이니까"

"선생님, 선생님, 오늘 보드게임하는 날 맞죠?"

헐레벌떡 돌봄 교실로 뛰어 들어온 아이가 기대에 찬 눈으로 묻는다. 기정애씨는 신발부터 정리하라고 아이를 타이른다. 사물함에 책가방을 넣던 아이가 흘깃 정애씨의 책상을 살핀다. 책상에 알록달록한 상자 하나가 놓여 있다. 폭탄 모양의 캐릭터가 그려진 상자다. 심지에 불이 붙은 '폭탄'은 짓궂은 표정이다. "우와 폭탄이다!" 아이가 보드게임을 찾았다. 돌봄 교실에 파장이 인다. "폭탄?" 되묻는 아이가 있다. "폭탄이다!" 따라 외치는 아이가 있고, "폭탄! 폭탄! 폭탄!" 박자를 맞추며 몸을 흔드는 아이가 있다.

"금요일은 5교시를 하는 날이라 여유가 좀 있는 편이에요. 1시 40분에 아이들이 오거든요. 오늘은 출근해서 제 출근부랑 애들 출석부를 다시 만들었어요. 보통은 출근하면 그날 계획한 활동부터 점검하고, 활동에 필요한 재료 준비하고 그래요."

정애씨는 초등학교 돌봄 전담사다. 학교에서 일한 지 올해로 12년째다. 4교시인 날은 12시 50분부터 아이들을 돌본다. 12시가 출근 시간이니 50분 동안 그날 진행할 활동을 점검한다. 시간이 남는다면 다음날 진행할 활동을 준비한다. 종이접기, 클레이, 그리기, 꾸미기, 펄러비즈, 보드게임 등 요일별로 다른 활동을 계획한다. 머리로만 구상해서는 안 된다. 직접 만들어보거나 실행해보면서 진행 과정을 하나하나 판단해봐야 한다. 그래야 아이가 어려워할 만한 상황을 파악할 수 있다.

정규 수업을 마친 아이들이 돌봄 교실에 들어서면 정애씨는 출석을 확인한다. 방과후 수업을 신청한 아이가 있다면 해당 교실로 보낸다. 돌봄 교실에 와야 할 시간이 지났는데도 오지 않는 아이가 있으면 아이를 찾아 나서야 한다. 교실에 남아 있는지, 복도를 돌아다니는지 확인한다. 학교 건너편 문방구까지 찾아갈 때도 있다. 학교 앞 문방구에는 아이가 흥미를 가질 만한 물건이 가득 차 있다. 출석 확인을 마치면 그날 준비한 활동을 시작한다.

"일주일에 두 번 외부에서 강사가 오셔서 책놀이와 전래놀이 수업을 하세요. 4교시인 날은 애들이 돌봄에 오래 있어야 하니까 제가 준비한 활동과 외부 강사가 준비한 활동, 이렇게 두 가지를 진행하는 거죠."

정애씨는 아이들이 돌봄 교실에 있는 동안 즐거우면 좋겠다. 돌봄 교실 한 반에 20여 명. 또래라 모두가 비슷해 보여도 성향과 흥밋거리는 제

각각이다. 이런 아이들을 한 교실에 모아서 돌본다는 건 쉬운 일이 아니다. '오늘은 뭐 해요?' 아이가 묻거나, '오늘 재밌었어요' 말해주면, 정애씨는 하루 고단함을 씻는다. 종이접기 지도사범, 영재미술지도사, 아동미술공예교육전문가, 책놀이지도사, 한자지도사, 통합논술지도사, 자기주도학습지도사, 글쓰기독서지도사 등 정애씨가 취득한 자격증은 20종이 넘는다. 아이가 흥미를 가질 활동을 찾다보니 얻은 것들이다. 아이를 돌본다는 건 아이를 가만히 지켜보는 게 아니다.

■ 롤러코스터 돌봄정책, 맨끝자리의 멀미

초중고 학부모가 꼽은 '가장 잘하는 교육정책'
규모만 키워 학부모 마음 얻기 바쁜 돌봄정책
"정부는 관심이 없어요, 어떻게 질을 높일지…
그러니 초단시간 같은 질낮은 일자리 늘리겠죠"

아이들과 전래놀이를 진행하는 돌봄전담사

"처음에는 보육 교실이라고 불렀어요. 방과후 학교라는 큰 틀이 있고, 그 안에 보육 교실이랑 특기 적성 교육이 있는 거였죠. 지금도 이 틀은 크게 변하지 않았어요. 초등 돌봄 교실이 크게 주목을 받으니까 돌봄 교실만 독립적으로 운영되는 것처럼 보이는데, 형식상으로는 정규 교과 수업 이후 활동의 한 분야예요. 지금도 교육부나 교육청에서 방과후 학교를 담당하는 부서가 예산을 관리해요."

초등학교 내에서 저학년을 중심으로 한 방과후 돌봄 서비스가 시작된 때는 1990년대 중반이다. 1980년대부터 이때까지 아동 보육에 대한 사회적 책임은 지역아동센터 등을 중심으로 체계화를 이룬다. 그러다가 1990년대 중반에 이르러 학교 시설을 활용한 돌봄 서비스가 정부 주도로 시행된다. 처음엔 보건복지부가 주관한 사업이었다. '방과후 아동보육 사업 활성화 대책'의 하나로 초등학교 내에 보육 시설을 설치하자는 게 골자였다. 보건복지부가 1996년 서울에 있는 상암초등학교와 안산초등학교에 아동돌봄시설을 설치하여 운영한 것이 첫 시작이었다. 이후 '초등 돌봄 교실'은 방과후돌봄서비스, 방과후보육, 방과후교실, 초등 에듀케어, 초등보육서비스, 종일돌봄교실, 종일 초등 보육 프로그램 등 지역과 시기에 따라 다양한 명칭으로 불렸다.

보건복지부에서 교육부로 주관 부서가 바뀌게 된 때는 2004년이다. 공교육정상화를 위한 '사교육비 경감 종합대책'이 시행된 때다. 이때 사교육비를 줄일 방편 중 하나로 제시된 사업이 '방과후학교'였다. 방과후학교는 크게 특기 적성 프로그램, 교과보충학습 프로그램, 보육 교실로 구성돼 있는 체계였다. 아이들이 방과 후 여러 군데 학원을 돌며 시간을 보내는 대신에, 학교에서 특기와 적성에 맞는 교육도 받고, 교과 공부도 도움 받으면서, 때론 보육 교실에서 쉴 수도 있는 체계를 만들자는 의도였다. 방과후학교는 사교육비 경감뿐 아니라 소외계층을 대상으로 한 교육복지, 방과후 아동 보호 등 다양한 목적을 담은 사업이었다.

2010년부터 돌봄교실은 맞벌이 부부를 위한 정책 사업의 성격이 강화된다. 교육부는 이해에 돌봄교실 운영 시간을 저녁 10시까지 늘려 '종일돌봄교실'을 운영한다. 2011년에는 이것을 아침 시간까지 확대해서 '엄마품 온종일 돌봄교실'이란 이름의 프로그램으로 운영한다. 아침 6시 30분부터 저녁 10시까지 아이를 돌보는 프로그램이었다. 2014년 교육부는 초등 돌봄 교실을 전면적으로 정비한다. 오후 돌봄과 저녁돌봄을 운영 형태의 기본으로 삼은 게 주요 내용이었다. 2015년에는 돌봄 대상을 초등학교 3~4학년까지 확대하여 '방과후 연계형 돌봄교실'을 신설한다. 한두 시간 짧게 돌봄 교실을 이용하는 학생을 대상으로 삼은 프로그램이었다.

"지금도 초단시간 근무자는 학교장 계약이에요. 지역이랑 학교에 따라 어떤 데는 교육감 직고용이고 어떤 데는 위탁인 데도 있어요. 근무 시간도 지역마다 다 달라요. 8시간, 6시간, 5시간, 4시간, 또 초단시간 이렇게. 방중 근무하는 데도 있고 방중 근무가 없는 경우도 있고."

정애씨는 충남교육청 소속 교육공무직이다. 하루에 5시간을 근무하고, 방중에는 근무가 없다. 정애씨가 일을 시작했던 때는 천안시가 관리하던 사업이었다. '방과후 아동지도사' 자격증을 따서 취업해 '방과후보육강사'로 불렸다. 이후 교육부로 사업이 넘어간 뒤에는 '보육교사'로 불리다가 얼마 뒤엔 다시 '보육강사'로 불렸다. 2015년에 교육감 직고용이 되면서부터 '돌봄 전담사'가 정식 명칭이 됐다.

■ 국가책임이라는 돌봄, 외주해도 될까

돌봄서비스 22년째지만 제대로 된 법규정 없어
'교육 아닌 보육' 의견에 때마다 외주화 논란
불안불안한 돌봄 '선생님'이 지키는 돌봄현장

외부 강사가 진행하는 쿠키클레이. 외부 강사를 초빙하는 일도
돌봄 전담사 몫이다.

지난 4월 정부는 초등 돌봄에 대한 국가 책임을 강화하기로 했다. 무상 보육을 실시하고 있는 만 5세까지의 영유아와 달리 초등학생의 방과후 돌봄은 공백이 심각하다는 판단에 따른 정책이었다. 특히 초등 돌봄 공백은 여성 경력 단절의 주원인으로 꼽히곤 했다. 정부는 학교와 지자체 간 협력 체계를 구축해 늦은 저녁까지 초등 돌봄을 확대한다는 방침을 세웠다. 보건복지부가 관할하는 지역아동센터와 방과후 어린이집, 여성가족부가 관할하는 청소년 방과후 아카데미 등과 학교를 연계해 빈틈없는 '온종일 돌봄 체계'를 구현하겠다는 것이다.

교육부가 제시한 '온종일 돌봄 체계'의 목표는 올해부터 5년간 돌봄 가능 학생수를 20만 명 늘리는 것이다. 현재 돌봄 서비스를 이용 중인 학생 규모는 초등 돌봄 교실 24만 명, 지자체 마을 돌봄 9만명 수준이다. 현재 총 33만명 수준의 돌봄 규모를 53만 명 수준으로 끌어올리겠다는 것이 목표다. 초등 돌봄 교실의 경우 매해 1만 4,000명씩 규모를 늘려갈 계획이다. 5년간 7만 명을 늘려 총 31만 명 수준의 돌봄 규모를 갖추겠다는 것이다.

"지금까지 초등 돌봄 정책은 롤러코스터를 타듯 변해왔어요. 정권이 바뀔 때마다 최우선 국정 과제로 선정돼 왔어요. 하지만 규모를 늘리는 것에만 집중돼 있고, 어떻게 질을 높일 것인지 고민이 없었어요. 그러니 저 같은 돌봄 전담사의 처우를 어떻게 개선할지, 정부는 관심이 없어요. 하지만 일할 사람은 필요하니까 초단시간 근무 같은 안 좋은 일자리만 늘리는 거예요."

지난해 한국교육개발원이 실시한 교육여론 조사에서 초중고 학부모는 '정부가 가장 잘하고 있는 교육정책'으로 초등 돌봄 교실을 꼽았다. 2016년에 2순위, 2015년에는 1순위였다. 서울시교육청이 실시한 조사에선 초등 돌봄 교실에 대한 만족도가 96%였다. 하지만 초등 돌봄 교실은 때마다 외주화 논란에 휩싸였다. 교육적 성격보다 보육의 성격을 앞세워 운영 주체를 학교에서 지자체로 이관해야 한다는 논리가 개입됐다. 이번 정부의 초등 돌봄 정책에도 3만 명 정도의 규모는 지자체가 주도하는 사업으로 확대한다는 계획이다. 지자체가 사업 모델을 세우고 운영 주체를 확정한 뒤 학교 교실 공간을 빌려 돌봄 서비스를 제공한다는 것이다.

"가장 큰 문제는 법규정이 없어요. 처음에 대통령령으로 시작했어요. 노무현 대통령 때. 지금까지도 그 틀에서 운영 중이에요. 국회에서 관련 법안을 만들려는 시도가 여러번 있었어요. 그런데 핵심적인 내용 중에 외주화, 위탁이 항상 포함되는 거예요. 충남은 외주화 문제가 심각했어요. 반쯤 외주화됐다가 3년 전부터 다시 직고용으로 넘어오고 있어요. 외주화가 되면 학교에서 인정하지 않아요. 외부 사람이에요. 학교장도 이 사람을 만날 이유가 없어지는 거예요. 행사가 있어도 보질 않아요. 저도 직고용이 되면서 교장 선생님이 이제 우리 학교 사람이니까 회식에 와라 그랬거든요. 한 학교에서 똑같은 돌봄교실을 맡고 있는데 한 명은 외주, 한 명은 직고용이에요. 그럼 직고용 선생님만 불러요. 똑같은 일을 하는데. 그런 상태가 되는 거예요. 그리고 외주화의 가장 큰 문제는 소통이에요. 학교가 이 사람하고 소통을 하면 불법파견이 되는 거예요. 그래서 업무 배제. 소통을 못하게 만드는 거예요."

■ 공문부터 외부강사 채용까지 일은 '개미지옥'

대부분 돌봄전담사가 교실 관련 행정 도맡아
'최우선 국정과제' 주목도 높아 공문량 상당
방학 땐 돌봄교실 '급식'도 전담사가 총괄
이런 일을 할 별도의 시간은 주어지지 않는다

돌봄교실 간식시간

이경란씨는 서울의 한 초등학교에서 일해왔다. 8시간 근무에 방학 중에도 근무하는 상시 근무자였다. 서울의 초등학교는 평균적으로 서너 개의 돌봄 교실을 운영하고 많은 경우 여섯 개 반을 운영하는 경우도 있다. 서울시교육청은 8시간 근무의 전일제 돌봄 전담사와 4시간 근무의 시간제 돌봄 전담사로 직종을 나눠 초등 돌봄 교실을 운영하고 있다.

서울은 맞벌이 부부 비율이 높은 만큼 아침 돌봄과 저녁 돌봄을 운영하는 학교가 많다. 그런 탓에 전일제 돌봄 전담사의 출퇴근 시각은 학교 사정에 따라 제각각이다. 아침부터 출근하는 경우도 있고 오후에 출근해 저녁까지 아이를 돌보는 경우도 있다. 4시간 근무를 하는 시간제 돌봄 전담사는 아이들이 많은 시간에 맞춰 출근한다. 아이 대부분이 학원으로 이동하거나 집으로 돌아가면 여러 반에 흩어져 있는 아이들을 모아 전일제 전담사가 맡고 시간제 돌봄 전담사는 퇴근하는 식이다.

"저희가 활동 계획을 세워요. 그리고 관리자에게 결재를 받죠. 서울은 활동 계획뿐 아니라 돌봄 교실 운영에 필요한 모든 걸 도맡아 해요. 이건 지역마다 차이가 있는데, 서울은 대부분 돌봄 전담사가 돌봄 교실과 관련한 행정을 모두 맡아요. 교육부에서 내려오는 공문 처리부터 돌봄 교실에 오는 외부 강사 채용까지 다 하는 거예요. 방학 때는 돌봄 교실에서 점심을 먹어야 하잖아요. 그럼 업체 선정도 해야 하는 거예요. 업체에 직접 가서 위생 상태도 보고요."

돌봄 교실은 최우선 국정과제로 선정되는 등 주목도가 높은 교육 정책이라 교육부에서 내려오는 공문도 상당한 편이다. 그런데 돌봄 전담사에겐 행정 업무를 처리할 별도의 시간이 주어지질 않는다. 아이를 돌보며 틈틈이 업무를 처리해야 하는 경우가 많다. 경란씨는 돌봄 전담사가 처리하는 행정 업무가 상당한 만큼 학교에서 업무를 처리할 시간을 공식적으로 확보해주길 바란다. 서울 외 지역에선 돌봄 교실을 책임지는 부장 교사나 담당 교사가 관련 행정을 맡는 경우가 많다.

　　일부 교사는 돌봄 교실을 학교 밖으로 내보내야 한다고 주장한다. 돌봄 교실은 교육이 아니라 보육을 목적으로 하는 만큼 학교보다는 지역이 담당하는 게 좋다는 의견이다. 오랜 시간 학교에 머물러 있는 게 아이를 위해 좋지 않다는 시각도 있다. 학교 밖에서 협동조합 형식으로 학부모들이 주체가 돼 방과후 학교를 운영하는 사례 등 마을공동체가 초등 돌봄을 꾸려가는 좋은 사례도 있다. 하지만 많은 사람이 이런 사례에 쉽게 접근할 수 있는 건 아니다.

　　"학교 안에 있을 때 가장 통합적으로 아이들을 돌볼 수 있어요. 아이에게 문제가 생기면 저희가 담임선생님과 상담할 수 있고, 반대로 담임선생님이 저희와 상담할 수도 있고. 학교니까 가능한 거예요. 돌봄 교실을 보육이라고 주장하기도 하는데 그건 현장을 모르고 하는 얘기예요. 그리고 그렇게 말할 때 보육은 아이를 그냥 데리고만 있는 걸 말하는 거구요. 저는 날씨만 허락하면 매일 한 시간 씩 아이들을 바깥에서 놀게 해요. 전국 돌봄 선생님들이 아이들을 위해서 모두 애를 쓰고 있으실 거예요. 정부에서 돌봄 교실에 책정한 예산이 얼만 줄 아세요? 그 예산으로 만족도 1순위 프로그램을 만드는 데에는 우리 돌봄 전담사의 역할이 컸다고 생각해요."

　　방치되거나 학원을 전전하는 아이들을 위해 편안히 쉴 곳을 마련해

주자는 취지로 학교 안에 돌봄 교실이 만들어진 지 15년이 넘었다. 그동안 초등 돌봄 교실은 저소득층을 위한 사회복지 정책에서, 사교육 경감을 위한 교육 정책으로, 그리고 맞벌이 부부를 위한 정책에서 저출산 문제를 해결하기 위한 관련 정책으로 다뤄졌다.

"처음 왔을 때 불안해 보이는 애들이 있어요. 돌봄 교실에서 지내면서 정서적으로 안정을 찾죠. 또래랑 어울리면서 마음이 풀리는 거예요. 어떨 땐 갑자기 와서 안기고는 선생님 사랑해요, 그러는 애들도 있어요. 예전에 한 애는, 2학년이었는데 학교를 안 왔어요. 근데 돌봄 교실 열릴 때쯤 와요. 간식 먹으러. 걔는 그게 한 끼였어요. 하루 종일 먹는 한 끼. 안쓰러우면서도, 마음 둘 데가 있구나 안심이 되기도 하고……."

때마다 정부는 새로운 돌봄 정책을 발표해 어린아이를 둔 부모의 마음을 얻었다. 하지만 돌봄 교실 현장은 예나 지금이나 처우가 불안한 돌봄 '선생님'들이 지키고 있다. 피곤한 아이에게 쉴 자리를 마련해주고, 세상 모든 것을 향해 치솟는 아이의 호기심에 화답해주고, 끊임없이 흥밋거리를 찾는 아이들을 위해 하루하루 즐거운 놀이를 준비한다. 그리고 저마다 다른 이유로 불안해하는 아이의 마음을 보살핀다. 아이를 돌보는 일은 결국, '선생님'과 '학생'의 관계 속에서 완성된다.

"동료가 내 자소서 읽고 면접……" 영어샘은 4년마다 '중고 신입'

채용땐 '정년 보장' 교육공무원법 준용 명시
교육청이 뽑아놓고 계약은 학교장과 하도록
1년씩 연장 최대 4번…… 신규채용 다시 거쳐
정년 아무 소용없는 '도로 1년차' 비정규직

"I'll keep my fingers crossed for you. 오늘 선생님이 준비한 표현이에요."

최시연(가명)씨는 검지와 중지를 꼰 뒤 학생들에게 내밀어 보였다. 행운을 빈다는 뜻의 관용 표현이었다. 흥미를 느낀 아이 몇 명이 손가락을 꼬아 시연씨에게 보여줬다. 친구들에게 손가락을 꼬아 보이며 "포 유"(for you)를 연달아 외치는 아이도 있었다. 어떤 아이는 고개를 숙이고 조심스레 제 손가락을 꼬았다.

그는 교실 모니터에 다른 표현을 띄웠다. Break a leg! I know you can do it. 뜻을 그대로 옮겨 해석하면 '다리를 부러뜨려. 난 네가 할 수 있을 거란 걸 알아.' 정도의 무시무시한 표현이었다. 장난기 넘치는 아이들은 벌써 '브레이크 어 레그'를 따라 읽으며 짝꿍의 다리로 손을 뻗었다.

"Break a leg. 이것도 행운을 빈다는 뜻의 관용 표현이에요. 그러니까 친구의 다리를 부러뜨리면 안 돼요. 이렇게 손가락을 꼬면서 '브레이크 어 레그'라고 말하는 거예요. 친구에게 큰 행운이 깃들길 간절히 바라면서 말이에요. 자, 다 같이 따라해 봐요. 우리 모두에게 행운이 가득하길 바라면서, 브레이크 어 레그!"

2009년 MB정권 '오뤈지' 영어회화 교육 급조
전문강사 1,350명 고용, 4년 뒤 526명 해고
인권위, 불합리한 고용 개선 촉구했지만
교육청은 지난해 정규직 전환 대상에서 빼

겨울방학 때 열린 영어캠프에서 아이들이 영어 퀴즈에 답을 하고 있다.

떠들썩한 교실은 금세 활기로 가득 찼다. 시연씨는 흥미로운 관용 표현을 제시하면서 수업을 연다. 학생이 영어와 친밀해지는 좋은 방법이라 여기기 때문이다. 영어수업은 말을 배우는 시간이니 학생이 말을 내뱉을 자연스러운 상황을 만드는 게 중요하다. 그는 학생의 관심을 붙잡아 본수업으로 이어갔다. 교실 앞에 놓인 교사용 의자로 다가가 그것을 가리키며 학생들에게 물었다. Can I sit here? 그의 영어 발음은 부드러웠다. 이날 수업은 상대방에게 허락을 구할 때 사용하는 표현, Can I OOOOO?를 배우는 시간이었다.

그는 올해 5학년과 6학년의 영어수업을 맡았다. 8시 30분에 출근해서 하루 일정을 점검한 뒤 9시 10분부터 첫 교시를 시작한다. 4교시까지 수업하는 날이 나흘, 5교시까지 수업하는 날은 하루, 이렇게 일주일에 21시수를 맡는다. 한 단원을 마칠 때마다 간단하게 학생들을 평가한다. 평가는 수업과 연계한 과정 중심으로 진행한다. 교육행정정보시스템(나이스, NEIS)에 영어와 관련한 학생 기록을 기재하는 것도 그의 몫이다.

그는 동료 교사들처럼 수업권과 학생 평가권을 갖고 일을 한다. 점심 시간엔 다른 교사와 함께 학교 일과 세상 돌아가는 일을 놓고 가볍게 수다를 떤다. 수업을 마친 오후에는 주로 수업 준비에 시간을 쓰는데, 회의가 있거나 교사 연수가 준비돼 있으면 동료 교사와 함께 참석한다. 하지만 그는 교사가 아니다. 해마다 1년씩 계약을 연장하는 비정규직 강사다. 하지만 이마저도 최대 4년까지만 연장할 수 있다. 계약을 갱신하다가 4년이 지나면 퇴직금을 받는다. 계속 일을 하고 싶으면 다시 신규 채용 절차를 밟아야 한다. 시연씨는 초등학교에서 일하는 영어회화 전문 강사다. 올해로 9년째 같은 학교에서 일하고 있다.

"영어회화 전문 강사라고 하는데, 10년 전 정부가 '영어공교육 완성 실천방안'을 추진하면서 시작된 자리예요. 이 정책으로 초등학교는 영어수업 시수를 늘렸어요. 중·고등학교는 수준별로 나눠서 영어수업을 하게 됐는데, n+1이라고 두 개 반을 묶어서 수준에 따라 세 개 반으로 다시 쪼개어 진행해요. 그러니까 영어교사가 부족하게 된 거죠. 처음부터 교사의 역할로 뽑은 자리였어요."

이명박 정부는 정권 초기부터 영어교육을 강조했다. '미국에서 오렌지라고 하니까 못 알아듣더라, '오뤼지'라고 해야 알아듣더라'라는 당시 이경숙 대통령직 인수위원장의 발언은 큰 논란을 일으켰다. 당시 인수위는 초·중·고에 '영어과목을 영어로' 수업하는 전문 강사를 배치하겠다고 발표했다. 2009년부터 4년간 2만 3,000명을 채용하겠다는 계획이었다. 인수위는 이 정책을 추진하는 데 약 1조 7,000억원이 필요할 것으로 예상했다. 강사 규모는 2009년 9월 1,350명이었다가 2013년에는 6,100명까지 늘어난다. 불안정한 고용 조건 탓에 2018년에는 2,800명가량으로 줄었다.

안인숙씨는 교육부가 더 이상 이 제도를 이어갈 의지가 없다고 생각한다. 지난해 9월 교육부는 정규직 전환 심의위원회에서 영어회화 전문 강사 직종을 무기계약직 전환 대상에서 제외했다. 인숙씨 또한 초등학교에서 일하는 영어회화 전문 강사다. 올해로 9년째다. 시행 첫해부터 이 일을 해오고 있다.

"각 시도교육청에서 채용공고를 냈어요. 계약직이란 건 알았지만 정년을 공무원에 준해서 보장해준다고 했어요. 그게 가장 큰 매력이라고 생각을 했죠. 그리고 공공기관에서 하는 거니까 굉장히 신뢰가 간다 싶었어요. 저뿐만이 아니었어요. 이 일을 선택한 분들 대부분은 정년을 보장해준다니까 시작했을 거예요. 잘나가는 기업에 다니던 분도 관두고 시험을 본 거예요."

2009년 각 시도교육청은 영어회화 전문 강사 선발계획을 공고했다. 인숙씨는 경기도교육청에서 공고한 내용을 보고 선발시험에 응시하기로 했다. 경기도교육청의 공고에는 영어회화 전문 강사의 정년을 '교육공무원법' 제47조에 준용한다고 명시했다. 교육공무원법 제47조에 의하면 교육공무원의 정년은 62세까지다.

> 들어올 땐 교육청 시험 봤지만
> 재계약 땐 동료 교사가 면접관
> 방학 여름·겨울 더해도 총 20일
> 그래도 아이들과 보충수업 꾸린다
> '가르치는 사람'으로 대해주는 존재
> 학교 안에선 학생들밖에 없으니까

한 학교에서 열린 영어 페스티벌에서 아이들이 영어카드를 들고 놀이에 참여하고 있다.

"우리가 임용시험도 안 보고 교사 시켜달라고 한다는 말도 있는데, 우리의 목적은 교원이 되는 게 아니에요. 우리가 원하는 건 무기계약직이 되는 거예요. 저희는 교사 정원과 상관이 없어요. 플러스알파예요. 저희는 교원 외의 인력이기 때문에 그냥 더 있는 거예요. 저희가 있으면 그 학교 선생님들은 22시수 해야 하는 걸 20시수만 할 수 있게 되는 거예요."

인숙씨는 2009년 7월 시험을 치렀다. 1차 시험은 서류심사였다. 2차 시험은 교수 학습지도안을 작성하고 수업을 실연하는 것이었다. 그리고 마지막은 영어로 진행되는 심층면접이었다. 시험에 합격한 그는 자신이 계약직임을 알고 있었지만, 학교에서 일하니 내심 교사와 같은 처우를 기대해 보기도 했다. 하지만 그런 기대는 근로 계약을 체결하는 날부터 무너졌다. 교육청은 시험을 주관하고 자신을 선발했지만, 계약은 학교장과 맺으라고 했다.

초등학교는 학급담임제를 큰 틀로 삼아 운영된다. 그런데 고학년이 될수록 배울 것이 많아지니 고학년을 맡은 담임교사는 수업이 늘 수밖에 없다. 그래서 고학년 담임교사는 1, 2학년 담임교사보다 업무 부담이 상대적으로 크다. 이걸 보완하기 위해 교과전담제가 시행됐다. 1991년부터다. 고학년 담임교사의 업무를 줄이고, 주요 교과목에 대한 전문성을 높이자는 취지였다.

"초등학교는 보통 담임선생님하고 모든 과목을 공부하잖아요. 그런데 보통 3학년이 되면 교과전담 교사라고 해서 담임선생님이 아닌 다른 선생님을 학생이 만나게 돼요. 음악, 미술, 체육 같은 과목이나 영어를 교과전담 교사가 맡아요. 그러니까 영어를 전담하는 교사가 있는 거예요. 그럼 그분하고 저희하고는 하는 일이 같은 거죠."

영어를 전담하는 교사는 2009년도 이전부터 있었다. 하지만 영어교육을 강조하면서 일이 늘었다. 일할 사람이 많이 필요했다. 영어교사만으로는 늘어난 시수를 감당할 수 없었다. 정부는 부랴부랴 일할 사람을 구했다. 제도 시행 첫해에는 초등학교 2급 정교사 이상 교원자격증 소지자, 중등학교 영어 2급 정교사 이상 교원자격증 소지자, 테솔(TESOL) 등 영어교육 과정의 석사학위 소지자, 영어 관련 학과 학사학위 이상 소지자 등을 응시자격으로 삼았다. 다음해 일할 사람이 더 많이 필요해지자 정부는 토익점수와 대학 학사학위만으로 시험에 응시할 수 있게 했다.

"저희가 교사처럼 학생을 가르치는 일을 하니까 교사들이 처음엔 저희를 경계했던 거 같아요. 그런데 지금은 전환 심사에서도 제외되니까 안쓰러워 하시는 거 같아요. 저희도 젊었을 때 좋은 일자리를 얻기 위해서 노력을 많이 했어요. 그리고 이 일을 하면서 따로 교육대학원도 다녔어요. 그렇게 교사자격증까지 갖춘 분들이 80% 이상 돼요. 좀 더 좋은 수업을 만들려고 애를 쓴 거예요. 매년 재계약을 하면서 이 일을 한 지 8년이 넘었어요."

이들 또한 다른 모든 사람처럼 자신의 삶을 꾸려나가야만 한다. 노동은 내년을, 그리고 후년을, 그리고 그다음 해를 계획할 수 있는 바탕이 돼야 한다. 교육부의 정규직 전환 심의위원회는 교사 임용제도의 근간을 흔들 수 있다며 영어회화 전문 강사를 전환 대상에서 탈락시켰다. 전환 심의위는 학교 내 여러 노동이 각각 어떤 성격을 지니는지 파악해서, 그것의 고용 형식을 의논하고 결정하는 자리였다. 그런 자리에서 나온 말치고는 너무나 일방적이고 감정적이었다.

당시 잘못된 제도를 시행했다고 평가할 수 있다. 서둘러 영어교육을

확대한 게 문제라고, 급하게 정권의 치적을 만들어 내려고 한 게 문제였
다고 지적할 수도 있다. 시간을 들여 영어교육을 담당할 교원을 양성하는
게 중요했다고 말할 수도 있다. 하지만 8년 넘게 한 자리에서 불합리한 처
우를 버텨내며 일한 사람들이 있다. 이런 사실을 외면한 채 이런저런 문
제를 지적하는 건 너무나 공허하다. 이들을 정부 정책의 희생자라고 얘기
할 수도 있다. 하지만 이들은 오랜 시간 이 일을 근거 삼아 삶을 꾸려왔다.
이들이 꾸려온 삶의 무게가 가벼웠을까? 희생자 운운하는 말을 내뱉는
입은 무책임하다.

계약기간 안에만 쓸 수 있는 육아휴직 고충
"4월에 출산했어요, 2월까지 휴직 가능하지만
재계약 들어가는 12월…눈치가 보이는 거예요
교사 시켜달라? 아뇨, 우리 바람은 무기계약직"

한 학교에서 열린 영어회화 강사의 공개수업을 여러 교사들이 참여해
평가하고 있다.

"요즘은 어떨지 모르겠는데 예전엔 영어를 전공한 사람들이 자존감
이 높았어요. 프라이드가 높다고 하죠. 그런데 이 일을 하면서 내가 열등

한 존재인가 싶을 때가 많았어요. 특히 4년마다 신규 채용절차를 밟을 땐 말할 수가 없어요. 처음 들어올 땐 교육청에서 시험을 봤지만, 4년이 지난 뒤 신규 채용 땐 각 학교에서 자체적으로 진행해요. 어제까지 동료였던 교사가 오늘 심사위원으로, 면접관으로 제 앞에 앉아 있는 거예요. 제가 제출한 자기소개서를 동료 교사가 읽고 질문하고 그러는 거죠. 발가벗겨 지는 느낌이에요."

박가영(가명)씨는 올해 해고를 당했다. 2009년 3월부터 2014년 2월 까지 4년을 근무하고, 신규 채용절차를 다시 밟았다. 여느 때처럼 1년마다 계약을 갱신했다. 2014년부터 2018년 2월까지 다시 4년을 근무하고 또다시 신규채용 절차를 밟아야 했다. 이때 그는 불합격 통보를 받았다. 함께 일한 동료와 관리자가 그를 학교에서 더는 일할 수 없게 만들었다. 그들은 그저 여러 지원자 중 다른 사람을 채용했을 뿐이라고 여길 것이지만, 가영씨는 일자리를 잃었다. 그는 부당해고에 맞서 소송을 진행 중이다.

영어회화 전문 강사는 방학이 되면 영어캠프를 맡는다. 캠프 운영기간은 학교마다 다르다. 짧게는 3일간, 길게는 3주간까지 진행한다. 이들의 방학 기간은 여름과 겨울을 합쳐 총 20일이다. 이 외 기간에는 학교에 나와야 한다. 쉬려면 연가를 써야 한다. 방학 직전 학교 교사들은 방중 근무계획서를 작성하고, 이것을 취합해 공지를 띄운다. 영어회화 전문 강사라는 직종에 대해 잘 모르는 교사는 방중에 왜 이렇게 근무를 많이 하냐며 묻기도 한다.

"저희는 수당은 없고요. 연봉을 12개월로 나눠서 받아요. 1년 차나 9

년 차나 받는 게 똑같아요. 급식비도 못 받았었는데 요즘 급식비를 지원하는 지역이 생겨나고 있어요. 저희 고충 중의 하나는 육아휴직을 제대로 못 쓴다는 거예요. 육아휴직은 계약기간 안에만 쓸 수 있는데, 저희가 계약기간이 1년밖에 안 되잖아요. 아기를 4월에 낳았어요. 그럼 원칙상으로는 2월까지 육아휴직을 쓸 수 있어요. 하지만 재계약이 12월부터 들어가거든요. 서류 작업이 말이에요. 그럼 눈치가 보이는 거예요. 교사나 무기계약직인 교육공무직이 임신했을 때부터 3개월 휴가받고 육아휴직 2년 다 쓰고 돌아오는 걸 보면 부럽죠. 보기 좋다는 뜻이에요."

2009년에 고용된 1,350명 영어회화 전문 강사 중 526명이 해고됐다. 2009년으로부터 4년이 지난 2013년의 일이었다. 당시 국가인권위원회는 이들 직종이 처한 고용불안과 불합리한 고용구조를 개선할 것을 권고했다. 교육부는 아무런 조처를 취하지 않았다. 다시 4년이 지난 2017년 인권위는 다시 대량해고 사태를 우려하며 이들의 고용안정을 촉구했다. 이해 교육부는 이들 직종을 정규직 전환 대상에서 제외했다.

2016년에 해고된 전문 강사 중에 몇 명이 부당해고 소송을 진행했다. 그들은 지금 대법원 판결을 기다리고 있다. 지방노동위원회, 중앙노동위원회에서는 4년 기간을 일한 사람을 해고한 건 무효라고 판결해 이겼다. 지노위, 중노위는 기간제법에 따라 4년이 지난 시점에서는 이들이 이미 무기계약직으로 전환됐다고 봤기 때문이다. 초중등교육법 시행령 제42조는 이들을 1년씩 계약하게 하고, 그것도 4년을 초과해 계약을 연장할 수 없게 만들었지만, 초중등교육법 시행령보다 기간제법이 상위법이다.

"제가 박쥐같다는 생각을 할 때가 있어요. 저는 소속이 4학년으로 돼 있어요. 교사처럼 가르치는 일을 하니까 소속이 그런 거예요. 회의도 같이 해요. 그런데 이번에 교사들 성과급이 나왔단 말이에요. 교사들이 성과급 얘기할 때 저는 그냥 가만히 있었어요. 조금 전까지만 해도 소속감 같은 게 있다고 생각했는데, 그게 착각이란 걸 분명하게 알게 되는 거예요."

인숙씨는 영어가 부족한 아이를 따로 불러 모은다. 5학년 때부터 영어를 포기하는 아이가 나오기 시작하기 때문이다. 5학년이면 고작 12살이다. 우리 사회의 아이들은 이때부터 자신의 능력에 스스로 한계를 긋기 시작한다. 이때부터 스스로 무력함을 직면하기도 한다. 그는 방과후에 이런 아이들을 모아 보충 수업을 진행한다. 그저 자신이 좋아서 하는 일이다. 학습은 부모의 관심도 중요하다고 생각하기 때문에 그날 공부한 내용을 학부모에게 알린다. 아이가 애를 쓰고 부모가 관심을 가지면, 아이의 영어 실력이 느는 걸 볼 수 있다. 그나마 자신을 교사로 대해주는 존재가 학생뿐이라고 말한다. 인숙씨는 아이의 성장을 지켜보는 게 좋다. 〈끝〉

학교를 지키는 '유령'의 존재를 아십니까?

■ 16시간 학교를 돌봐도 급여는 4.5시간만 지급받는 노동자들

학교는 아이를 키우는 곳이다. 아이를 먹이고, 학교에 남을 수밖에 없는 아이를 돌보고, 여러 예술 활동과 다양한 체육 활동을 즐길 수 있게 기회를 마련해 주며, 혹시 아이의 마음이 다치지 않았는지 살피고, 경제적 어려움이 있는 아이에게 도움 받을 수 있는 길을 챙기는 일 등등. 모두 학교의 일이다. 아이를 키우는 데는 손이 많이 가는 법이다.

학교에는 아이를 키우는 일에 힘써줄 여러 어른이 필요하다. 조리사, 영양사, 사서, 행정 및 교무 실무사, 과학 실무사, 특수교육 실무원, 전문 상담사, 교육 복지사, 초등돌봄 전담사 등 학교에는 교사 외에도 아이를 만나는 여러 직종의 사람들이 많다. 하지만 이들은 무기계약직으로, 시간제 근로로, 초단시간제 근로 등으로 고용돼 있다. 그래서 이들의 삶은 불안하다. 학교는 아이에게 직업엔 귀천이 없다고 가르칠 것이겠지만, 직업에 따라 자신이 떠안게 될 불안의 무게가 다르다는 걸, 아이는 배운다.

학교의 역할이 늘어난 만큼 학교에는 여러 공간이 생겨났다. 그만큼 시설도 커졌다. 학교가 제 활동을 이어가려면 누군가는 이것을 돌봐야 한다. 건물마다, 그리고 건물 매 층에 설치된 화장실을 청소해야 하고, 체육관 높은 천장에 달린 전등을 손봐야 하고, 그리고 누군가는 밤새 학교 건물을 지켜야 한다. 이들 일은 아이를 만나 이뤄지는 일은 아니다. 하지만

아이는 이들의 일을 가까이서 본다. 학교에서 아이는, 학교가 이들 노동에 매긴 가치 값을 직감한다.

입시가 학교 공부의 목적이고, 학교 활동의 최종 결과가 성적에 따른 서열이라면, 학교는 차별을 낳고, 그것이 지닌 논리를 아이 몸에 새기는 공간에 불과하다. 학교에서 일하는 여러 직종의 사람들이 놓인 차별의 형식 또한 세상을 알아가는 아이의 몸에 세상의 구조를 새겨 넣는 장치가된다. 아이는 학교에서 자라는데, 학교가 아이를 키우지 않는다면, 게다가 아이의 몸에 차별의 형식을 새겨 넣고 있다면, 사회가 학교라는 공적 공간을 유지해야 할 이유는 무엇일까.

학교는 한 사회의 시민을 기르는 기관이다. 개인의 가치는 다른 어떤 것으로도 대치될 수 없다는 걸, 개개인이 지닌 차이가 차별의 근거가 될수 없다는 걸, 생김새와 성향과 지향하는 것이 서로 다른 개인들이 서로를 존중하며 더불어 살아가야 한다는 걸, 아이는 학교에서 배워야 한다. 하지만 학교가 이것을 아이에게 가르칠 수 있을까. 학교에서 아이를 돌보는 여러 어른이 저마다 차별의 형식 속에 놓여 있는 것이 아이 눈에 보이는데, 어른의 말이 아이의 몸에 닿을 수 있을까.

■ 청소 순서에도 서열이? "교장실부터 청소한다"

"제가 화장실 기사 난 걸 봤는데, 고속도로 휴게소는 화장실 100칸을 다섯 명이 나눠서 한대요. 그러면 한 사람이 20칸씩 하는 거죠. 제가 일하는 학교는 화장실이 50칸 정도예요. 남자 소변기는 따로고요. 이걸 혼자다 하는 거예요."

김미숙(가명) 씨는 서울의 한 초등학교에서 일하는 미화원이다. 아침

7시 반에 출근하면 교장실부터 청소한다. 이후 교무실과 행정실까지 마치면, 1층 복도와 현관을 치운다. 이때부터 화장실 청소를 시작한다. 오전엔 체육관 건물의 화장실을, 오후엔 본관 화장실을 돈다. 층을 옮길 때마다 복도와 계단을 쓸고 닦는다.

화장실 청소 중인 노동자

"급여는 적고, 일은 많고. 그리고 완전히 소외돼 있어요. 저희 일에 누구 하나 관심도 없죠. 학교가 크든 작든 미화는 한 명밖에 없어요."

최연희(가명) 씨가 일하는 초등학교 화장실은 24개 실, 전체 70칸이 넘는다. 최연희 씨도 아침에 출근하면 교장실부터 치운다. 교무실과 행정실 청소가 끝나면, 매 층에 설치된 식수대를 살피고, 화장실을 돌며 화장지가 떨어졌는지 확인한다. 미화원의 주 업무는 화장실 청소다. 최연희 씨가 일하는 초등학교는 세 개의 건물이 있다. 오전에는 별관과 정보관에 있는 화장실을, 오후에는 본관 화장실을 치운다.

오한성 씨는 서울에서 초등학교 야간당직기사(야간경비원)로 일한다. 오후 4시 반에 출근해서 아침 8시 반에 퇴근한다. 학교에 있는 시간만 16시간이다. 공휴일이면 24시간 학교를 지킨다. 설이나 추석 연휴가 길어져 일주일이 연휴라면, 7박 8일을 학교에 머문 적도 있다. 오한성 씨는 2016년까지 혼자서 매일 밤 학교를 지켰다. 지난해부터 서울 교육청은 2인 근무제를 시행했다.

"16시간 일하는 중에 4.5시간만 근무 시간으로 인정해 주고 있어요. 이건 학교마다 차이가 있는데 어떤 데는 5시간, 어떤 데는 6시간까지 인정해 주는 데도 있고."

1인 근무 당시 야간당직기사가 학교에 머무는 시간은 월평균 566시간이었다. 하지만 근무로 인정하는 시간은 월평균 167시간 정도였다. 이것이 가능한 이유는 근로기준법 63조 3항 때문이다. 감시 또는 단속적으로 진행되는 근로의 경우 노동부 장관의 승인을 받으면 16시간 직장에 머물러도 근로시간을 4.5시간만 인정하고 그 외의 시간을 휴식 시간으로 처리할 수 있다. 물론 별도의 승인 요건이 마련돼 있다. 심사 등 행정 절차는 까다롭다. 심사는 반드시 현장 실사를 바탕으로 해야 한다. 하지만 노동부에 따르면 지난해 근로시간 규정 제외 적용 승인율은 무려 98.5%에 달했다.

"저녁 6시 반이면 학교가 비는데, 학교 돌면서 불 안 꺼진 데 다 끄고, 에어컨이나 히터 안 끈 데 확인하고, 그리고 반드시 순찰을 돌아야 하는 데가 있어요. 거기에 꼭 체크를 하게 돼 있어요. 그 뒤에 운동장을 돌아야 해요. 학교문은 8시에 닫게 돼 있어요. 그런데 무슨 문제가 생기냐면 동네에서 산책하고 운동할 수 있는 데가 학교밖에 없어요. 8시가 돼서 나가라고 하면 싸움이 생겨요. 요령이 필요해요. 문제가 생겨서 민원이 들어오면 교장 선생한테 불려가요."

오한성 씨는 일하는 중간 7시에서 8시 사이에 저녁 식사를 한다. 급식실에서 아이들 주고 남은 밥을 보온 용기에 싸두는데, 그걸 당직실로 가져와 먹는다. 8시에 교문을 닫는다고 편히 쉴 수 있는 건 아니다. 늦은 시간에 학부모가 아이를 데리고 학교 문을 두드리는 경우도 있다. 아이가 숙제해야 하는데, 교과서를 놓고 왔다는 것이다.

"중고등학교에서 일어나는 일을 들어보면, 늦게까지 학교에 남아 있던 애들을 억지로 내보내잖아요, 그러면 이놈들이 요놈의 영감 혼나봐라, 그리고 몰래 학교 담을 넘어서 창문을 흔들고 도망가요. 그럼 세콤이 삑 삑삑 울려요. 그리고 새벽에 중요한 사항이 일어나요. 5시부터 학교에 급식 차량이 들어오니까 문 다 열어줘야 하는 거예요. 그런데 이게 다 휴게 시간에 일어나는 일이거든. 겨울에는 화장실이나 식당에 수도가 터질 수도 있으니까 그거 살피는 것도 해야 하고."

이호운 씨는 서울교육청 시설기동보수반 소속이다. 서울 내 1,300여 개 학교의 시설을 보수한다. 4명을 1개 반으로 구성해 11개 반을 운영한다. 1,300여 개 학교를 11개 지역으로 나눠 1개 반이 나눠 맡는 식이다. 방수, 창호, 건축 마감, 전등 보수, 화장실 보수, 위험도가 높아 긴급한 작업이 필요한 수목 가지치기 등이 작업 대상이다.

"예전에는 방수, 설비, 조경, 전기 이렇게 네 분야에서 사람을 뽑았어요. 분야별로 기능사 자격증 이상에, 10년 이상 경력 가진 사람을요. 분야별로 한 명씩 해서 한 팀을 구성하거든요. 비용이 많이 들고 위험이 큰 작업은 학교가 외부 업체에 의뢰하는데, 맡겠다는 업체가 없으면 어쩔 수 없이 저희가 나가기도 해요."

이호운 씨는 7시 반 정도에 출근한다. 하루 작업 내용에 맞춰 공구와 자재를 차에 실은 후 8시가 되면 팀장으로부터 전달사항을 전해 받는다. 큰 작업일 경우 하루에 한 학교를 나가고, 많은 경우 3, 4개 학교를 방문해 작업한다. 오후 4시까지 작업하고, 본부로 돌아와 하루 일정을 마무리한다. 이호운 씨가 다루는 공구만 20여 가지다.

■ 남녀가 한 공간을 탈의실로 사용하는 학교
"4, 5년 전까지 나무 작업을 많이 했어요. 스카이차 타고 올라가서. 75미터 이상 올라가는 데 6, 7년 전까진 우리나라에 세 대 밖에 없다고 했어요. 그걸 타고 올라가서 나뭇가지를 자르는 거예요. 한 번은 변전소 위로 나무가 뻗어서 그걸 잘라야 했는데, 스카이 타고 올라가니까 산을 올라가는 거 같더라고요. 밑에서 얘기하는 소리가 안 들려서 무전기 들고 말하고. 70미터 넘게 올라가면 흔들리는 게 심해요. 올라가서 나무 자르고 거기서 버릴 수 없으니까 스카이에 달고 내려와야 하는데, 스카이가 무게를 많이 견디지 못하니까 하나씩 달고 내려오는 거예요."

높게 뻗은 나무의 가지를 치는 작업은 위험도가 커서, 이제는 개별 학교가 직접 외부 업체에 맡긴다. 하지만 맡을 업체를 찾지 못하거나, 업체가 높은 비용을 요구하게 되면 일은 시설기동보수반으로 넘어온다.

학교 외벽에 페인트칠 작업을 하는 노동자

"저희가 체육관 천장에 달린 전등도 손보는데, 체육관 천장이 보통 10미터 이상 돼요. 그냥은 못하고 '아시바'라고 틀 비계가 있어요. 그걸 4단, 5단 쌓아서 작업을 해요. 법으로는 4단 이상 쌓지 말라고 하는데, 학교도 위험하다고 하고요. 그런데 중 · 고등학교 체육관은 엄청나게 높은 데도 있어서 7단, 8단까지 쌓을 때도 있어요. 틀 비계 하나가 1.7~1.8미터 정도 높이 밖에 안 나오니까."

학교에서 가장 많이 고장 나는 건 현관 출입문이다. 문이 열리고 닫히게 하는 축에 '힌지'라는 부속이 있다. 유압이 있어 문이 천천히 닫히도록 한다. 한창 자라는 아이들의 거친 손길이 수도 없이 닿는 만큼 이 부속이 자주 망가진다. 유압이 고장 난 출입문은 쉽게 열리고 닫힌다. 이런 문에 손가락을 찍히는 사고가 종종 발생한다. 외부 업체에 의뢰하면 한 사람 인건비가 10~20만 원이다. 교체에 익숙하지 않으면 유리문이 깨져버리는 일도 있다. 이호운 씨는 출입문 보수 작업을 하는 날엔 '힌지' 20~30개를 교체한다.

"학교에서 미화원을 따로 두기 시작한 게 2010년부터일 거예요. 처음엔 남자 미화, 여자 미화 이렇게 있었어요. 남자 화장실, 여자 화장실을 각자 맡았어요. 이때는 지금처럼 힘들지 않았죠. 근데 이 남자분들이 영선(시설 수리)으로 바뀌었어요. 영선 및 미화로. 어떻게 이렇게 바뀌게 됐는지는 모르겠는데, 이렇게 되면서 남자들이라고 영선일에 치중하고 청소는 여자 미화만 맡게 됐어요. 남자분들이 화장실 청소를 되게 싫어해요. 안 하려고 해요. 다만 어떤 학교에선 좋은 영선 기사님을 만나게 되면 이 분들이 계단과 복도 청소를 같이 해주긴 하세요."

김미숙 씨의 휴게 장소는 목공실을 개조한 곳이다. 예전엔 학교 창문을 갈아 끼는 일 정도는 학교에서 자체적으로 해결했다. 이런 작업을 하던 곳이 목공실이었다. 지금은 이곳을 자재를 보관하는 창고 공간과 작은 책상을 둔 사무 공간으로 나누고, 한편엔 작은 방을 두었다. 김미숙 씨는 이곳을 남자 '기사님'과 함께 휴게 공간으로 사용한다. 출퇴근 시 옷을 갈아입는 곳도 이곳 작은 방이다.

"저희도 기계를 쓸 때가 있어요. 돌돌이라고, 바닥 광택 낼 때 쓰는 거. 요즘 화장실 바닥에 깔린 타일이 건식 타일이라고 해서, 애들 미끄러

지지 말라고 그런 걸 써요. 근데 이게 때가 많이 타서 학기 중에도 더럽다 싶으면 한 번씩 돌려요. 재량 휴업일에 우리는 출근하니까 그런 때에.”

김미숙 씨가 청소에 쓰는 용품은 락스 외에도 ‘고게터’, ‘퐁퐁’ 등이 있다. 락스는 살균을 위한 용도로, 고게터는 물감이랑 먹물 등 찌든 때를 제거할 용도로, 퐁퐁은 세면대 등에 달라붙은 기름때를 닦아낼 용도로 사용한다. 이 중 제일 많이 사용하는 것이 락스다. 그래서 김미숙 씨는 락스 냄새를 맡질 못한다. 락스 냄새를 맡는 것이 몸에 좋지 않다는 걸 알지만, 마스크를 쓸 생각은 없다. 지급되는 것도 없고, 겨울에도 50개 실이 넘는 화장실을 닦다 보면, 온몸이 땀으로 젖기 때문이다.

“이 일이 생긴 게 2000년대 초반이에요. 예전엔 야간 당직을 교사가 했어요. 그땐 남자 교사도 많았고. 그러다가 처음 생겼을 때 인건비가 가장 싼 사람을 데려다 시킨 거죠. 일자리 없는 늙은이들. 16시간 학교에 있는데, 그중에 10시간 이상을 휴게 시간으로 본다는 게 말이 안 되잖아요. 근로 시간과 휴게 시간을 이렇게 적용하려면 노동부에 승인을 받아야 하는데, 3년 전에 내가 알아보니까, 승인받은 학교가 없었어요. 15년 동안 힘없는 늙은이들이 아무 말 없이 그렇게 일한 거예요. 불법이었는데, 노인네들이 이거 고쳐주세요, 말 한마디를 못했어요. 왜냐면 우리가 용역회사를 통해서 들어왔잖아요.”

소속된 용역 회사에 근무 조건과 관련한 문제를 제기하면 일을 관두라는 말이 돌아왔다. 학교장에게 문제를 말하면 소속된 회사에 가서 얘기하라는 답이 돌아왔다. 오한성 씨는 3년 전 노조에 가입했다. 교육청의 문을 수십 번 두드리고, 국민권익위원회, 노동청, 국회 등 여러 국가 기관을 오가며 학교 야간당직기사의 처우를 살펴주길 호소했다. 결국 오한성 씨는 소송을 냈다. 회사와 학교가 감시 또는 단속적 근로에 관한 승인 없이 일을 시켰으니, 학교 야간당직기사를 일반 근로자로 봐야 한다는 논리였다.

"하루에 8시간씩 근무한 거로 해서, 휴일 수당하고 근로기준법대로 계산해 달라. 그런데 소송을 끝까지 안 가고 우리가 받아냈어요. 1년 치 중에 1,000만 원은 받은 거로 치고 나머지 천오백만 원을 내놔라. 합의 형식으로 받아냈어요. 그런데 이 말이 용역 회사에 다 퍼진 거예요. 감시, 단속적 근로자 승인 안 받으면 큰일 난다는 거지. 그래서 용역 회사들이 신청했는데, 노동부가 이걸 다 찍어줬어요. 2016년도에 서울에서만 4백 개 넘는 학교에 승인을 다 내줬어요."

■ "엄마 맘으로 배설물 치운다", 집보다 깨끗한 학교
이호운 씨는 올해부터 무기계약직이 됐다. 지난해까지는 매해 계약을 갱신해야 했고, 2, 3년이 지나면 해고를 당했다. 이호운 씨는 2년 전 동료들과 함께 공공운수노조에 가입해 노조를 결성했다. 핵심 노조원 6명이 해고를 당했다. 계약을 갱신하지 않는 방식이었다. 10여 명의 동료가 돌아가며 매일 1인 시위를 이어갔다. 45일간 천막을 치고 농성 시위도 벌였다.

지난해 12월 서울교육청 정규직전환심의위원회에서 시설기동보수 분과의 무기계약직 전환이 결정됐다. 세부적인 고용 조건을 조정하게 되

면서 기존에 받았던 위험수당, 운전수당을 못 받게 됐다. 특수노임단가를 기준으로 했던 임금은 최저임금을 기준으로 산정됐다. 노조 내부에서 불만이 생기기 시작했다. 2년간 힘겹게 애쓴 노력을 돌아봐 주지 않는 일부 동료의 마음 씀씀이가, 이호운 씨는 아쉽다.

"저는 진짜 우리 집 안방보다 제가 학교에서 청소하는 화장실이 더 깨끗하다고 자부합니다. 걸레도 20개씩 준비해서 화장실 하나에 걸레 하나를 써요. 락스로 다 닦은 다음에 걸레로 닦아내고, 다른 걸레로 물기까지 다 훔쳐내요."

김미숙 씨는 화장실을 청소하는 일에 마음이 위축되는 일이 없다. 학교이기 때문이다. 학교가 아닌 다른 곳이었으면 달랐을 거라고 생각한다. 학교는 '내 아이'도 다니는 곳이다.

"흔하진 않지만, 벽에 자기가 싸놓은 걸 칠해 놓는 애도 있어요. 바닥에 묻혀 놓는 일은 정말 많고. 근데 아이가 그런 거니까 우리 아이 생각하면서 씻어내는 거죠. 집에서 엄마들이 이런 일 다 하잖아요. 그런 생각으로 일하죠."

김미숙 씨는 학교에서 일하지만, 김미숙 씨가 고용된 방식은 조금 복잡하다. 서울시교육청에 소속된 학교 시설물은 서울시교육청 산하 기관인 서울시교육청시설관리본부가 맡는다. 시설관리본부는 학교 미화 업무를 용역 회사에 하청 준다. 김미숙 씨는 '서울시교육청-서울시교육청시설관리본부-용역회사'로 이어지는 업무 위탁 구조 속에서 놓여 있다.

무기계약직 전환을 바라지만, 무기직 전환 땐 많은 미화원이 해고될 수 있어 머릿속이 복잡하다. 미화원과 당직기사 평균 연령이 72세인데, 무기직 정년은 65세이기 때문이다.

"내가 개인적으로 큰 용역회사를 조사해봤는데, 전체 고용된 213명 중에 65세 미만은 13명이야. 이걸 비율로 따지면 6.1%예요. 정책 대상을 6.1%로 삼는다는 게 맞느냐. 야간당직은 친고령 직종인데, 이걸 65세 정년에 맞춰 나이 든 사람 정리하는 건, 이건 아니잖아요. 고령자고용촉진법이란 법도 있고, 고령친화산업 진흥법이란 것도 있어요. 이런 법도 고려해야죠."

오한성 씨는 1인 근무 시절 월급으로 90만 원 정도를 받았다. 2인 근무제로 바뀐 뒤엔 최저임금을 기준으로 계산하던 임금을 시중노임단가 기준으로 계산해 75만 원 정도를 받게 됐다. 오한성 씨는 학교 기관이 자신들을 직접 고용한다면 상당한 금액의 예산을 아낄 수 있다고 생각한다. 용역 회사가 챙기는 이익금과 관리비 등 수수료와, 학교 기관과 용역 회사 간에 노동력을 거래하며 발생하는 부가가치세 등을 아껴 직접 고용에 들어가는 비용에 충당할 수 있다는 것이다.

문재인 대통령은 당선 초기에 일과 삶의 균형을 얘기했다. 월차, 연가 등 휴가일 모두를 찾아 쓸 수 있는 삶에 스스로 모범이 되겠다고 했다. 그러기 위해선 안정적인 고용 조건이 필요하다며 공공부문부터 비정규직의 정규직화를 국정 과제로 삼았다. 하지만 학교는 요지부동이다. 학교에서 일하는 조리사, 영양사, 사서, 행정 및 교무 실무사 등이 시간제 근로에서 무기계약직으로 전환될 수 있었던 건 이들 자신이 노조를 결성해

오랜 시간 투쟁한 성과다. 학교 기관이 앞서서 이들 노동자의 고용 조건을 고민한 사례를 들어본 적이 없다.

학교는 아이가 자라는 곳이다. 아이는 자신을 돌보는 어른의 불안을 직감한다. 학교에서 일하는 여러 직종, 수많은 사람이 갖는 불안을 아이가 모를 수는 없다. 임용 시험과 공무원 시험에 합격했다는 건, 아이를 가르칠 수 있는 자격을, 그리고 공무를 돌볼 수 있는 자격을 얻었다는 뜻이다. 시험이 안정적 일자리와 그렇지 못한 일자리를 얻는 기준이 된다는 것은 아주 이상한 논리다. 안정적 일자리를 얻을 수 있는 자격을 묻는 시험은 세상에 없다.

노동의 종류에 따라 임금의 차이가 발생하는 건 합리적이다. 하지만 학교에서 화장실을 치우든, 시설물을 고치든, 밤새 학교 건물을 지키든, 그런 일들을 생활의 바탕으로 삼는 사람들의 삶은 보호 받고 존중 받아야 한다. 이런 세상을 어떻게 이룰 수 있는지, 그것을 가르치는 게 학교의 역할이고, 그런 사회를 구성해 가는 공적 기관의 활동을 우리는 공무라고 한다.